Direito Previdenciário e Estado Democrático de Direito

UMA (RE)DISCUSSÃO À LUZ DA HERMENÊUTICA

L531d Leiria, Maria Lúcia Luz
    Direito previdenciário e estado democrático de direito: uma
(re)discussão à luz da hermenêutica / Maria Lúcia Luz Leiria.
— Porto Alegre: Livraria do Advogado, 2001.
192p.; 16x23 cm.

    ISBN 85-7348-193-5

    1. Direito Previdenciário. 2. Previdência social. 3. Estado
de direito. 4. Direito previdenciário: Juiz. 5. Hermenêutica.
I. Título.

CDU – 368.4

    Índices para o catálogo sistemático:

Direito Previdenciário
Previdência social
Estado de direito
Direito previdenciário: Juiz
Hermenêutica

(Bibliotecária responsável: Marta Roberto, CRB-10/652)

MARIA LÚCIA LUZ LEIRIA

Direito Previdenciário e Estado Democrático de Direito

UMA (RE)DISCUSSÃO À LUZ DA HERMENÊUTICA

livraria
DO ADVOGADO
editora

Porto Alegre 2001

© Maria Lúcia Luz Leiria, 2001

Projeto gráfico e diagramação
Livraria do Advogado Editora

Revisão
Rosane Marques Borba

Direitos desta edição reservados por
Livraria do Advogado Ltda.
Rua Riachuelo, 1338
90010-273 Porto Alegre RS
Fone/fax: 0800-51-7522
info@doadvogado.com.br
www.doadvogado.com.br

Impresso no Brasil / Printed in Brazil

À Universidade do Vale do Rio dos Sinos (UNISINOS) e à
Associação dos Juízes do Rio Grande do Sul (AJURIS),
pela oportunidade.

Ao Tribunal Regional Federal da 4ª Região,
a que tenho orgulho de compor, pelo incentivo.

Ao Prof. Dr. Lenio Luiz Streck, pela orientação competente e
segura e pela fidalguia no trato.

Ao Prof. Dr. Juarez Freitas, pelas oportunas observações
durante a escolha do tema da presente obra.

A todo o corpo docente do Curso de Mestrado AJURIS-UNISINOS,
pela responsabilidade de minha reintrodução nos bancos acadêmicos.

Aos servidores de meu gabinete e aos servidores da Biblioteca
do Tribunal Regional Federal, pelo apoio nas pesquisas.

À Dra. Carmem Beatriz Coimbra de Freitas,
pela incansável correção da digitação deste texto.

A meu pai, Nery Luz, que me alfabetizou nos domínios do Direito.

À minha pequena família Luiz Carlos, Luiz Felipe e Tiago Luiz
pela compreensão e incentivo nas minhas ausências.

Prefácio

Passados mais de doze anos desde a promulgação de nossa Constituição, ainda é preciso dizer o óbvio: a Constituição constitui; a Constituição vincula; a Constituição estabelece as condições do agir político-estatal. Nesse sentido, tenho (re)afirmado* que é preciso comunicar esse óbvio de que um texto normativo só será válido se estiver em conformidade com a Lei Maior. É, em síntese, o que se pode chamar de validade do texto condicionado a uma interpretação em conformidade com o Estado Democrático de Direito. Esse óbvio, entretanto, é mera aparência, diria Heidegger, isto porque o óbvio, para manter-se "como" óbvio, deve permanecer escondido/ocultado. A obviedade somente esxurgirá "como" (als) obviedade a partir de seu des-velamento (Unverborgenheit).

É esta a tarefa do jurista/intérprete pré-ocupado (e preocupado) com as questões que exsurgem de uma Sociedade díspar como a brasileira, onde a miséria (com)vive com a opulência. A crise se instala no campo jurídico brasileiro a partir da seguinte equação: o velho (modelo liberal-individualista-normativista) não morreu, e o novo (a proposta civilizatória do Estado Democrático de Direito, resultante daquilo que Jorge Miranda chama de "revolução copernicana do Direito") não consegue nascer. O velho obnubila as possibilidades do novo!

É nesse contexto que a obra *Direito Previdenciário e Estado Democrático de Direito: uma (re)discussão à luz da hermenêutica*, de Maria Lúcia Luz Leiria adquire relevância, ao propor uma filtragem hermenêutica no campo do direito previdenciário, buscando a exsurgência do novo. Para tanto, a autora busca ancoradouro na nova hermenêutica, onde interpretar é (sempre) aplicar. O processo de interpretação, como bem explica Gadamer, não mais se faz por

---

* Permito-me remeter o leitor ao meu *Hermenêutica Jurídica e(m) Crise: uma exploração hermenêutica da construção do direito*. 3ª edição. Porto Alegre, Livraria do Advogado, 2001.

etapas, como que a repetir as fases da hermenêutica clássica (*subtilitas intellingendi, subtilitas explicandi e subtilitas applicandi*) e, sim, torna-se uno, resumindo-se na *aplicatio*. Hermenêutica é aplicação. É facticidade. É vida!

Desse modo, a obra de Maria Lúcia busca dar vida, existência, aos textos normativos do assim denominado direito previdenciário, fazendo com que neles se instaure a vivificação da Constituição, a partir de um processo de *des-ocultamento* do próprio núcleo político (relação de pertinência) do Texto Maior. Des-cobrindo o sentido constitucionalizante, o texto de Maria Lúcia busca *tomar posse* desse sentido descoberto, como que a repetir o que Heidegger afirma em Ser e Tempo: *"Daher muss das Dasein wesenhaft das auch schon Entdeckte"*. Isto porque o ser se desvela e se vela, pois, afinal, nunca nos banhamos na mesma água do rio..., mostrando aí o processo dialético da hermenêutica e sua missão: evitar o *processo-de-mais-valia* da metafísica, que, permanentemente, procura esconder o trabalho de velamento que o senso comum teórico (pensamento dogmático do direito) faz quotidianamente. É por isso que o ser des-velado em sua morada (afinal, a linguagem é a Casa do Ser) deve permanecer sob constante vigilância.

Nesse *tomar-posse-do-descoberto*, o texto de Maria Lúcia deixa muito clara a necessária convivência entre o direito previdenciário e a proposta constitucional de Estado Democrático de Direito. Sabe ela muito bem que o Estado Democrático de Direito é um *plus* em relação ao Estado Liberal e ao Estado Social. Por isso, se o intérprete não superar a velha hermenêutica de bloqueio, o novo sentido exsurgente da Constituição permanecerá invisível aos olhos dos juristas. Na decisão proferida pelo aplicador, deve estar presente a efetividade do direito social garantido pela Constituição, que é o da (sobre)vivência do cidadão, beneficiário da Previdência Social. Essa questão assume contornos de dramaticidade, se levarmos em conta que, no Brasil, a "etapa" do *Welfare State* se constituiu em um simulacro, na medida em que as promessas da modernidade apenas foram agregadas ao patrimônio de alguns setores da Sociedade. Para os demais, (restou) a exclusão social. Por essa razão é que o pacto constituinte de 1987-88 pretendeu resgatar as promessas não cumpridas. O conjunto principiológico que sustenta a materialidade da Constituição aponta nessa direção. Daí que o direito previdenciário é um dos componentes fundamentais que conformam a idéia do "social" previsto nessa materialidade constituinte-constitucionalizadora.

Necessário, pois, esse *dar-se conta* acerca do papel da Constituição e da jurisdição constitucional na implementação dos direitos e garantias previstos no ordenamento. Nesse diapasão, assume absoluta relevância o controle difuso de constitucionalidade, através do qual os operadores têm a sua disposição os diversos mecanismos para a elaboração dessa (necessária) filtragem hermenêutico-constitucional, que poderia ser resumida na seguinte frase: a vigência de um texto está condicionada a sua validade constitucional, questão que juristas como Ferrajoli e Bonavides não se cansam de propalar.

Em síntese, torna-se importante ressaltar a relevância que assume o processo reflexivo do Direito nestes tempos de crise, em que setores bem identificados da Sociedade buscam na desregulamentação e na minimização do Estado a solução para os problemas sociais que dia a dia crescem em intensidade. Buscando a construção de um discurso de resistência a esse discurso de índole liberal-individualista, a Universidade, a pesquisa acadêmica, mormente no nível da pós-graduação, tem muito a contribuir para o aperfeiçoamento da assim denominada "prática do direito". Nesse exato sentido, insere-se a obra de Maria Lúcia Luz Leiria, que, a partir de um trabalho acadêmico, oferece ao campo jurídico valioso contributo, mostrando que a Constituição (ainda e sobremodo) constitui!

Da Província de São Pedro, em junho de 2001.

Lenio Luiz Streck

Procurador de Justiça, Professor dos Cursos de
Mestrado e Doutorado da UNISINOS-RS

Sumário

Notas introdutórias 13

1. Noções fundamentais de hermenêutica 19
    1.1. Hermenêutica - interpretação 19
    1.1.1. Breve panorama histórico 29
    1.1.2. Hermenêutica tradicional 41
    1.1.3. Uma nova postura hermenêutica 43
    1.2. A interpretação e a integração das lacunas 49
    1.3. A hermenêutica superando as crises 55

2. O Estado Democrático de Direito 59
    2.1. O Direito e o Estado 59
    2.2. O Judiciário como poder do Estado: jurisdição 88
    2.3. A Constituição de 1988 e o Estado Social: da hermenêutica de bloqueio
    à hermenêutica das aspirações sociais 100

3. O Juiz 106
    3.1. Breves anotações históricas 106
    3.2. O modelo brasileiro de seleção 107
    3.3. O Juiz 109
    3.4. O exercício da jurisdição: a jurisdição constitucional 113
    3.5. Garantias: eficácia das decisões 120

4. Interpretar e julgar causas previdenciárias 123
    4.1. Previdência Social - noções elementares sobre os benefícios 127
    4.2. A grande importância da especialização do julgador em face da
    autonomia do Direito Previdenciário e sua constitucionalização 166
    4.3. A nova postura hermenêutica rumo à efetividade deste direito social 169
    4.4. Jurisprudência previdenciária 172

Considerações finais 183

Referências bibliográficas 188

Notas Introdutórias

Todo ser humano livre só será capaz de usufruir de sua liberdade enquanto conseguir garantir suas necessidades para manter-se em vida digna.

Por isso, ao longo dos anos, foram sendo elevados à categoria de direitos fundamentais - aqueles fincados em constituições, os chamados direitos sociais, que, nas palavras de Flávia Piovesan,[1] são, entre outros, os que integram o Pacto Internacional dos Direitos Econômicos, Sociais e Culturais, adotado pela Organização das Nações Unidas em 1966, tais como direitos relativos ao trabalho e à justa remuneração, à formação e à filiação a entidades sindicais, a um padrão de vida razoável, à moradia, à educação, à previdência social, à saúde, à alimentação. Acerca destes direitos e de sua implementação, observa a mesma autora:

> "Os direitos sociais, enquanto *social welfare rights* implicam na visão de que o Governo tem a obrigação de garantir adequadamente tais condições para todos os indivíduos. A idéia de que o *welfare* é uma construção social e de que as condições de *welfare* são em parte uma responsabilidade governamental, repousa nos direitos enumerados pelos diversos instrumentos internacionais, em especial pelo Pacto Internacional dos Direitos Econômicos, Sociais e Culturais. Ela também expressa o que é universal nesse campo, na medida em que se trata de uma idéia acolhida por quase todas as nações do mundo, ainda que exista uma grande discórdia acerca do escopo apropriado da ação e responsabilidade governamental, e da forma pela qual o *social welfare* pode ser alcançado em específicos sistemas econômicos e políticos."[2]

---

[1] Conferir em PIOVESAN, Flávia. *Temas de direitos humanos*. São Paulo: Max Limonad, 1998, p. 83 e segs.

[2] Idem, p. 86-87.

Direito Previdenciário e Estado Democrático de Direito

A mesma autora destaca, ainda, o papel importante do Poder Judiciário na efetivação dos direitos sociais, sugerindo, para tanto, seja adotada uma postura de maior controle sobre a atividade governamental, sem que, no entanto, isso signifique uma ruptura no princípio da separação dos três poderes. Nessa linha de raciocínio, faz as seguintes afirmações:

> "No plano nacional, é fundamental deflagrar uma advocacia que seja capaz de submeter ao Poder Judiciário demandas acerca da exigibilidade dos direitos sociais, econômicos e culturais, recorrendo-se, por exemplo, ao instrumento da ação civil pública. É importante uma atuação política que possa dar visibilidade à jurisprudência nacional efetivadora desses direitos, realçando a relevância de decisões avançadas, bem como criticando decisões mitigadoras desses direitos. A implementação dos direitos sociais exige do Judiciário uma nova lógica, que afaste o argumento de que a separação dos poderes não permite um controle jurisdicional da atividade governamental. Essa argumentação traz o perigo de inviabilizar políticas públicas, resguardando o manto da discricionariedade administrativa, quando há o dever jurídico de ação."[3]

Dessa forma, como os laços familiares que envolvem a todos desde antes do nascimento, os direitos decorrentes da relação entre os cidadãos e a Previdência Social Pública passam a envolver todo e qualquer trabalhador, em razão da universalidade de cobertura, princípio insculpido na Constituição Federal de 1988, artigo 194, I.

A decisão de abordar o tema da importância atual das decisões na área previdenciária está centrada na necessidade de aprofundamento e especialização do julgador contemporâneo, da busca de uma visão científica, metodológica e principiológica de todo o sistema jurídico positivo, partindo sempre dos ensinamentos de Bobbio,[4] de que o importante é a efetividade destes direitos consagrados na chamada *era dos direitos*, efetividade essa que só pode passar por um processo exegético sistemático, hierarquizado e teleologicamente fundamentado.

Daí a importância de se apresentar leitura de doutrinadores e pensadores sobre o que seja interpretar, bem como exteriorizar de forma convincente a decisão tomada a partir de fatos apresentados,

---

[3] Idem, p. 91.

[4] Consultar BOBBIO, Norberto. *A era dos direitos*. Rio de Janeiro: Campus, 1992.

decisão esta que, acima de tudo, deve integrar os princípios constitucionais e se tornar efetiva na realização do direito protegido.

Sob essa ótica - após breves relatos sobre a hermenêutica tradicionalmente entendida como métodos de conhecimento de textos e de uma postura mais atual de que a interpretação deve ser embasada na realidade social, cujas manifestações devem ser valoradas pelo magistrado; magistrado esse que, se deve estar eqüidistante das partes, em razão da necessária imparcialidade[5] que gera a efetividade e eficácia da sentença, deve, também, encontrar-se fusionado com o todo social, conhecendo e convencendo-se do que hoje e agora é o critério de mais valia, é o valor mais protegido no sistema legal positivo - procura-se demonstrar posturas novas para normatizar as situações e as relações interindividuais, e, especificamente, o que interessa neste momento e para este trabalho, como estão as relações entre o indivíduo, enquanto segurado, e a autarquia previdenciária, enquanto ente público, provedora dos benefícios elencados na legislação infraconstitucional.

Essa legitimação das decisões dos julgadores é para Luhmann, em certo sentido, "uma *ilusão* funcionalmente necessária, pois se baseia na *ficção* de que existe a possibilidade de decepção rebelde, só que esta não é, de fato, realizada. O direito se legitima na medida em que os seus procedimentos garantem esta ilusão".[6]

Aliás, diz também Luhmann[7] que o papel do juiz "tem que ser diferenciado". É que a legitimação de suas decisões vem, justamen-

---

[5] No dizer de Ferraz Júnior, "as sociedades estão em transformação e a complexidade do mundo está exigindo novas formas de manifestação do fenômeno jurídico". Continua o autor: "É possível que, não tão distantemente no futuro, esta forma compacta do direito instrumentalizado, uniformizado e generalizado sob a forma estatal de organização venha a implodir, recuperando-se, em manifestações espontâneas e localizadas, um direito de muitas faces, peculiar aos grupos e às pessoas que os compõem. Por isso, a consciência da nossa circunstância não deve ser entendida como um momento final, mas como um ponto de partida. Afinal, a ciência não nos libera porque nos torna mais sábios, mas é porque nos tornamos mais sábios que a ciência nos libera. Adquirir a sabedoria não é ato nem resultado da ciência e do conhecimento, mas é experiência e reflexão, exercício do pensar. E é para isso, por fim, que convidamos o leitor: pensar o direito, refletir sobre as suas formas hodiernas de atuação, encontrar-lhe um sentido, para então vivê-lo com prudência, esta marca virtuosa do jurista, que os romanos nos legaram, e que não desapareceu de todo na face da Terra." *In: Introdução ao estudo do direito. técnica, decisão, dominação.*, 2. ed. São Paulo: Atlas, p. 28-29.

[6] FERRAZ JÚNIOR, Tércio Sampaio. Apresentação. *In:* LUHMANN, Niklas. *Legitimação pelo procedimento*, Brasília: Universidade de Brasília, 1980, p. 5.

[7] Ver, para tanto, LUHMANN, Niklas. *Legitimação pelo procedimento, op. cit.*, p. 57. Afirma o citado autor: "Ele tem, por outras palavras, de ser eximido de considera-

te, desta eqüidistância das partes, sem no entanto afastar-se do ambiente e da realidade histórica em que vive.

Por isso, o presente trabalho pinça alguns temas para cuja solução é necessária uma maior reflexão: primeiro, como se entender, como se interpretar o pedido feito em juízo; segundo, como adequá-lo aos textos postos; e, por último, demonstrar que, cada vez mais, as decisões fundadas nos princípios norteadores da relação previdenciária são as mais eficientes, mais eficazes, que se amoldam ao justo, como disse Aristóteles,[8] e que tratam igualmente os iguais e desigualmente os desiguais, na medida em que se desigualam, uma vez que "a regra da igualdade", conforme Rui Barbosa, "não consiste senão em quinhoar desigualmente aos desiguais, na medida em que se desigualam".[9]

ção dos outros papéis que o podem motivar para decisões definidas como membro duma determinada família ou camada social, duma igreja ou seita, dum partido, dum clube, dum bairro. Se esta isenção for institucionalizada como obrigação para um parecer objetivo e imparcial, com o tratamento de todos os assuntos com igualdade e apartidarismo, então neutralizam-se as relações particulares para com a pessoa do decisor. Pelo menos já não servem à formulação de reivindicações legítimas e expectativas; o decisor já não pode ser abordado ou influenciado no caminho da troca como companheiro, veterano ou vizinho, mas sim e apenas, através da aceitação dum papel dentro do próprio procedimento. Qualquer outra influência é desacreditada como corrupção. Ela parece, pelo menos tanto quanto é compreendida pelo direito penal, estar expurgada do essencial. A crítica ao procedimento jurídico e às decisões do juiz não pode também apoiar-se nas interações dos papéis fora do procedimento. Uma imunização contra a crítica faz parte do contexto significativo dum regulamento, juntamente com a livre apreciação jurídica das provas e constitui, além disto, como adiante se mostrará, um requisito do papel do juiz em processos diferenciados."

[8] Consultar ARISTÓTELES. *Ética a Nicômacos*. Brasília: Universidade de Brasília, 1999.

[9] BARBOSA, Rui: *Oração aos moços*. Rio de Janeiro: Organização Simões, 1962. p. 26. Ainda, em seu livro "Teoria Política", ao tratar sobre o tema da laicização do ensino, Rui Barbosa faz as seguintes afirmações sobre a igualdade: "(...) Mas, se nas mãos do governo está não olhar, no estabelecimento que elege, à religião, em que ele se filia; se, do mesmo modo como elegeu o católico, lhe era lícito eleger o protestante, e se, na eleição pela qual se decide, não considera a religião do estabelecimento, mas o seu mérito profissional, a sua valia como organização docente, a sua eficácia como instituição educativa, - que desigualdade aí vai, senão a desigualdade essencial a toda a justiça, a desigualdade comum a todas as leis da natureza, a desigualdade inseparável da igualdade perante a lei, a desigualdade consistente em tratar desigualmente as coisas desiguais, a desigualdade cujo critério se exerce, graduando as preferências consoante a superioridade verificável dos preferidos aos preteridos?" Segue o autor: "Não haveria aí desigualdade, senão no mesmo sentido em que é desigual toda a igualdade jurídica; visto como toda ela consiste em acolher o direito, e rejeitar a usurpação, em absolver a inocência, e condenar o crime, em premiar o merecimento, e desclassi-

Ao final, exemplifica-se com a interpretação do pedido em relação às rígidas normas processuais, a temperança necessária no exame da prova para a concessão de benefícios administrativamente denegados, passando pelas decisões de antecipação de tutela onde, além dos requisitos do artigo 273 do CPC, há que se ter presente o fim social da lide (art. 5º da LICC), e finaliza-se com a demonstração de que, inclusive nos Tribunais Superiores, há, felizmente, uma tendência de se criar a norma para o caso concreto, atendendo-se aos princípios da Constituição Federal.

O presente trabalho vem formado em quatro capítulos, nos quais se busca a ligação entre os assuntos tratados para se atingir as demais considerações sobre o Estado Democrático de Direito e os direitos previdenciários à luz de uma nova hermenêutica.

No primeiro capítulo, está abordada a problemática, ou seja, o fenômeno hermenêutico, dentro de uma visão tradicional e de uma nova hermenêutica, como bem expõe Paulo Bonavides,[10] concluindo-se pela necessidade de uma nova postura hermenêutica capaz de superar as crises por que a atualidade do fenômeno jurídico está passando.

No segundo capítulo, agrega-se um pouco da teoria do direito, buscando-se a conceituação deste Estado Democrático de Direito, colocando-se em relevo um de seus poderes, o Judiciário, bem como conceituando, definindo essa atribuição exclusiva desse poder, que é a jurisdição. Tudo porque se entende que a tensão no atual Estado Democrático de Direito é solvida no nível do Judiciário.

No terceiro capítulo, ao lado de algum panorama histórico da figura do juiz, discorre-se sobre a atualidade deste cidadão, o exercício de suas atribuições, na busca de demonstrar a necessidade de uma consciência social capaz de garantir a eficácia das decisões judiciais.

No quarto capítulo, fecha-se o pretendido círculo de objetivos com a abordagem, em termos ilustrativos, da Previdência Social, dos direitos inerentes às relações ditas previdenciárias e à forma e modo de seu exame quando provocado o Judiciário, enquanto poder de Estado, capaz de, a partir de uma nova postura hermenêutica, efetivar tais direitos fundamentais, garantindo-se a própria manutenção do Estado Democrático de Direito.

---

ficar a incompetência, em distribuir a estima, a honra, a confiança aos mais capazes e aos mais úteis." *In: Teoria Política*. vol. XXXVI. São Paulo: W.M. Jackson, 1964. p. 253 e 254.

[10] Consultar BONAVIDES, Paulo. *Curso de direito constitucional*. 8. ed. rev. atual. e ampl. São Paulo: Malheiros, 1999.

1. Noções fundamentais de hermenêutica

1.1. Hermenêutica - interpretação

Desde os primeiros passos, o estudante do curso de Direito tem pela frente grandes questões e um mundo novo que lhe parece, às vezes, distanciado, afastado do mundo real, aquele em que vive, em que se relaciona, em que transita com suas emoções e razão.

A partir daí, aquele que busca e continua a tarefa dos operadores do Direito começa a visualizar, às vezes, uma dualidade entre o chamado mundo fático e o mundo jurídico. Ambos precisam partir dos conhecimentos que se lhes vão ajuntando e que permitem, por fim, a clara visão de que as normas, os textos, as relações, os fatos e os atos do mundo do Direito são tão reais e tão necessariamente ligados ao mundo visível, sentido e ouvido. Da idéia da abstração primeira, surge a idéia da necessária equivalência, conexão, coexistência e explicação da importância do aprimoramento e do aprofundamento nesta ciência que, em toda e qualquer sociedade humana, torna-se cada vez mais imprescindível à própria sobrevivência do homem enquanto ser social.

E a idéia de homem, enquanto ser social, remonta às concepções do contrato social criadas por Rousseau. Com efeito, para este filósofo iluminista, os homens, em busca da sobrevivência, deixam o seu estado de natureza,[11] que é um estado primitivo, e reúnem

---

[11] Sobre a passagem do homem do estado de natureza ao estado civil, afirma Rousseau: "Esta passagem do estado de natureza ao estado civil produz no homem uma mudança notabilíssima, substituindo em sua conduta o instinto pela justiça, e dando às suas ações a moralidade de que não dispunha anteriormente. É só então que, a voz do dever sucedendo ao impulso físico e o direito ao apetite, o homem, que até então apenas havia olhado para si mesmo, é forçado a agir tomando como base outros princípios e consultando sua razão antes de ser influenciado por suas tendências. Embora neste estado se prive de muitas das vantagens que frui da natureza, ganha outras de mesmo porte, suas faculdades se

todas as suas forças e propriedades por meio do chamado "pacto social", pelo qual "todos os cidadãos são iguais, o que todos devem fazer, todos podem prescrever, ao passo que ninguém tem o direito de exigir que um outro faça aquilo que ele mesmo não faz."[12] Fundam, assim, um estado civil cuja finalidade é o bem comum,[13] entregando todos, em igual medida, a sua liberdade e os seus direitos a todos, associando-se num estado pautado pela igualdade social que corrige as desigualdades físicas existentes entre os homens em virtude da natureza por meio da convenção e do direito.[14]

Já a filosofia atual da integração, desenvolvida por Michel Serres, parte da premissa de que o homem é um com a natureza, propondo uma revisão do contrato social[15] primitivo, concebido por Rousseau, de modo a redirecionar este contrato para o seu genuíno objeto, que é a natureza, formando o denominado "contrato natu-

---

exercitam e se desenvolvem, suas idéias ganham amplitude, seus sentimentos se enobrecem, sua alma inteira se eleva a tal ponto que, se os abusos dessa nova condição não o degradassem freqüentemente abaixo daquela de onde saiu, deveria bendizer incessantemente o instante feliz que o arrancou dela para sempre e que, de um animal estúpido e limitado, fez um ser inteligente e um homem". *In: Do contrato social*. São Paulo: Hemus. p. 31.

[12] Conferir em ROUSSEAU, Jean Jacques. *Op. cit.*, p. 104.

[13] Segundo Rousseau: "A primeira e a mais importante conseqüência dos princípios anteriormente estabelecidos é que a vontade geral apenas pode dirigir as forças do Estado segundo o fim de sua instituição, que é o bem comum, pois se a oposição dos interesses particulares tornou necessário o estabelecimento das sociedades, foi o acordo desses mesmos interesses que o tornou possível. É o que há de comum nos diferentes interesses que formam o vínculo social, e se não houvesse algum ponto no qual todos os interesses concordassem, nenhuma sociedade poderia existir. Ora, é unicamente segundo este interesse comum que a sociedade deve ser governada." *Op. cit.*, p. 37.

[14] Assim, conclui este autor: "Terminarei este capítulo e este primeiro livro por uma nota que deve servir de base a todo sistema social; é que, em lugar de destruir a igualdade social, o pacto fundamental substitui, ao contrário, uma igualdade moral e legítima naquilo que a natureza poderia trazer de desigualdade física entre os homens, e que, podendo ser desiguais na força ou capacidade, tornam-se todos iguais por convenção e direito." *Op. cit.*, p. 34.

[15] A respeito do contrato social, diz Michel Serres: "Os filósofos do direito natural moderno associam por vezes a nossa origem a um contrato social que, pelo menos virtualmente, teríamos estabelecido entre nós para entrarmos no coletivo que fez de nós os homens que somos. Estranhamente mudo sobre o mundo, esse contrato, dizem, nos fez deixar o Estado de natureza para formar a sociedade. A partir do pacto, tudo se passa como se o grupo que o assinou, ao despedir-se do mundo, não mais se enraizasse senão em sua história." *In: O contrato natural*. Rio de Janeiro, Nova Fronteira, 1990, p. 47.

ral".[16] Michel Serres, diante da constatação de que "o que está em risco é a Terra em sua totalidade, e os homens, em seu conjunto",[17] e de que "a história global entra na natureza, a natureza global entra na história",[18] defende que o homem, ao realizar o contrato social, apenas se ocupou com o homem enquanto ser social e com a sociedade em si, sem se ocupar minimamente da natureza, sendo imprescindível para a sobrevivência da humanidade e do planeta ampliar, ou mesmo deixar para trás, os conceitos de contrato social[19] e contrato científico.[20] Propõe, então, um retorno à natureza,

---

[16] Conforme Michel Serres: "Se existe um direito e uma história para as guerras subjetivas, não existe nenhum para a violência objetiva, sem limite nem regra, portanto, sem história. O aumento dos nossos meios racionais nos leva, numa velocidade difícil de calcular, em direção à destruição do mundo que, por um efeito de retorno bastante recente, pode condenar-nos a todos juntos, e não mais por localidades, à extinção automática. Repentinamente voltamos aos tempos mais antigos, de que apenas os filósofos teóricos do direito guardaram a memória - em suas concepções e através delas - o momento em que nossas culturas, salvas por um contrato, inventaram a nossa história, definida pelo esquecimento do estado que a precedeu. Nas condições muito diferentes deste estado anterior, mas a elas paralelas, é preciso que, novamente, sob a ameaça da morte coletiva, inventemos um direito para a violência objetiva, exatamente como ancestrais impossíveis de imaginar inventaram o direito mais antigo que, através do contrato, levou sua violência subjetiva a tornar-se o que chamamos de guerras. Um novo pacto, um novo acordo prévio, que devemos fazer com o inimigo objetivo do mundo humano: o mundo tal como está. Guerras de todos contra tudo." Mais adiante, afirma: "*É mais do que isto: trata-se da necessidade de rever e, até mesmo, de renunciar ao contrato social primitivo. Este nos reuniu, para o melhor e para o pior, segundo a primeira diagonal, sem mundo; agora que sabemos nos associar diante do perigo, é preciso prever, ao longo da outra diagonal, um novo pacto a assinar com o mundo: o contrato natural. Cruzam-se assim os dois contratos fundamentais.*" Op cit:, p. 24 e 25. (grifei)
[17] SERRES, Michel. *Op. cit.*, p. 15.
[18] Idem, ibidem.
[19] Ainda, no tocante ao contrato social, observa Michel Serres: "Tão miticamente quanto o pensávamos, o contrato social marca o início das sociedades. Em função destas ou daquelas necessidades, alguns homens decidem, certo dia, viver em conjunto e se associam; desde então não sabemos mais passar uns sem os outros. Quando, como e por que esse contrato foi - ou não - assinado, não sabemos e, sem dúvida, nunca saberemos. Não importa." *Op. cit.*, p. 57.
[20] Sobre o contrato científico, afirma esse autor: "O contrato de verdade científica sintetiza um contrato social, exclusivamente intersubjetivo, de constante supervisão recíproca e de acordo em tempo real a respeito do que convém dizer e fazer, e um contrato realmente jurídico de definição de certos objetos, de delimitação das competências, de procedimentos de experiências e de atribuição analítica de propriedades. Pouco a pouco as coisas deixam a rede das nossas relações para adquirir uma certa independência; a verdade exige que falemos delas como se não estivéssemos ali. Uma ciência, desde o seu nascimento, associa indissociavelmente o coletivo e mundo, o acordo e o objeto do acordo." *Op. cit.*, p. 58.

sem o qual não será mais possível viver ou conviver harmonicamente.

Nas palavras desse autor:

"Volta à natureza! Isto significa: ao contrato exclusivamente social juntar o estabelecimento de um contrato natural de simbiose e de reciprocidade onde a nossa relação com as coisas deixaria domínio e posse pela escuta admirativa, pela reciprocidade, pela contemplação e pelo respeito, onde o conhecimento não mais suporia a propriedade nem a ação a dominação, nem estas os seus resultados ou condições estercorárias. Contrato de armistício na guerra objetiva, contrato de parasita - nosso estatuto atual - condena à morte aquele que pilha e que habita, sem tomar consciência de que no final condena-se a desaparecer.

O parasita toma tudo e não dá nada, o hospedeiro dá tudo e não toma nada. O direito de domínio e de propriedade se reduz ao parasitismo. Ao contrário, o direito de simbiose se define por reciprocidade: o que a natureza dá ao homem é o que este deve restituir a ela, transformada em sujeito de direito."[21]

Portanto, para o citado autor, "o contrato natural nos leva a considerar o ponto de vista do mundo em sua totalidade. Todo contrato cria um conjunto de elos cuja rede canoniza as relações; a natureza hoje se define por um conjunto de relações cuja rede unifica a Terra inteira; o contrato natural conecta em rede o segundo ao primeiro."[22]

É assim que, a partir da obrigatória caminhada pelas inúmeras teorias que buscam explicar e fundamentar o Direito como ciência, de forma a possibilitar a sua função maior - que é a de transformar e manter uma sociedade mais justa, de criar para todas as relações interindividuais e multifacetadas os mais justos e benéficos resultados -, encontra-se o operador jurídico frente a uma primeira e basilar constatação: existem textos jurídicos, existem situações fáticas, existem litígios, e, para tanto, mister que se busque nos textos a sua função regradora, a sua atribuição regulamentadora, capaz de permitir a manutenção da ordem, da paz e do progresso das sociedades humanas.

---

[21] SERRES, Michel. *Op. cit.*, p. 51.
[22] Idem, p. 59. (grifei)

É exatamente nesta base, neste início, que se apresenta a necessidade de se interpretar, de se conhecer o texto que deve ser aplicado, o que deve ser compreendido, o que deve ser manifestado. E isto é o objeto da Hermenêutica.

Para abordar a questão proposta, mister que, já de início, fique estabelecida, no mínimo, uma distinção entre o que seja uma interpretação legal, para concluir que a mesma "não consiste apenas no estudo isolado e sistemático do referido texto, para surpreender-lhe o sentido e o alcance, e na análise dos fatos (aos quais o dito texto se deva aplicar) em face aos diversos elementos legais que contenha",[23] e a nova postura hermenêutica como instrumento da construção jurídica, nas exatas palavras de Lenio Streck,[24] de que necessário compreender e que interpretação é compreensão.

Considerando-se que a doutrina diverge acerca do que seja o objeto de estudo da hermenêutica jurídica, reporta-se este trabalho, inicialmente, à concepção tradicional de hermenêutica formulada por Francesco Ferrara, que assim afirma sobre o papel do juiz na interpretação e aplicação das leis:

> "O juiz é o intermediário entre a norma e a vida: é o instrumento vivo que transforma a regulamentação típica imposta pelo

---

[23] CARVALHO, Francisco Pereira de Bulhões. Interpretação da lei e arbítrio judicial (direito romano e atual). *In*: Repertório enciclopédico do direito brasileiro. SANTOS, J. M. de Carvalho (org.). Rio de Janeiro: Borsoi, v. 28, 1947, p. 54.

[24] Segundo Lenio Streck: "compreendendo que interpretar é compreender e que somente pela compreensão é que é possível interpretar, *não se pode falar na existência de uma hermenêutica constitucional* stricto sensu, *isto é, como uma disciplina autônoma*. Admitir a existência de uma hermenêutica constitucional específica seria admitir, também, a existência de uma hermenêutica do direito penal, do direito processual, etc. O processo de interpretação da Constituição tem, sim, uma série de especificidades e peculiaridades, uma vez que a Constituição - entendida como espaço garantidor das relações democráticas entre o Estado e a Sociedade e como o espaço de mediação ético-política da sociedade - é o *topos* hermenêutico conformador de todo o processo interpretativo do restante do sistema jurídico. A especificidade de uma hermenêutica constitucional está contida tão-somente no fato de que o texto constitucional (compreendendo nele as regras e os princípios) deve se auto-sustentar, enquanto os demais textos normativos, de cunho infra-constitucional devem ser interpretados em conformidade com aquele. Como bem diz Ivo Dantas, a interpretação constitucional há de ser feita levando-se em conta o sentido exposto nos princípios fundamentais consagrados na Lei Maior. Acrescente-se, ainda, o dizer de Baracho, para quem '*a interpretação constitucional tem princípios próprios do Direito Constitucional*, entretanto não abandonando os fundamentos da interpretação da lei, utilizados pela Teoria Geral do Direito, pelos magistrados ou pela administração'." *In: Hermenêutica jurídica e(m) crise*, Porto Alegre: Livraria do Advogado, 1999, p. 238. (grifo no original)

legislador na regulamentação individual das relações dos particulares; que traduz o comando abstrato da lei no comando concreto entre as partes, formulado na sentença. O juiz é a *viva vox iuris*".[25]

Ressalte-se, no entanto, que a hermenêutica, enquanto tema a ser desenvolvido ao longo deste trabalho, deve ser entendida aqui não sob este enfoque tradicional acima mencionado - a partir do qual o seu objeto são as técnicas para uma interpretação o mais objetiva possível da lei, na busca de sua vontade objetiva -, *mas sob o prisma que confere a hermenêutica como condição de ser no mundo, onde interpretar é aplicar.* É que a hermenêutica deve levar em consideração não apenas o campo abstrato da lei, mas também o campo concreto e real dos fatos. A doutrina tradicional da interpretação[26] por meio de métodos e fórmulas pretende atingir a vontade objetiva da norma ou a vontade subjetiva do legislador. Há a ilusão da possibilidade de reprodução do texto sem que o intérprete se insira dentro do ambiente histórico/cultural do qual depende também a sua interpretação, para, interagindo, chegar à construção da norma para o caso concreto, para o caso posto.

Feitas estas considerações, cumpre, então, destacar que apenas na modernidade passou-se a entender a hermenêutica e a interpretação como conceitos diversos. A hermenêutica é concebida, desde então, como ciência que se ocupa das técnicas pertinentes à elaboração da interpretação, enquanto a interpretação diz com o estabelecimento das relações de um texto com o presente, ao aplicá-lo a uma situação presente.

Ou melhor, o julgador, enquanto intérprete do texto, necessita sopesar todos os elementos fáticos que envolvam o caso posto a fim

---

[25] FERRARA, Francesco. *Interpretação e aplicação das leis.* São Paulo: Saraiva & Cia., 1934, p. 1.

[26] Sobre a questão, assim se manifesta Konrad Hesse: "A doutrina da interpretação tradicional procura, em geral, averiguar a vontade (objetiva) da norma ou a vontade (subjetiva) do legislador ao ela ter em conta o texto, o trabalho preparatório, a conexão sistemática da norma, a história da regulação e o sentido e a finalidade, o *telos*, a *ratio* da norma. Ao conteúdo da norma, comprovado, deste modo, sem atenção ao problema concreto colocado para a decisão, deve então ser subsumido o fato da vida a ser regulado no caminho de conclusão silogística e, deste modo, ser encontrada a decisão. Segundo a pretensão, existe interpretação - também interpretação constitucional -, portanto, fundamentalmente na mera assimilação de uma vontade (objetiva ou subjetiva) preexistente que, por meio daqueles métodos, independentemente do problema a ser resolvido, pode ser averiguada com certeza objetiva." *In: Elementos de direito constitucional da República Federal da Alemanha.* Porto Alegre: Fabris, 1998, p. 56.

de concluir pela aplicação do texto da forma mais justa, de maneira a estabelecer uma relação com o texto já vindo do passado para o momento presente onde será aplicado.

É por isso que Gadamer enfatiza a hermenêutica filosófica na aplicação porque há necessidade do antecedente - compreensão. A verdade é a verdade hermenêutica.

O denominado fenômeno hermenêutico apresentado com base no discurso filosófico de Gadamer,[27] por suas próprias palavras, ressuscitou e dirigiu para a interpretação de textos a filosofia de Heidegger - filosofia que, pelo seu caráter provocador de questionamento do ser humano como ser pensante, determinou ou fez concluir que "a compreensão do ser, própria da presença, inclui, de maneira igualmente originária, a compreensão de 'mundo' e a compreensão do ser dos entes que se tornam acessíveis dentro do mundo. Dessa maneira, as ontologias que possuem por tema os entes desprovidos do modo de ser da pre-sença se fundam e motivam na estrutura ôntica da própria pre-sença, que acolhe em si a determinação de uma compreensão pré-ontológica do ser".[28]

Daí, para, entre outras conclusões, afirmar que só se refletindo na presença do ser pode-se compreender a constituição fundamental do *Dasein*.[29]

E continua Heidegger:

"O ser no mundo tornou-se visível em sua cotidianidade e em sua medianidade.

A pre-sença cotidiana retira a interpretação pré-ontológica de seu ser do modo de ser mais imediato do impessoal. A interpretação ontológica segue inicialmente esta tendência e entende a pre-sença a partir do mundo, onde a encontra, como ente intramundano. E não somente isto: a ontologia 'mais imediata' da pre-sença recebe previamente do 'mundo' o sentido do ser em função do qual estes 'sujeitos' se compreendem. Entretanto, uma vez que neste concentrar-se no mundo salta-se por cima do próprio fenômeno do mundo, em seu lugar aparece o que é simplesmente dado dentro do mundo, as coisas. O ser do mundo em sua *co-pre-sença* é então compreen-

---

[27] Consultar, para tanto, GADAMER, Hans-Georg. *Verdade e método: traços fundamentais de uma hermenêutica filosófica*. 3. ed. Petrópolis: Vozes, 1999.

[28] HEIDEGGER, Martin. *Ser e tempo*. 6. ed. parte 1. Petrópolis: Vozes, 1997, p. 40.

[29] Para Heidegger, pre-sença é "ser aqui não apenas como ser do homem (existência)". E explica que "o ser-no-mundo abriga *em si* a remissão da existência em seu todo: compreensão do ser". *Op. cit.*, p. 302.

Direito Previdenciário e Estado Democrático de Direito

dido como simplesmente dado. Desta maneira, a de-monstração do fenômeno positivo do ser-no-mundo mais cotidiano possibilita penetrar nas raízes da interpretação ontologicamente desviada desta constituição de ser. *É ela própria que, em seu modo de ser cotidiano, de início, se encobre e não é encontrada*".[30]

É dessa filosofia que, em minuciosas análises, Heidegger fala do homem como o lugar do entendimento do ser, o que leva à constatação de que Heidegger reacendeu o que Platão denominou "a batalha de gigantes".

Segundo Wilhelm Weischedel,

"sua pergunta central é a seguinte: o que é o 'sentido do ser'? A que visamos quando pronunciamos a palavra 'é', ou seja, quando dizemos: a árvore 'é', o homem 'é', Deus 'é'? Essa pergunta parece ser, a princípio, um problema abstrato de uma determinada disciplina filosófica, a ontologia. Considerando-a mais de perto, contudo, percebe-se que conduz à profundidade das razões e dos abismos do pensamento. 'Com a pergunta pelo ser, arriscamo-nos à margem da total escuridão.'
Mas como se pode dar andamento a essa pergunta? E mais: onde se torna acessível ao homem o ser, pelo qual pergunta? Heidegger responde: no entendimento do ser. Portanto, no fato de que o homem, de algum modo, já entende desde sempre o que ser significa. Esse entendimento expressa-se na linguagem, mas também na lida cotidiana com as coisas e no trato com os outros homens."[31]

Para Weischedel, Heidegger

"também não abandona o homem no isolamento artificial, em que a filosofia moderna, desde Descartes, está acostumada a vê-lo. Contrariamente, fala de como cada homem tem 'seu' mundo, de como ele existe entre outros entes e com outros homens: fala de seu 'ser-no-mundo' e de seu 'ser-com-outros'".[32]

Diz Heidegger que a determinação do ser depende da nossa existência histórica, e que "determinar o ser não é simples questão de definir o significado de uma palavra", mas que "constitui *o poder, que ainda hoje carrega e domina todas as nossas* referências

---

[30] HEIDEGGER, Martin. *Op. cit.*, p. 183. (grifo no original)
[31] WEISCHEDEL, Wilhelm. *A escada dos fundos da filosofia: a vida cotidiana e o pensamento de 34 grandes filósofos.* São Paulo: Angra, 1999, p. 307.
[32] Idem, p. 308.

com o ente em sua totalidade, com o Vir a ser, com a Aparência, com o Pensar e Dever".[33]

É, pois, a partir de questões colocadas sobre o que conclui Heidegger, em sua carta a Jean Beaufret,[34] que Gadamer, na busca da verdade, afirma que "o que a ferramenta do 'método' não alcança tem de ser conseguido e pode geralmente sê-lo através de uma disciplina do perguntar e do investigar, que garante a verdade".[35]

Daí que a experiência hermenêutica em Gadamer é compreensão, é estar aí no mundo.

Afirma Gadamer que "o fenômeno devolve aqui a sua própria universalidade à constituição ôntica do compreendido, quando a determina, num sentido universal, como *linguagem,* e determina sua própria referência ao ente, como interpretação." E segue: "por isso não falamos somente de uma linguagem da arte, mas também de uma linguagem da natureza, e inclusive de uma linguagem que as coisas exercem".[36]

Também a respeito da interpretação, é necessário destacar alguns aspectos. Igualmente o conceito de interpretação que vai ser trabalhado e adotado neste texto é mais amplo que o conceito clássico, pelo qual normalmente não se indaga sobre quem são os participantes da interpretação. Contudo, especialmente em matéria de direitos e garantias individuais e sociais previstos em sede constitucional, entre os quais estão os direitos previdenciários, há que se adotar um modelo de interpretação mais aberto, levando em conta a interpretação dos intitulados *"participantes materiais do processo social",*[37] que são, entre outros, os cidadãos e seus grupos, os órgãos estatais, sendo impossível discriminar e quantificar todos os que fazem parte da interpretação.

---

[33] HEIDEGGER, Martin. *Introdução à metafísica.* Rio de Janeiro: Tempo Brasileiro, 1969.

[34] Afirma Heidegger: "A linguagem é a casa do ser. Nesta habitação do ser mora o homem. Os pensadores e os poetas são os guardas desta habitação. A guarda que exercem é o consumar a manifestação do ser, na medida em que a levam à linguagem e nela a conservam. Não é por ele irradiar um efeito ou por ser aplicado, que o pensar se transforma em ação." *In: Carta sobre o humanismo.* Lisboa: Guimarães Editores, 1985, p. 33.

[35] GADAMER, Hans-Georg. *Op. cit.,* p. 709.

[36] Idem, p. 687.

[37] Tal expressão foi utilizada por Peter Häberle, em sua tese *Hermenêutica constitucional. A sociedade aberta dos intérpretes da Constituição: contribuição para a interpretação pluralista e* procedimental *da Constituição.* Porto Alegre: Fabris, 1997, p. 13.

É este, aliás, o conteúdo central da tese de Peter Häberle, que propõe a democratização da interpretação constitucional, nos seguintes termos:

"Se se considera que uma teoria da interpretação constitucional deve encarar seriamente o tema 'Constituição e realidade constitucional' - *aqui se pensa na exigência de incorporação das ciências sociais e também nas teorias jurídico-funcionais, bem como nos métodos de interpretação* voltados para atendimento do interesse público e do bem-estar geral -, então há de se perguntar, de forma mais decidida, sobre os agentes conformadores da 'realidade constitucional'".[38]

E, mais adiante, prossegue este mesmo autor:

"O conceito de interpretação reclama um esclarecimento que pode ser assim formulado: quem vive a norma acaba por interpretá-la ou pelo menos por co-interpretá-la (*Wer die Norm 'lebt', interpretiert sie auch (mit)*. Toda atualização da Constituição, por meio da atuação de qualquer indivíduo, constitui, ainda que parcialmente, uma interpretação constitucional antecipada. Originalmente, indica-se como interpretação apenas a atividade que, de forma consciente e intencional, dirige-se à compreensão e à explicitação de sentido de uma norma (de um texto). A utilização de um conceito de interpretação delimitado também faz sentido: a pergunta sobre o método, por exemplo, apenas se pode fazer quando se tem uma interpretação intencional ou consciente. *Para uma pesquisa ou investigação realista do desenvolvimento da interpretação constitucional, pode ser exigível um conceito mais amplo de hermenêutica: cidadãos e grupos, órgãos estatais, o sistema público e a opinião pública (...) representam forças produtivas de interpretação* (interpretatorische Produktivkräfte); *eles são intérpretes constitucionais em sentido lato, atuando nitidamente, pelo menos, como pré-intérpretes* (Vorinterpreten). Subsiste sempre a responsabilidade da jurisdição constitucional, que fornece, em geral, a última palavra sobre interpretação (com a ressalva da força normatizadora do voto minoritário). *Se se quiser, tem-se aqui uma democratização da interpretação constitucional. Isso significa que a teoria da interpretação deve ser garantida sob a influência da teoria democrática. Portanto, é impensável uma interpretação da Constituição sem o cidadão ativo e sem as potências públicas mencionadas*".[39]

---

[38] HÄBERLE, Peter. *Op. cit.*, p. 12. (grifei)
[39] Idem, p. 13 e 14. (grifei)

Desde os tempos em que o homem, dominando a natureza, passou a se relacionar com os demais, aparece em qualquer grupo aquele que diz o caminho, a lei, as regras, as condutas. E aquele que determina as sanções, que escolhe as conseqüências, que julga os demais.

E é deste ator - o julgador - que se torna necessária a sua perfeita sincronia com o mundo em que vive para que possa permitir o desenvolvimento da própria sociedade.

Assim, tanto a hermenêutica precisa do juiz como o juiz precisa da hermenêutica. Um não vive sem o outro. Não há julgamento sem interpretação, não há juiz que não interprete.

O homem, através dos tempos, foi-se relacionando e interagindo com os demais semelhantes e com a natureza. Para poder sobreviver e conviver, foram, ao longo dos tempos e de acordo com as realidades sociais, surgindo pensadores, filósofos, homens letrados que, ao lado do poder da força, exerciam nas comunidades o poder de determinar, de decidir o que era necessário para a sobrevida da comunidade e de suas relações em todos os campos.

Assim, a comunicação por meio de sinais, da linguagem, de símbolos, é o fator fundamental e básico para o crescimento da comunidade e o enfrentamento dos fenômenos naturais que se foram conhecendo.

Esta é, sem dúvida, desde os tempos bíblicos, a grande descoberta do homem-ser-social - comunicar-se.

A partir desta rápida abordagem - e tendo em conta que a hermenêutica, enquanto construção do Direito, permite a manutenção do Estado Democrático de Direito -, afirma-se que cabe aos detentores do poder de dizer a norma a obrigação de interpretar de acordo e conforme a realidade que os rodeia. Tudo porque é da própria essência deste poder esta atribuição, que emana da soberania popular (Constituição Federal, art. 1º, parágrafo único).

1.1.1. Breve panorama histórico

Do grego *hermeneuein*, há dúvidas na sua etimologia, em pesquisas mais recentes. O vocábulo hermenêutica relaciona-se com Hermes, enviado divino para levar as mensagens dos deuses aos homens, que, nessa "tradução", detinha certa liberdade.[40]

---

[40] Nas palavras de Gadamer, "Não é somente a tradição literária que representa um espírito alienado e novo, necessitado de uma apropriação mais correta, mas, antes, tudo que já não está de maneira imediata no seu mundo e não se expressa

Por isso, o trabalho da hermenêutica é sempre essa transferência de um mundo a outro, da língua dos deuses à língua dos homens, uma vez que esta é uma ciência que tem como finalidade principal dizer, explicar e traduzir. Vai daí o sentido da hermenêutica, apenas como reprodução do que deve ser comunicado. Aos poucos houve a necessidade de explicar o que devia ser anunciado - e aí entra um componente de compreensão, mas que fica adstrito ao compreender daquele que anuncia.

Essa atividade de anunciar, de dizer as notícias dos deuses, de transmiti-las, foi, sob a influência dos gregos, concebida como *ars*, e a hermenêutica passou a ser explicação; já se sentiam distinções entre apenas dizer, dar notícias e traduzir, que seria tornar compreensível aquilo que se está transmitindo.[41]

Numa breve incursão histórica, tem-se que Platão não entendia, com essa palavra, qualquer manifestação de idéias. Aristóteles referia-se somente ao sentido lógico, e assim se desenvolve no mundo grego o sentido meramente cognitivo, seguindo com conotações sagradas. É mais uma destreza prática do que uma ciência.

Isto tem reflexos na hermenêutica jurídica e teológica, que se apresenta como arte e que manifesta uma competência normativa - lei divina ou humana.

Segundo Gadamer,[42] "no século XIX a hermenêutica experimentou, como disciplina auxiliar da teologia e da filosofia, um desenvolvimento sistemático que a transformou em fundamento para o conjunto das atividades das ciências do espírito". E continua: "ela elevou-se fundamentalmente acima de seu objetivo pragmático original, ou seja, de tornar possível ou facilitar a compreensão de textos literários".

Entre os romanos, a hermenêutica andou conjuntamente com a prática jurídica, não havendo preocupação com a generalidade no tratamento e aplicação do direito, que era reconhecido de acordo com o caso concreto, sendo que algumas destas decisões, reiteradas e fortalecidas no tempo, ganharam o atributo da compulsoriedade.

---

nele, e para ele, junto com toda tradição, a arte, bem como todas as demais criações espirituais do passado, o direito, a religião, a filosofia, etc., encontram-se despojadas de seu sentido originário e dependentes de um espírito que as faça aflorar e intermedie, espírito que, de acordo com os gregos, chamamos de Hermes, o mensageiro dos deuses." *Op. cit.*, p. 263.

[41] Sobre a questão, afirma Gadamer: "É evidente que a reconstrução das condições sob as quais uma obra transmitida cumpria sua determinação original constituiu, obviamente, uma operação auxiliar verdadeiramente essencial para a compreensão." *Op. cit.*, p. 266.

[42] GADAMER, Hans-Georg. *Op. cit.*, p. 263.

Além disso, a hermenêutica adquiriu especial importância com a preocupação de se interpretar com precisão a palavra de Deus tanto entre os judeus quanto entre os cristãos, como também em relação aos protestantes. No período da Idade Média, coube à Teologia revelar a palavra divina, enquanto tocou à hermenêutica o papel de auxiliar da Teologia. Assim, no sentido teológico, o termo significa a arte de exposição correta da Escritura Sagrada.

Desde 1654, quando surge o primeiro documento com a palavra "hermenêutica", em Dannhauer, faz-se a distinção entre uma hermenêutica teológico-filológica e uma hermenêutica jurídica.

O núcleo da hermenêutica antiga é a interpretação alegórica, praticada na época da sofística.

Houve um novo impulso na hermenêutica com a volta às letras da Bíblia, com a Reforma, quando Lutero afastou o método alegórico, justificando o sentido simbólico nos discursos de Jesus. Surgiu, então, uma nova consciência metodológica, que procurava ser objetiva - ligada ao objeto - isenta do arbítrio do sujeito.

Tanto na hermenêutica teológica como na humanista da Idade Moderna, buscava-se a correta interpretação daqueles textos que continham o decisivo, o que era necessário recuperar.

Procurava-se, então, alcançar uma nova compreensão voltando às fontes originais, com uma motivação objetiva, procurando-se não apenas a compreensão mais exata, mas, principalmente, enfatizar o que havia de "exemplar" na Bíblia, nos oráculos, nas leis.

Além disso, passou a haver uma motivação formal, que resultou no surgimento de uma teoria geral da interpretação das linguagens simbólicas.

A partir dos séculos XI e XII, teve início na Universidade de Bolonha a interpretação dos textos jurídicos romanos pelos professores que faziam as chamadas glosas. Procurava-se, então, o sentido global do texto, porque se cada texto isoladamente continha a verdade da autoridade absoluta, não poderia haver contradições entre os textos globalmente considerados, tendo em vista a impossibilidade de um ser mais verdadeiro que os demais.

Durante os períodos do Romantismo e do Renascimento buscou-se recuperar as obras clássicas, enfatizando-se novamente o uso correto da palavra e da língua.

No século XVIII, devido a sua generalidade, foi considerada como parte da lógica (Christian Wolf - 1732).[43]

---

[43] Idem, p. 281, nota 9.

Direito Previdenciário e Estado Democrático de Direito

Havia um interesse lógico-filosófico que aspirava a fundamentar a hermenêutica em uma semântica geral.

O primeiro compêndio sobre a matéria foi elaborado por Maier, que teve como precursor Chladenius.[44]

Durante o século XVII, a disciplina da hermenêutica presente na teologia e na filosofia serviu mais para fins didáticos do que filosóficos.

Ainda que tenha, no nível pragmático, desenvolvido algumas regras metodológicas fundamentais, oriundas, na sua maior parte, da gramática e da retórica antigas (Quintiliano), não passava de uma série de explicações de textos destinada a facilitar o entendimento da Bíblia.

Esta hermenêutica que se apóia na retórica não justifica o interesse filosófico por tais escritos.

A história primitiva da hermenêutica protestante reflete já a problemática filosófica de fundo que só afloraria em nosso século.

O Tratado teológico-político de Spinoza foi o acontecimento principal para a luta contra a dogmática católica de interpretação da Bíblia. Com Lutero, no protestantismo, também há na base certos dogmas.

Finalmente, sob o influxo do historicismo, a hermenêutica passa a ganhar outros enfoques que extrapolam a função meramente reprodutiva, sobressaindo também a importância da interpretação investigativa do contexto histórico em que o texto legal fora criado, bem como o contexto posterior que determina a sua aplicação.

É, no entanto, somente através da fenomenologia fomentada por Husserl[45] e Heidegger que a hermenêutica vai ser entendida como compreensão, revelando-se na consciência do próprio ser. Para Heidegger, compreender é a forma originária de realização do

---

[44] Segundo Gadamer (*op. cit.*, p. 285), entre os que prepararam o pensamento histórico está "particularmente Chladenius, apresentado como um precursor da hermenêutica romântica, e de fato nele se descobre o interessante conceito do 'ponto de vista' como fundamento do 'por que conhecemos uma coisa desse e não de outro modo'. É um conceito procedente da ótica e que o autor toma expressamente de Leibniz."

[45] Conforme Gadamer, "Edmund Husserl dedicou atenção a essa questão, empreendendo com investigações sempre renovadas a tarefa de esclarecer a parcialidade inerente à idealização da experiência que subjaz às ciências". E esclarece: "A base disso é um conceito de fundamentação muito diferente. Do ponto de vista fenomenológico, a 'pura' percepção me parece uma mera construção, que corresponde ao conceito derivado de ser simplesmente dado - surgindo com isso como uma posição secundária de sua idealização científica e teórica". *Op. cit.*, p. 513.

estar aí do ser-no-mundo.[46] Já para Gadamer compreender é experiência.[47]

Com efeito, Gadamer,[48] dando continuidade ao historicismo de Dilthey e à ontologia heideggeriana, inclui na sua delimitação do conceito de hermenêutica, como "anúncio, tradução, explicação e interpretação", por óbvio, a arte de compreensão do que subjaz e o que se entende quando algo não está claro ou não é inequívoco, trazendo a hermenêutica para o campo da filosofia.

Ao referir que a arte não é um mero objeto da consciência histórica, mas que "a sua compreensão co-implica sempre uma mediação histórica", Gadamer pergunta: "como se irá determinar, face a isso, a tarefa da hermenêutica?"[49]

O papel da linguagem é ressaltado por Schleiermacher, segundo o qual a fundamentação da compreensão na conversação e no consenso inter-humano significou um aprofundamento nos fundamentos da hermenêutica, permitindo a criação de um sistema científico orientado para uma base hermenêutica.

Com Schleiermacher, que se insere melhor no idealismo transcendental fundado por Kant e Fichte, desaparece o pressuposto dogmático sobre o caráter "decisivo" do texto, que era o pressuposto que guiava a atividade do teólogo, do filólogo humanista e do jurista.[50]

---

[46] Expõe Heidegger: "Compreendemos a palavra 'Ser' e com ela todas as suas variações, ainda que tal compreensão pareça indeterminada. O que compreendemos, o que se manifesta, de algum modo, na compreensão, dele dizemos, que tem um sentido. O Ser, porquanto é simplesmente compreendido, tem um sentido. Fazer a experiência e conceber o Ser, como o que mais é digno de ser posto em questão (*das Fragwürdigste*), inquirir, portanto, o Ser propriamente, não significa outra coisa do que investigar o sentido do Ser." *In: Introdução à metafísica, op. cit.,* p. 110.

[47] Segundo Gadamer, "A compreensão não se satisfaz então no virtuosismo técnico de um 'compreender' tudo o que é escrito. É, pelo contrário, uma experiência autêntica, isto é, encontro com algo que vale como verdade." *Op. cit.,* 706. Por sua vez, Heidegger afirma: "A interpretação se funda existencialmente na compreensão e não vice-versa. Interpretar não é tomar conhecimento de que se compreendeu, mas elaborar as possibilidades projetadas na compreensão. De acordo com o fluxo dessa análise preparatória da presença cotidiana, investigaremos o fenômeno da interpretação na compreensão de mundo, ou seja, na compreensão imprópria e isso no modo de sua autenticidade." E continua: "A circunvisão descobre, isto é, o mundo já compreendido se interpreta." *In: Ser e Tempo, parte I. Op. cit.,* p. 204-205.

[48] GADAMER, Hans-George. *Op. cit.,* p. 264.

[49] Idem, p. 264.

[50] Idem.

Direito Previdenciário e Estado Democrático de Direito

33

Em sua obra, *Princípios da teoria geral da ciência*, Fichte[51] considera que todo conhecimento deriva de um "princípio supremo" unitário, qual seja, a espontaneidade da razão. Tal giro do idealismo crítico kantiano para o idealismo absoluto foi compartilhado pelos que se seguiram, entre eles Schleiermacher e, mais tarde, Dilthey,[52] que teve significativa contribuição para o desenvolvimento da hermenêutica, com a introdução da idéia de uma psicologia compreensiva e com a complementação do conceito de "vivência" - base psicológica da hermenêutica.

Emilio Betti resumiu esta tradição idealista da hermenêutica de Schleiermacher a Dilthey.[53]

A hermenêutica teológica da época iniciada com a fundamentação de Schleiermacher[54] ficou parada em suas aporias dogmáticas.

---

[51] Comenta Gadamer que "também a tese, hermeneuticamente absurda, em que se mete Fichte na sua polêmica contra a interpretação kantiana dominante, segundo a qual 'uma coisa é o inventor de um sistema e outra, seus intérpretes e seguidores', assim como sua pretensão de explicar Kant 'segundo o espírito', estão inteiramente impregnadas com as pretensões da crítica objetiva". *Op. cit.*, p. 304.

[52] Dilthey mostrou que a hermenêutica teológica desenvolveu-se "a partir da autodefesa da compreensão reformista da Bíblia contra o ataque dos teólogos tridentinos e seu apelo ao caráter indispensável da tradição". Conforme GADAMER, Hans Georg, *op. cit.*, p. 274.

[53] Conferir em BETTI, Emilio, *Teoria generale della interpretazione*. Milão: Dott. A. Giuffrè, 1955, cap. II e III.

[54] Segundo Gadamer, Schleiermacher entende que as palavras "só podem ser compreendidas adequadamente retrocedendo até a gênese das idéias". E continua: "o que para Spinoza representa um caso extremo da compreensibilidade, obrigando, com isso, a um rodeio histórico, converte-se, para ele, no caso normal e constitui a pressuposição a partir da qual ele desenvolve a teoria da compreensão. O que ele encontra 'de mais relegado e em parte até mesmo completamente abandonado' é o compreender uma série de idéias ao mesmo tempo com um momento vital que irrompe, como um ato que está em conexão com muitos outros, inclusive de natureza diferente'. E segue: "Assim, paralelamente à interpretação gramatical, ele coloca a psicológica (técnica) - e nesta é que se encontra o que ele tem de mais próprio. No que se segue, deixaremos de lado as interpretações de Schleiermacher sobre a interpretação gramatical, que em si mesmas são da maior perspicácia. Elas são primorosas para o papel que a totalidade já dada da linguagem desempenha para o autor - e com isso também para o seu intérprete, assim como para o significado do todo de uma literatura para cada obra individual. Pode ser também - como uma nova investigação do legado de Schleiermacher torna provável -, que a interpretação psicológica, no desenvolvimento do pensamento de Schleiermacher, só adquira paulatinamente sua posição de primeiro plano. Seja como for, essa interpretação psicológica tornou-se realmente determinante para a formação das teorias do século XIX - para Savigny, Boeckh, Steinthal, e sobretudo para Dilthey." *Op. cit.*, p. 290-292.

Uma autêntica mediação entre a exegese histórica e a exegese dogmática foi assentada por Bultmann,[55] que vislumbrou na filosofia existencial de Heidegger (*Ser e Tempo*) uma postura antropológica neutra, com possibilidade de servir como uma base ontológica para a autocompreensão da fé. Houve um enriquecimento hermenêutico nesta postura, que consistiu num conceito de pré-compreensão.

No tempo em que as idéias de Dilthey e Kierkegaard passam a fundamentar a filosofia existencial, Heidegger caracteriza e acentua a compreensão como o movimento básico da existência que desemboca no conceito de interpretação que Nietzche havia desenvolvido em seu significado teórico.

Os enunciados da autoconsciência devem questionar-se melhor, no dizer de Nietzche:[56] constituem uma dúvida cujo resultado é a troca do sentido da verdade, de tal forma que o processo de interpretação se converte em uma forma da vontade de poder e adquire um significado ontológico.

Gadamer considera que, no século atual, foi atribuído um sentido ontológico similar ao conceito de historicidade. Segundo o

---

[55] No dizer de Gadamer: "O próprio Bultmann destaca que toda compreensão pressupõe uma relação vital do intérprete com o texto, assim como uma relação prévia com o tema mediado pelo texto. A essa pressuposição hermenêutica é que dá o nome de *pré-compreensão*, porque evidentemente não é produto do procedimento compreensivo, já que é anterior a ele". *Op. cit.*, p. 491. (grifo no original)

[56] Conforme Habermas: "Com o ingresso de Nietzsche no discurso da modernidade, a argumentação altera-se pela base. Inicialmente a razão fora concebida como autoconhecimento conciliador, depois como apropriação libertadora e, finalmente, como recordação compensatória, para que pudesse aparecer como equivalente do poder unificador da religião e superar as bipartições da modernidade a partir das suas próprias forças motrizes. Fracassou por três vezes esta tentativa de talhar o conceito de razão à medida do programa de um iluminismo em si mesmo dialéctico. Nesta constelação, Nietzsche só tem uma alternativa: ou submete mais uma vez a razão centrada no sujeito a uma crítica imanente - ou abandona o programa na sua globalidade. Nietzsche opta pela segunda via - renuncia a uma nova revisão do conceito de razão e *destitui* a dialéctica do iluminismo. A deformação historicista da consciência moderna, a inundação com conteúdos de toda a espécie e o esvaziamento de tudo quanto é essencial são os principais factores que o levam a duvidar que a modernidade possa ainda criar os seus padrões a partir de si própria - 'porque nós, os modernos, nada temos que venha de nós mesmos, absolutamente nada'. É certo que Nietzsche aplica mais uma vez a figura de pensamento da dialéctica do iluminismo ao iluminismo historicista, só que agora com o objectivo de fazer rebentar o envólucro de razão da modernidade enquanto tal." *In: O discurso filosófico da modernidade*. Lisboa: Publicações Dom Quixote, 1998, p. 91. (grifo no original)

Direito Previdenciário e Estado Democrático de Direito

referido autor, a historicidade representa uma condição positivada para o conhecimento da verdade.

A busca dessa verdade fez com que se chegasse a abordagens diferentes na hermenêutica tradicional. Para Gadamer, a hermenêutica jurídica exerce uma evidente função criadora.

Por ser uma disciplina normática e exercer a função dogmática de complementação jurídica, desempenha uma tarefa imprescindível, "porque tem de preencher o hiato entre a generalidade do direito estabelecido e a concretude do caso individual".[57]

Neste sentido, já Aristóteles, em *Ética a Nicômacos*, delimitou o espaço hermenêutico dentro da teoria jurídica ao abordar o problema do direito natural e o conceito de "epikeia".

Analisando-se a história do direito, particularmente a partir da recepção do direito romano, verifica-se que o problema da interpretação compreensiva está indissoluvelmente ligado ao problema da aplicação - era necessário não apenas entender a dogmática jurídica romana, mas, também, aplicá-la ao mundo cultural moderno.

Com as codificações modernas, a tarefa da interpretação do direito romano, enquanto vigente, converteu-se em problema para a história do direito, tendo a hermenêutica jurídica, à época, ficado subsidiária da disciplina da dogmática do direito, na periferia da jurisprudência.

A relação entre história do direito e ciência normativa é muito complexa para que a história do direito possa substituir a hermenêutica.

Diz Gadamer que a investigação que empreendeu em "Verdade e método" partiu de um âmbito experimental que deve ser qualificado em certo sentido dogmático porque reclama um reconhecimento absoluto e não se pode deixar em suspenso.

Assim, declara que a hermenêutica filosófica chegará a um resultado de que a compreensão só é possível de forma que o sujeito ponha em jogo seus próprios pressupostos. A produção do intérprete forma parte inexorável do sentido da compreensão.

"O intérprete e o texto têm seu próprio horizonte, e a compreensão supõe uma fusão destes horizontes".[58] Por isso, a problemática da hermenêutica busca o sentido objetivo, mediado pela história atual.

A realidade fundamental para salvar tais distâncias é a linguagem, que permite ao intérprete atualizar "o compreendido".

---

[57] Conferir em GADAMER, Hans-Georg. *op. cit*, p. 108.
[58] Idem, p. 111.

Em certo sentido, a hermenêutica, vista deste modo, aproxima-se da filosofia analítica, que parte da crítica neopositivista para a metafísica.

"A hermenêutica, enquanto supera a ingenuidade positivista que tem o conceito do fato mediante a reflexão sobre as condições de compreensão (pré-compreensão, prioridade da pergunta, história da motivação de cada enunciado), representa uma crítica à postura metodológica positivista".[59]

O fato de a linguagem da ciência ter retornado à linguagem da vida cotidiana, das ciências empíricas à exigência do mundo vital, fez com que a hermenêutica, em lugar de se subordinar à lógica, se reorientasse à tradição anterior da retórica com a qual esteve estreitamente ligada.

No âmbito da hermenêutica, pode-se dizer que a linguagem exerce um papel de suma importância - "não se limita a ser mais um meio entre outros, mas guarda uma relação especial com a comunidade potencial da razão."[60]

Mais do que um fato, a linguagem é um princípio, e sobre ela repousa a universalidade da dimensão hermenêutica.

Em todas as criações humanas está presente o sentido, e cabe à hermenêutica descobri-lo.

Afirma Gadamer[61] que "o conhecimento que o homem tem do mundo está intermediado pela linguagem" e, mais, que "a lingüisticidade de um 'ser-no-mundo' articula todo o âmbito da experiência".

Tem-se como a função mais importante da hermenêutica, enquanto teoria filosófica, a de mostrar que só se pode chamar de "experiência" a integração de todos os conhecimentos da ciência no saber pessoal do indivíduo.

O problema hermenêutico adquiriu nova ênfase na esfera da lógica das ciências sociais. Há que se reconhecer que a experiência do mundo supõe sempre a dimensão hermenêutica nas ciências naturais, como demonstrou Thomas Kuhn.[62]

---

[59] GADAMER, Hans-Georg. *op. cit*, p. 111.

[60] Idem, p. 113.

[61] Idem, p. 114.

[62] Como diz Gadamer, "não é necessário pôr em discussão que também nas ciências da natureza podem estar operantes momentos da tradição, por exemplo, sob a forma de que em certas ocasiões preferem-se determinadas orientações de investigação. Porém, a investigação científica como tal não recebe as leis de seu progresso dessas circunstâncias, mas unicamente da lei da coisa que se abre aos seus esforços metódicos". *Op. cit.*, p. 425.

Direito Previdenciário e Estado Democrático de Direito

A partir da postura dessa nova hermenêutica, em que o intérprete tem uma função criadora, apresentam-se novas teorias denominadas de giro lingüístico, onde o conhecimento que o homem tem do mundo está intermediado pela linguagem.

Daí que, dessa constatação, pode-se afirmar que a hermenêutica é filosofia porque não se limita a ser a arte de entender as opiniões do outro - a reflexão hermenêutica implica que, em toda compreensão de algo ou de alguém, se produza uma autocrítica.

A chamada viragem lingüística leva o intérprete, o aplicador da lei, a buscar a compreensão do texto a partir de uma pré-compreensão junto ao significado dos termos da linguagem.

Vê-se, pois, que é da linguagem, da lingüisticidade, que se pode retirar a interpretação do texto para aplicá-lo à realidade da causa que é posta. Ou melhor, necessário, a partir da efetiva filtragem constitucional, a partir da principiologia inscrita ou imanente na Carta Constitucional, apreender-se o real significado do texto, adequando-o ao caso concreto.

E tudo isto deve ser feito quando passamos do estágio de defesa dos simples direitos entre indivíduos para a defesa de direitos de indivíduos frente a esta abstração que os envolve, que é a Administração Pública.

Assim é que, numa visão tradicional, a hermenêutica é método, forma e maneira de aplicação do direito; na nova postura ela aparece como meio de criação da própria norma, porque só após a interpretação é que a norma vale. Há a sua vigência no mundo jurídico, mas a sua validade depende da efetiva aplicação ao caso concreto.

Para elaborar uma hermenêutica de ruptura, o rompimento passa necessariamente pelas concepções metafísico-essencialistas-ontológicas acerca da interpretação.

O giro lingüístico, o lingüístico termo de Rorty[63] passa a considerar a linguagem como uma terceira coisa que se interpõe entre o sujeito e o objeto, formando uma barreira que dificulta o conhecimento humano de como são as coisas.

Os *slogans* desta virada representam a maneira de que nunca devemos apreender a realidade sem a mediação de uma descrição lingüística.

Diz Rorty que a busca de Platão é vã quando intentou ir da aparência à natureza intrínseca da realidade.

---

[63] Conferir em Rorty, Richard. *El giro lingüístico.* Barcelona: Paidós, 1990. Ver também STRECK, Lenio Luiz, *op. cit.*, p. 149.

A partir de Herder e de Humbolt,[64] os filósofos sugerem que a linguagem constitui a barreira entre nós e a realidade. Daí que os pragmatistas insistiram em romper a distinção entre conhecer coisas e usá-las.

Rorty responde a acusação de que as posturas antiessencialistas seriam uma variante de idealismo lingüístico, dizendo que o fato de que as árvores existem antes não serve para dar resposta à pergunta "o que são as árvores?".

A passagem da filosofia da consciência para a filosofia da linguagem, segundo Habermas,[65] traz vantagens objetivas porque nos tira do "círculo aporético, onde o pensamento metafísico se choca com o pensamento anti-metafísico", onde o idealismo é contraposto ao materialismo.

---

[64] Conforme Gadamer, "Herder não precisou ir muito além da base colocada por Winckelmann e bastou-lhe também reconhecer a relação dialética entre o caráter modelar e o irrepetível de todo o passado, para opor à consideração teleológica da história do *Aufklärung* uma concepção histórica universal do mundo. Pensar historicamente significa agora conceder a cada época seu próprio direito à existência e até mesmo a uma perfeição própria", e "o classicismo de Wilhelm von Humbolt considera a história como a perda e a decadência da perfeição da vida grega". Mais adiante, comenta: "Herder e Humboldt aprenderam a ver as línguas como maneiras de ver o mundo. Ao reconhecer a unidade de pensamento e fala, tiveram acesso à tarefa de comparar as diversas maneiras de dar forma a essa unidade como tal". *Op. cit.*, p. 311 e 586.

[65] Refere Habermas que "há variadas maneiras de interpretar esta idéia de história de recepção conforme o grau de continuidade e de descontinuidade que deva ser garantido ou produzido - uma interpretação conservadora (Gadamer), revolucionário-conservadora (Freyer) e revolucionária (Korsch). O olhar que se dirige para o futuro, todavia, vai sempre do presente para um passado que está preso como *pré-história* ao presente de cada um de nós como se fosse a corrente de um destino contínuo. Esta consciência tem dois elementos constitutivos: um é o vínculo de um processo contínuo de transmissão cultural em que está incorporado além do mais o acto revolucionário, vínculo característico da história da recepção [*Wirkungsgeschichte*], o outro é o papel dominante do horizonte de expectativa num potencial de experiências históricas a adquirir". *Op. cit.*, p. 24. Mais adiante, continua o autor: "uma vez que nega ambas as coisas, Derrida pode analisar todos os discursos segundo o modelo da linguagem poética e fazer como se, em geral, a linguagem fosse determinada pelo uso poético e especializado na descoberta do mundo. Deste ponto de vista a linguagem como tal converge com a literatura ou com o 'escrever'. *A estetização da linguagem, que é resgatada ao preço da dupla negação do sentido próprio do discurso normal e poético*, explica também a insensibilidade de Derrida perante uma polaridade repleta de tensões entre a função poética e descobridora do mundo e as funções prosaicas e intra-mundanas da linguagem, a que faz justiça um esquema modificado das funções de Bühler. *Op. cit.*, p. 194. (grifo no original)

Direito Previdenciário e Estado Democrático de Direito **39**

O giro lingüístico (Rorty), a guinada lingüística (Habermas), a reviravolta lingüística ocorreu sob três frentes:[66]

1) *dos positivistas lógicos*, que sustentam a idéia de que o conhecimento pode ser obscurecido por certas perplexidades de natureza estritamente lingüística.

O rigor discursivo passa a ser o paradigma da ciência - sem rigor lingüístico não há ciência.

A linguagem absorve todos os sistemas e meios de comunicação, independemente do material que utilizam.

A linguagem, na definição neopositivista, é objeto da semiótica, sendo que, para Saussure, o signo vincula-se de três formas:

a) sintática - vinculação entre os signos;

b) semântica - vinculação entre os signos e o objeto designado;

c) pragmática - vinculação entre o signo e o usuário.

A análise semântica encontra-se tanto no positivismo Kelseniano como no realismo de Alf Ross, bem como no realismo jurídico norte-americano (Cohen).[67]

A pragmática trata dos modos de significar, dos usos e das funções da linguagem.

A análise pragmática extrapola o neopositivismo.

2) *da filosofia de Wittgenstein* - obra "Investigações Filosóficas" e Heidegger - não existe um mundo em si que independa da linguagem .

A linguagem passa a ser condição de possibilidade para a própria constituição do conhecimento. "Pretender uma exatidão lingüística é cair numa ilusão metafísica."[68]

No uso do folclore, o que se fixa em nós é o modo de sua utilização na construção da frase.

É correto o emprego da palavra que é aceita pela comunidade lingüística que a emprega.

Wittgenstein não separa a linguagem da práxis social.[69]

---

[66] Sobre o tema, conferir em BLANCO, Carlos Nieto, *La conciencia lingüística de la filosofía*. Madrid: Editorial Trotta, 1997. Ver também HABERMAS, Jurgen, *Pensamento pós*-metafísico. Rio de Janeiro: Tempo Brasileiro, 1990; RORTY, Richard, *El giro lingüístico*. Barcelona: Paidós, 1990; e STRECK, Lenio Luiz, *op. cit.*, p. 149.

[67] Conforme STRECK, Lenio Luiz, *op. cit.*, p. 150.

[68] Idem, p. 153.

[69] De acordo com Lenio Streck, "Wittgenstein supera a metafísica, o essencialismo e a teoria tradicional da significação. Isto fica claro porque, para a semântica tradicional, a significação de uma palavra dependia de sua ordenação-objetiva, mesmo que os objetos não fossem necessariamente entidades concretas". *Op. cit.*, p. 154. Ver também WITTGENSTEIN, Ludwig, *Investigações filosóficas*. Petrópolis: Vozes, 1994.

A linguagem pertence ao homem - onde há homem há linguagem. No plano da semântica, os problemas só se resolvem quando ela atinge uma dimensão pragmática.

3) *desenvolvimento da filosofia da linguagem ordinária*,[70] que tem Austin como seu melhor representante.

Austin, em sua análise da linguagem, pretende "estabelecer o terreno em que a filosofia se articula e, assim, configurar o procedimento que lhe é próprio".[71]

Esta filosofia tenta compreender a linguagem a partir do contexto sócio-histórico, que gera os pressupostos possibilitadores dos atos da fala.

A filosofia da linguagem ordinária passa a dar ênfase à pragmática e ela se aproxima da hermenêutica, já que ambos explicitam o contexto intersubjetivo, que gera o sentido.

Assim, o processo hermenêutico deve ser um devir. Interpretar é dar sentido. O Direito deve ser compreendido como textos que permanentemente reclamam sentido. E esse processo é inexorável.

Dentro dessa realidade, o intérprete fala de um lugar não-histórico e atemporal.

1.1.2. Hermenêutica tradicional

Carlos Maximiliano, que dentro de nossa cultura jurídica foi um dos pioneiros em se preocupar com a aplicação dos textos legais aos casos concretos, salientou que a hermenêutica não se

---

[70] Sobre o tema, informa Lenio Streck que "enquanto no neopositivismo a temática central era lingüístico-semântico, em especial em Carnap e Frege, em uma segunda dimensão a linguagem passou a ser vista como instrumento de comunicação e de dominação social.". E continua: "assim, com Wittgenstein, Austin e Searle, houve mudança no paradigma em filosofia, quando a problemática central se volta para a linguagem como ação de uma filosofia pragmática da linguagem. Leva-se em consideração a dimensão pragmática do discurso ligado a ações coletivas, intersubjetivas, mesclando atos de linguagem e práticas (ações)". *Op. cit.*, p. 155. Ver também WARAT, Luis Alberto, *O direito e sua linguagem*, Porto Alegre: Fabris, 1995.

[71] Ver STRECK, Lenio, *op. cit.*, p. 156. A esse respeito, comenta o autor que *"neste sentido, a tese de Austin é semelhante à de Wittgenstein das Investigações, é dizer, a linguagem é essencialmente ação social, sendo a linguagem o horizonte a partir de onde os indivíduos exprimem a realidade".* (grifo no original) Mais adiante, continua Lenio Streck: "Assim, de nenhum modo se pode considerar a linguagem ordinária algo sacrossanto e intocável, diz Austin. A linguagem é um meio heurístico indispensável para nosso conhecimento da realidade, sendo, por necessário aperfeiçoá-la" (p. 157).

confunde com a interpretação. Diz que aquela é a teoria científica da arte de interpretar, afirmando que "a hermenêutica jurídica tem por objeto o estudo e a sistematização dos processos aplicáveis para determinar o sentido e o alcance do Direito".[72]

Tanto em valor histórico como na sempre presente busca de aplicar o bem interpretado, pode-se dizer que a postura tradicional hermenêutica é aquela que busca classificar métodos eficientes, enclausurando, muitas vezes, outros fatores e valores tão necessários para fazer o que diz o bom direito - aplicar as normas com justiça.

É que a hermenêutica contemplada a partir do paradigma clássico, bem reproduzido pela Escola da Exegese, restringe a atividade judicial, por meio de seus métodos de interpretação, a mera subsunção da norma ao caso concreto, numa reprodução mecânica de seu sentido em que não há qualquer espaço para a criação. Entretanto, não há como negar a liberdade de criação do intérprete, porque, como bem coloca Márcio Augusto de Vasconcelos Diniz, "isso equivaleria a negar a sua própria humanidade"[73] e, já que "pensar é criar; hermenêutica é cultura e, portanto, obra humana".[74] Aliás, nesse sentido, pertinente a advertência realizada por Paulo Bonavides de que a hermenêutica tradicional não foi feita para ser aplicada aos direitos fundamentais, tendo em vista que estes, em geral, simplesmente não se prestam à interpretação, mas sim à concretização:

> "Os direitos fundamentais, em rigor, não se interpretam, concretizam-se. A metodologia clássica da Velha Hermenêutica de Savigny, de ordinário aplicada à lei e ao Direito Privado, quando empregada para interpretar direitos fundamentais, raramente alcança decifrar-lhes o sentido.
>
> Os métodos tradicionais, a saber, gramatical, lógico, sistemático e histórico, são de certo modo rebeldes a valores, neutros em sua aplicação, e por isso mesmo impotentes e inadequados para interpretar direitos fundamentais. Estes se impregnam de peculiaridades que lhes conferem um caráter específico, demandando técnicas ou meios interpretativos distintos, cuja construção e emprego gerou a Nova Hermenêutica".[75]

---

[72] MAXIMILIANO, Carlos. *Hermenêutica e aplicação do direito.* Rio de Janeiro: Forense, 1997, p. 4.

[73] DINIZ, Márcio Augusto Vasconcelos. *Constituição e hermenêutica constitucional.* Belo Horizonte: Mandamentos, 1998, p. 269.

[74] Idem, p. 268.

[75] BONAVIDES, Paulo. *Curso de direito constitucional.* 8. ed. São Paulo: Malheiros, 1999. p. 545. (grifei)

Há, pois, que se estabelecer que, na busca da aplicação dos textos previdenciários que dizem especificamente com direitos sociais, a compreensão do presente, da atualidade que deve ser conferida ao texto a ser aplicado, a ser entendido, deve passar por uma presença do intérprete, por uma valoração do pretendido direito frente aos objetivos e princípios constitucionais. Não há porque deixar de referir que essa interpretação é sistemática, axiológica, hierárquica e teleológica, enquanto método e forma a ser utilizada,[76] bem como que está fincada na pré-compreensão do estar aí no mundo, como quer Lenio Streck - porque uma não afronta a outra; ao contrário, apontam novos horizontes àquele cuja atribuição é a de construir o direito para o caso concreto.[77]

1.1.3. Uma nova postura hermenêutica

Aos filósofos da antiguidade foram-se sucedendo teólogos, sociólogos, jusfilósofos, na procura de extirpar dogmas ultrapassados, quebrando paradigmas a fim de que a pureza do texto posto fosse concretizada na aplicação de acordo com a realidade e com o mundo humano de suas épocas.

Todo e qualquer objeto pode ser visto e descrito de várias maneiras, de vários ângulos, por diversas pessoas que vão fazer de suas idéias a exteriorização do conceito do objeto conhecido.

Se assim é, quando se está a descrever um óleo, o pôr-do-sol, a montanha, a multidão nas ruas, muito mais ocorre quando se necessita representar, entender e transmitir comandos abstratos consubstanciados em regras jurídicas.

---

[76] Segundo Juarez Freitas, "toda a perquirição empreendida parece revelar a *necessidade de se robustecer uma formação consciente e séria do intérprete jurídico para a suma tarefa ético-jurídica que consiste em, diante das antinomias, alcançar o melhor e o mais fecundo desempenho da interpretação sistemática em todos os ramos, com o escopo de fazer promissora a perspectiva de um Direito que se confirme dotado de efetiva coerência e de abertura. Em derradeiro, um Direito visto, ensinado e aplicado como o lídimo sistema normativo do Estado Democrático".* Op. cit., p. 205. (grifo no original)

[77] Nas palavras de Eros Grau, "porque a interpretação do direito consiste em *concretar a lei* em cada caso, isto é, na sua *aplicação* (Gadamer 1991/401), o intérprete, ao interpretar a lei, desde um caso concreto, a *aplica. Interpretação e aplicação* não se realizam automaticamente. O intérprete discerne o sentido do texto a partir e em virtude de um determinado caso dado (Gadamer 1991/397). Assim, existe uma equação entre interpretação e aplicação: não estamos, aqui, diante de dois momentos distintos, porém frente a uma só operação (Mari 1991/236). *Interpretação e aplicação* se superpõem". Op. cit., p. 154. (grifo no original)

Direito Previdenciário e Estado Democrático de Direito

43

É, portanto, ponto de invencível força tudo o que envolve a interpretação das leis, a hermenêutica jurídica, a exegese dos textos.

Diz Eros Grau, com maestria, que "na interpretação do texto o intérprete pode 'levar à transformação do direito'".[78]

É, pois, de fundamental importância buscar-se a delimitação do que aqui será tratado, em face da amplitude histórica e dos vários campos do que seja hermenêutica.

Apenas, numa visão panorâmica para introduzir o tema, tem-se como necessário traçar a definição, ou melhor, o limite do que seja hermenêutica.

E tudo isto ficou antes delimitado sob o entendimento de que a hermenêutica é nova postura necessária para atender os reclamos que dizem com a garantia dos direitos sociais, já que limitado o trabalho ao ramo do direito previdenciário.

A partir do entendimento de que direito é o objeto da ciência do direito, que descreve, é descritiva, enquanto o direito prescreve, não descreve, tem-se que o direito é normativo. Como ensina Eros Grau.[79]

> "Ainda quando um texto normativo descreve uma coisa, estado ou situação, é prescritivo. Ele descreve para prescrever que aquela é a descrição do que cogita.
>
> A ciência que o estuda e descreve não é, no entanto, normativa. É, enquanto ciência, descritiva.
>
> Impõe-se distinguirmos, assim, a ciência do direito e seu objeto, o direito. A primeira descreve - indicando como, por quê e quando - este último.
>
> Essa distinção é de importância fundamental, e inúmeras vezes deixam de percebê-la os estudiosos do direito. Por isso se perdem, também inúmeras vezes, esses estudiosos em raciocínios contraditórios e equivocados. Um dos temas, por exem-

---

[78] GRAU, Eros. *Op. cit.*, p. 16. Afirma o autor: "Posso, exemplificativamente, descrevê-lo como sistema de normas que regula - para assegurá-la - a preservação das condições de existência do homem em sociedade. Mas, de outra parte, posso descrevê-lo, exemplificativamente, também, desde uma perspectiva crítica, introduzindo, então, a velha questão, do *expositor* e do *censor* (crítico) do direito, daquele que explica o direito, tal como o entende, e daquele que indica o que crê *deva ser* o direito - a separação entre o que *é* e o que *deve ser* o direito (Bentham). Afirmaremos, então, que necessitamos mais de *censores, críticos* do direito, do que de meros *expositores* dele - no que também a afirmação de que os juristas em regra se limitam a interpretar o direito de diferentes maneiras, mas o que importa é *transformá-lo*." (grifo no original)

[79] Idem, p. 30.

plo, para cujo tratamento é basilar a distinção é o referido aos princípios. Há que ter bem distintos, porque diversos são entre si, os princípios do direito e os princípios da ciência do direito."

Várias, pois, são as soluções. Não há apenas uma resposta verdadeira; o intérprete opta entre muitas, de acordo com os princípios da teoria que assume, "pois a interpretação é convencional. Não possuindo realidade objetiva com a qual possa ser confrontado o seu resultado (o interpretante), inexiste uma interpretação objetivamente verdadeira (Zagrebelsky 1990/69)."

A partir dessas premissas, em sendo o sistema jurídico um sistema aberto, não fechado, "aberto no sentido de que é incompleto, evolui e se modifica",[80] daí a importância e a necessidade de se adotar uma nova postura hermenêutica, bem colocada por Lenio Streck, ao afirmar que:

> "(...) essa (nova) hermenêutica, rompendo com a idéia de subsunção do caso sob uma regra que lhe corresponde e da possibilidade da autonomia do texto, deve ser vista não como um emaranhado sofisticado de palavras, mas, sim, como uma ferramenta metateórica e transmetodológica a ser aplicada no processo de desconstrução do universo conceitual e procedimental do edifício jurídico, nascido no paradigma metafísico, que o impediu (e continua impedindo, ao abrigo do paradigma epistemológico da filosofia da consciência) de submetê-lo às mudanças que há muito tempo novas posições teóricas - não mais metafísicas - nos põem à disposição. Hermenêutica é experiência. É vida! É este o nosso desafio: aplicá-la no mundo da vida!"[81]

Por isso, é imprescindível, a fim de se conferir vida e efetividade aos direitos abstratamente previstos em sede constitucional, como propõe Lenio Streck, abandonar, o juiz, a postura de distanciamento em relação ao contexto no qual ele está inserido, vive e participa, apregoada pela hermenêutica tradicional e pela dogmática jurídica.[82] Com efeito, a hermenêutica e a dogmática jurídica

---

[80] GRAU, Eros Roberto. *Op. cit.*, p. 19.

[81] STRECK, Lenio Luiz. *Op. cit.*, p. 262-263.

[82] Consoante Lenio Streck: "Isso ocorre porque, inserido nessas crises, o jurista (ainda) trabalha/opera com os conceitos advindos da (velha) hermenêutica clássica, vista como pura técnica (ou 'técnica pura') de interpretação (*Auslegung*), onde a linguagem é entendida como terceira coisa que se interpõe entre o sujeito cognoscente e o objeto a ser conhecido/apreendido. Há, pois, sustentando essa

partem do paradigma da filosofia da consciência, que, por sua vez, parte "da noção de conhecimento como relação entre pessoas (sujeitos) e objetos, quando, na realidade, deve-se partir da relação entre pessoas (atores sociais) e proposições".[83]

Eros Grau, ao conceituar interpretação, diz que "a interpretação é atividade que se presta a transformar disposições (textos, enunciados) em normas; é meio de expressão dos conteúdos normativos das disposições, meio através do qual o juiz desvenda as normas contidas nas disposições (Zagrebelsky 1990/68 e ss.; Grau 1995/5-7). Por isso as normas resultam da interpretação."[84]

Mais adiante, este mesmo autor assim assevera:

"Interpretar não é apenas compreender. A interpretação consiste em mostrar algo: ela vai 'do abstrato ao concreto, da fórmula à respectiva aplicação, à sua 'ilustração' ou à sua inserção na vida' (Ortigues 1987/220; na interpretação dos fatos, ao contrário, vai-se do concreto ao abstrato, da experiência à linguagem). A interpretação, pois, consubstancia uma operação de mediação que consiste em transformar uma expressão em outra, visando a tornar mais compreensível o objeto ao qual a linguagem se aplica.

Da interpretação do texto surge a norma, manifestando-se, nisso, uma expressão de poder, ainda que o intérprete compreenda o sentido originário do texto e o mantenha (deva manter) como referência de sua interpretação (Gadamer 1991/381)".[85]

E, nesse passo, é relevante proceder à diferenciação tão bem-elaborada por Eros Grau entre "interpretar para aplicar" e "interpretar para criar". É que a interpretação criadora da lei para o caso concreto só pode partir do juiz e ser por ele concretizada, porque, segundo ensina Kelsen, o juiz é o único intérprete autêntico dos textos e disposições legais.[86] Já a interpretação/aplicação do direito,

---

crise, *uma interpretação que opera o encobrimento do acontecer* propriamente dito do agir humano, objetificando-o na linguagem e impedindo que se dê na sua originariedade." *Op. cit.* p. 272-273. (grifo no original).

[83] STRECK, Lenio Luiz. *Op. cit.* p. 80.

[84] GRAU, Eros Roberto. *Op. cit.* p. 32.

[85] Idem, p. 154.

[86] Nesse sentido, afirma Eros Grau: "Kelsen (1979/469 e ss), como observei, distingue a 'interpretação autêntica' feita pelo órgão estatal aplicador do direito, de qualquer outra interpretação, especialmente a levada a cabo pela ciência jurídica. A interpretação cognoscitiva (obtida por uma operação de conhecimento) do direito a aplicar combina-se com um ato de vontade em que o órgão aplicador

qualquer pessoa pode fazê-la,[87] no sentido de que conforme o exemplo atribuído a Carnelutti por Eros Grau: "o homem faminto que, ao passar por uma barraca de frutas, não arrebata uma maçã nada mais faz do que, tomando uma decisão jurídica, interpretar/aplicar o direito. Nesse caso, no entanto, a interpretação/aplicação do direito é procedida para evitar conflitos, ou produz a sua instalação - não para solucionar um litígio."

É que, somente a partir de uma interpretação criativa, o direito é avaliado criticamente e é capaz de produzir transformações em si mesmo e no mundo.

Daí que a interpretação jurisprudencial é parte do direito por excelência e cria a norma para o caso concreto. Tanto é assim que, como bem assevera Lenio Streck, "pelo processo interpretativo, o jurista 'não reproduz ou descobre o verdadeiro sentido da lei, mas cria o sentido que mais convém a seus interesses teórico e político. Nesse contexto, sentidos contraditórios podem, não obstante, ser verdadeiros. Em outras palavras, o significado da lei não é autônomo, mas heterônomo. Ele vem de fora e é atribuído pelo intérprete".[88]

Por fim, explica este mesmo autor que:

"Isto, à evidência, não implica entender que a Constituição (seu texto) tenha que ter 'um sentido', mas, sim, que haja 'um sentido de Constituição'. O importante - e aqui parafraseio Castanheira Neves - não está em saber o que é a Constituição (ou o Direito) em si (afinal, pretender ver o ente como o ente é 'tarefa' da metafísica), mas, sim, o importante é saber o que dizemos quando falamos da Constituição e do Direito, o que queremos dizer com, ou que significado tem as expressões lingüísticas com que manifestamos e comunicamos esse dizer sobre a Constituição e sobre o Direito."

---

do direito efetua uma escolha entre as possibilidades reveladas através daquela mesma interpretação cognoscitiva. É este ato de vontade (a escolha) que peculiariza a interpretação autêntica. Ela 'cria direito', tanto quanto assuma a forma de uma lei ou decreto, dotada de caráter geral, como quando, feita por um órgão aplicador do direito, crie direito para um caso concreto ou execute uma sanção. As demais interpretações *não criam direito*. Apenas o *intérprete autêntico* é revestido do *poder* de *criar* as normas jurídicas." *Op. cit.* p. 154. (grifo no original).

[87] No dizer de Eros Grau: "*também os que não preenchem os requisitos do intérprete autêntico* (os que não são juízes) interpretamos/aplicamos o direito." *Op. cit.*, p. 32. (grifo no original)

[88] STRECK, Lenio Luiz. *Op. cit.*, p. 80.

Juarez Freitas, repensando a tarefa de interpretar textos jurídicos, dispõe que a interpretação de julgados há de ser sistemática, hierarquizadora e finalística. Presente, portanto, também em Juarez Freitas, a necessária sistematicidade do ato de interpretar sempre com um *"imperativo principiológico que imprime* unidade sistemática aos fins jurídicos".[89]

Chega o autor a afirmar que "a interpretação jurídica é sistemática ou não é interpretação".[90]

Colocadas essas premissas, tem-se, por óbvio, a necessidade de que tais comunicações, tais expressões, quer de poder, quer dos anseios, quer das vontades individuais ou gerais, fossem entendidas para que pudessem ser providos os meios capazes de resolver os litígios, entender os desejos, solucionar os impasses.

Daí a inevitável e imprescindível interpretação dos fatos e sinais como também, a partir da organização social, *a interpretação de textos que normatizam condutas, prescrevendo-as ou as proibindo.*

Nesta aparente dicotomia de tantas teorias, vislumbra-se claramente que o ponto nodal para a questão de interpretação do texto apresenta várias faces com a busca de novos paradigmas para que, de forma científica, se explique todo o raciocínio elaborado que finaliza na aplicação da lei ao caso posto. Caminho este que parte sempre das marcas indeléveis das convicções pessoais que não podem olvidar que a tarefa precípua do intérprete é de retirar do "senso comum teórico" aqueles dogmas que permaneceram íntegros no tempo, que não se chocam com a realidade vivida, com o tempo presente da lide, e, sim, sem desmanchar este conhecimento haurido a partir da própria vivência, utilizar as ferramentas postas pelos pensamentos pós-modernos, que dizem com a integração do conhecimento do que está no mundo. Há, pois, sem dúvida alguma, pontos de convergência e pontos de divergência nas formas teorizadas do ato de construir ou de criar a norma. São convergentes quando demonstram a firme convicção de que, para a efetivação do Estado Democrático de Direito, necessária ao intérprete a busca de princípios maiores, imanentes ou escritos na Constituição para ou fazer uma "exegese sistemática hierarquizada", ou exercitar uma filosofia de hermenêutica, ou explicar pela filosofia analítica o fenômeno da interpretação.

Divergem, no entanto, na explicação da própria trilha deste conhecimento, que, para Warat, é só um meio de linguagem e do

---

[89] FREITAS, Juarez. *Op. cit.*, p. 196. (grifo no original)
[90] Idem, p. 56.

significado dos termos em que se fará a criação, porque "hermenêutica é ato criativo".[91] A grande importância dos juristas atuais, aqueles que a partir dos anos 70 buscam esgrimir as antigas teses da filosofia da consciência, é a ruptura com os paradigmas anteriores, buscando uma visão de mundo sempre aberta, em cuja sabedoria o intérprete, "estando no mundo", constrói a norma a partir da defesa de princípios maiores que regem a busca ininterrupta de justiça.

Impossível não se posicionar, neste momento, de uma forma um tanto eclética, mista, sem os radicalismos dos grandes inovadores, porque se entende que se deva utilizar todo o ferramental que está na doutrina, que está no mundo fático e jurídico, apropriar-se de formas, de maneiras, a fim de que o direito pleiteado seja mais pronta, efetiva e eficazmente definido e determinado.

1.2. A interpretação e a integração das lacunas

Muitos são os doutrinadores que buscam, ao lado de explicar a função referente ao ato de interpretar, tecer e formular métodos capazes de auxiliar no exercício do ato de julgar.

Ora, o ato de julgar é ato político; há sempre dentro de sua cognição uma ideologia ao lado de todo um processo de aferição de

---

[91] A este respeito, comenta Lenio Streck: "É como o conceito de sentido comum teórico dos juristas, cunhado por Warat: o agir dos juristas, o modo-de-fazer-Direito dos juristas é(ra) assim, está(va) lá nas brumas do imaginário dos juristas, independentemente de Warat tê-lo dito (e continuar a dizê-lo); porém, é a partir de seu *ingresso-no-mundo*, é dizer, a partir de sua apreensão *como (etwas)* sentido comum teórico (sentido comum teórico nomeado como (*etwas*) sentido comum teórico), passou a servir de elemento de crítica e trans-forma-ção do pensamento/visão de mundo dos juristas e, conseqüentemente, de sua prática cotidiana". *Op. cit.*, p. 250. (grifo no original). Conferir também WARAT, Luiz Alberto. *Introdução geral ao direito I*. Porto Alegre: Fabris, 1994, p. 15. Afirma o referido autor: "Enfim podemos dizer que de um modo geral os juristas contam com um arsenal de pequenas condensações de saber: fragmentos de teorias vagamente identificáveis, coágulos de sentido surgidos do discurso dos outros, elos rápidos que formam uma minoria do direito a serviço do poder. Produz-se uma linguagem eletrificada e invisível - o 'senso comum teórico dos juristas' - no interior da linguagem do direito positivo, que vaga indefinidamente servindo ao poder." E segue: "Resumindo: os juristas contam com um emaranhado de costumes intelectuais que são aceitos como verdades de princípios para ocultar o componente político da investigação de verdades. Por conseguinte se canonizam certas imagens e crenças para preservar o segredo que escondem as verdades. O senso comum teórico dos juristas é o lugar do secreto. As representações que o integram pulverizam nossa compreensão do fato de que a história das verdades jurídicas é inseparável (até o momento) da história do poder."

valores e de fins capazes de fazer com que o julgador escolha a solução que a ele pareça mais justa.

Aqui, o campo específico dos ditames modernos da interpretação, que se revigoram com a constatação de que nem tudo o que ocorre e é posto ao julgador tem norma reguladora expressa. Com efeito, ultrapassada a idéia introduzida no Direito pelo Código Civil Francês, de Napoleão Bonaparte, por influência do qual concebia-se o sistema jurídico brasileiro como um sistema fechado e que não possui lacunas, bem como constatado o fato de que estas não são incoerentes com a idéia de sistema,[92] e, concluindo-se que *"não existem lacunas técnicas, sendo todas elas axiológicas"*,[93] reforça-se a importância do debate sobre o processo hermenêutico na área jurídica. Segundo Lenio Streck, citando Ferraz Jr.:

> "O problema da lacuna surge a partir do século XIX, juntamente com o fenômeno da positivação do Direito, estando a idéia de lacuna ligada à de sistema, visto este como uma totalidade ordenada, um conjunto de entes, entre os quais existe uma certa ordem (Bobbio). O conceito de lacuna, em verdade, veio alargar o campo da positividade do Direito a partir dele mesmo, exatamente porque é uma construção da dogmática jurídica, que tanto assegura a eventuais critérios transcendentes uma coloração positivante, como dá força e serve de sustentáculo à argumentação do intérprete do Direito".[94]

Aliás, a respeito das lacunas, Miguel Reale afirma que elas constituem verdadeira confirmação de que o ordenamento jurídico é pleno, se contemplado sistematicamente, e que a utilização da norma análoga pelo juiz só pode decorrer da unidade lógico-axiológica dentro do contexto em que a norma está inserida.

---

[92] Sobre esse tema, assevera com muita propriedade Lenio Streck: "Aliás, a discussão sobre a existência (ou não) de lacunas no Direito assume relevância, basicamente em dois aspectos: em primeiro lugar, a discussão é importante para a própria dogmática jurídica, na medida em que a tese das lacunas serve como forte elemento norteador e, também como sustentáculo ao Direito visto de maneira circular e controlado; em segundo lugar, serve, igualmente, como argumento desmi(s)tificador do próprio dogma do Direito baseado no modelo napoleônico, pois pode-se entender, sem dúvida, que, quando o juiz está autorizado/obrigado a julgar nos termos dos arts. 4º da LICC e 126 do CPC (isto é, deve sempre proferir uma decisão), isso significa que o ordenamento é, dinamicamente, coompletável, através de uma auto-referência ao próprio sistema jurídico". *Op. cit.*, p. 90 e 91.

[93] STRECK, Lenio Luiz. *Op. cit.* p. 91.

[94] Idem, p. 88.

Diz o autor:

"Já declarei que a plenitude do ordenamento jurídico constitui um postulado da razão prático-jurídica, cuja legitimidade procurarei esclarecer. No direito pátrio, esse postulado é expressamente consagrado pelo Art. 4º da Lei de Introdução ao Código Civil que estatui: 'Quando a lei for omissa, o juiz decidirá o caso de acordo com a analogia, os costumes e os princípios gerais de direito', o que é reiterado pelo Art. 126 do Código de Processo Civil.

(...)

A complementação do ordenamento jurídico mediante recurso a uma outra disposição legal análoga, com base em razões de semelhança ou identidade de fins (*ubi eadem ratio, ibi eadem dispositio*), é, a meu ver, sinal de que o Direito pátrio acolhe e consagra a tese da plenitude sistemática do macromodelo do ordenamento. *Parece-me, com efeito, que a invocação da norma análoga só tem sentido a partir do reconhecimento da unidade lógico-axiológica do sistema global no qual aquela norma se insere.* Sem esse pressuposto, a aplicação da norma análoga não teria legitimidade, por ser aleatória e atomisticamente invocada. *Sendo ela, ao contrário, um elemento ou elo do ordenamento, passamos a estar perante um processo de integração de seus elementos constitutivos. Dá-se, assim, uma auto-integração interna corporis do sistema".*[95]

E, como bem observa Miguel Reale, é especialmente no caso da existência de lacunas que se percebe claramente o viés criativo e de maior elasticidade concedido ao juiz na interpretação axiológica, visando a buscar a solução necessária diante do fato da vida para o qual não há uma regulamentação expressa e determinada, utilizando-se sempre, é lógico, dos princípios existentes no ordenamento jurídico[96] e

---

[95] REALE, Miguel. *Fontes e modelos do direito: para um novo paradigma hermenêutico.* São Paulo, Saraiva, 1994. p. 118 e 119. (grifei)

[96] Sobre a problemática das lacunas no direito, Eros Grau ressalta ser esta uma das faces falhas do positivismo, pois os positivistas não vislumbram e admitem o aspecto normativo que assumem os princípios e, logo, não apresentam solução jurídica para esta questão. Consoante este autor: (...) um positivismo jurídico não pode admitir a presença de lacunas, que, não obstante, manifestam-se no sistema jurídico. Como, em regra, os positivistas não reconhecem nos princípios o caráter de norma jurídica, quando se defrontam com lacunas não apresentam para elas soluções materiais; a sua integração se dá à margem da chamada ciência do direito, ou seja, do pensamento *jurídico." Op. cit.* p. 26. (grifo no original)

guardando coerência com a idéia de sistema, evitando, assim, a incerteza jurídica.[97]

É por meio da interpretação hierarquizada e axiológica que Juarez Freitas soluciona o problema das antinomias, que define "como sendo incompatibilidades possíveis ou instauradas, entre normas, valores ou princípios jurídicos, pertencentes, validamente, ao mesmo sistema jurídico, tendo de ser vencidas para a preservação da unidade interna e coerência do sistema e para que se alcance a efetividade de sua teleologia constitucional".[98]

Portanto, as antinomias podem sempre ser superadas a partir da interpretação sistemática hierárquica e axiológica, de forma a fazer prevalecer os princípios constitucionais, os metacritérios que embasam e podem manter o efetivo Estado Democrático de Direito.

De um ponto de vista positivista, há a negativa das lacunas próprias, admitindo as lacunas técnicas, que se apresentam "quando o legislador omite normar algo que deveria ter normado para que de todo em todo fosse tecnicamente possível aplicar a lei.[99]

Conforme Kelsen:

"Os estudos de Hermenêutica, uma das formas de conhecimento mais expressivas de nosso tempo, *vieram demonstrar que o ato interpretativo implica sempre uma contribuição positiva por parte do exegeta,* mesmo porque o ato de julgar, talvez o mais complexo e dramático dentre os atos humanos, importa no dever do juiz de situar-se, solitariamente e corajosamente, perante a prova dos autos e os imperativos da lei, a fim de enunciar o seu juízo, reflexo de sua amadurecida convicção e de seu foro íntimo. Poder-se-ia dizer que o juiz torna-se eticamente alheio aos rumores da rua para que possa justamente se pronunciar sobre*

---

[97] Sobre a segurança jurídica, adverte Miguel Reale: *"Na realidade, o processo hermenêutico, muito embora adquira maior raio de ação, inclusive pelo reconhecimento da criatividade do intérprete nos casos de lacunas no sistema, tem a balizá-lo a estrutura ou o contexto das normas* in actu. Por mais que a interpretação possa tirar partido da elasticidade normativa, preenchendo os vazios inevitáveis do sistema, deve ela sempre manter compatibilidade lógica e ética com o ordenamento jurídico positivo, excluída a possibilidade, *verbi gratia,* de recusar-se eficácia a uma regra de Direito Positivo a pretexto de colisão com ditames de uma justiça natural ou de uma pesquisa sociológica. Não se pode, em suma, recusar eficácia às estruturas normativas objetivadas no processo concreto da história, sob pena de periclitar o valor da certeza jurídica, ao sabor de interpretações que refletem, não raro, posições subjetivas variáveis e incertas." *Op. cit.,* p. 110. (grifei)

[98] FREITAS, Juarez. *Op. cit.,* p. 70. (grifo no original)

[99] KELSEN, Hans. *Teoria pura do direito.* 2. ed. São Paulo: Martins Fontes, 1997, p. 266.

a causa, o que envolve o emprego de todas as virtudes de sua personalidade, abstraindo-se de enganosas pressões imediatas para poder captar a essência do justo, tal como este vai historicamente se configurando.[100]

Para Herbert L. A. Hart, em qualquer sistema vão existir casos sem regulamentação jurídica, em que, "relativamente a determinado ponto, nenhuma decisão em qualquer dos sentidos é ditada pelo direito e, nessa conformidade, o direito apresenta-se como parcialmente indeterminado ou incompleto",[101] hipótese em que o juiz, ao proferir uma decisão, cria direito novo para o caso e "aplica o direito estabelecido que não só confere, mas restringe os seus poderes de criação do direito",[102] utilizando-se de seu poder discricionário. Sobre o poder de criação do juiz e seus limites, transcrevem-se as seguintes considerações feitas por este autor:

"É importante que os poderes de criação que eu atribuo aos juízes, para resolverem os casos parcialmente deixados por regular pelo direito, sejam diferentes dos de um órgão legislativo: não só os poderes do juiz são objecto de muitos constrangimentos que *estreitam a sua escolha*, de que um órgão legislativo pode estar consideravelmente liberto, mas, uma vez que os poderes do juiz são exercidos apenas para ele se libertar dos casos concretos que urge resolver, ele não pode usá-los para introduzir reformas de larga escala ou novos códigos. Por isso, os seus poderes são *intersticiais*, e também estão sujeitos a muitos constrangimentos substantivos. Apesar disso, haverá pontos em que o direito existente não consegue ditar qualquer decisão que seja correcta e, para decidir os casos em que tal ocorra, o juiz deve exercer os seus poderes de criação do direito. Mas não deve fazer isso de forma arbitrária: isto é, ele deve sempre ter certas razões gerais para justificar a sua decisão e deve agir como um legislador consciencioso agiria, decidindo de acordo com as suas próprias crenças e valores. Mas se ele satisfizer estas condições, tem o direito de observar padrões e razões para a decisão, que não são ditadas pelo direito e podem diferir dos seguidos por outros juízes confrontados com casos difíceis semelhantes."[103]

---

[100] KELSEN, Hans. *Op. cit.*, p. 72. (grifei).

[101] HART, Herbert L. A. *O conceito de direito*. 2. ed. Lisboa: Fundação Calouste Gulbenkian, 1994, p. 335.

[102] Idem.

[103] Idem, p. 336. (grifo no original)

Já Ronald Dworkin, contrariando a teoria positivista de Hart, segundo a qual o juiz possui poder discricionário de criar a lei para o caso concreto no caso de lacuna existente na lei,[104] sustenta que o juiz, ao aplicar o direito, nos chamados casos difíceis - que compreendem, entre outros, aqueles em que a lei não é clara ou é omissa -, não cria novo direito, mas tão-somente descobre os direitos das partes e aplica a lei correspondente de forma interpretada. Para tanto, na sua jurisdição, utiliza-se de "argumentos de princípios", e não de "argumentos de política", buscando nos princípios gerais a efetiva razão e interpretação da lei posta, e fazendo referência aos limites da linguagem da lei nos sistemas codificados, ou estando vinculados aos precedentes que funcionam como verdadeiros princípios gerais não limitados pela linguagem usada, mas fundamentados na eqüidade. Além disso, Dworkin combate a tese de que se advogados e juízes dão enfoques distintos aos casos difíceis é porque ninguém tem direito, afirmando que às proposições sobre os direitos não se aplica a teoria geral da verdade.[105]

---

[104] Nas palavras de Hart: "Esta imagem do direito, como sendo parcialmente indeterminado ou incompleto, e a do juiz, enquanto preenche as lacunas através do exercício de um poder discricionário limitadamente criador de direito, são rejeitadas por Dworkin, com fundamento em que se trata de uma concepção enganadora, não só do direito, como também do raciocínio judicial. Ele pretende, com efeito, que o que é incompleto não é o direito, mas antes a imagem dele aceite pelo positivista, e que a circunstância, de isto assim ser emergirá da sua própria concepção 'interpretativa' do direito, enquanto inclui, além do direito estabelecido *explícito*, identificado por referência às suas fontes sociais, princípios jurídicos *implícitos*, que são aqueles princípios que melhor se ajustam ao direito explícito ou com ele mantém coerência, e também conferem a melhor justificação moral dele. Neste ponto de vista interpretativo, o direito nunca é incompleto ou indeterminado, e, por isso, o juiz nunca tem oportunidade de sair do direito e de exercer um poder de criação do direito, para proferir uma decisão." *Op. cit.*, p. 335. (grifo no original)

[105] Sobre esse aspecto, Hart esclarece que: "Contra a minha concepção dos tribunais, enquanto exercem um poder discricionário tão limitado para resolver casos deixados incompletamente regulados pelo direito, Dworkin dirige três críticas principais. A primeira é a de que esta concepção é uma falsa descrição do processo judicial e do que os tribunais fazem nos 'casos difíceis'. Para demonstrar isto, Dworkin faz apelo à linguagem utilizada pelos juízes e pelos juristas para descrever a tarefa do juiz, e à fenomenologia da elaboração de decisões judiciais. *É dito que os juízes, ao decidirem os casos, e os juristas ao insistirem com eles para os decidirem a seu favor, não falam do juiz como estando a 'criar' direito, mesmo em casos dotados de novidade. Mesmo nos mais difíceis desses casos, o juiz não denuncia, com freqüência, qualquer consciência de que há, como os positivistas sugerem, dois estádios completamente diferentes no processo de decisão: um em que o juiz descobre, em primeiro lugar, que o direito existente não consegue ditar uma decisão em qualquer sentido; e outro em que o juiz se afasta então do direito existente para criar direito para as partes de novo e*

Por igual, Eros Grau dirige críticas ao emprego da palavra discricionariedade como poder de criação da norma jurídica para o caso concreto pelo intérprete autêntico que é o juiz.

De acordo com Eros Grau:

> "O que se tem erroneamente denominado de *discricionariedade judicial* é poder de criação de *norma jurídica* que o intérprete autêntico exercita formulando *juízos de legalidade* (não de *oportunidade*). A distinção entre ambos esses juízos - repito-o, ainda - encontra-se em que o *juízo de oportunidade* comporta uma opção entre *indiferentes jurídicos*, procedida *subjetivamente* pelo agente; o *juízo de legalidade* é atuação, embora desenvolvida no campo da *prudência*, que o intérprete autêntico desenvolve atado, retido, pelo *texto*".[106]

Por isso, a partir daí, e, sem deixar de utilizar as formulações teóricas tradicionais, deve o julgador, a princípio, saber o que representa o poder que lhe foi deferido, sob pena de torná-lo inefetivo.

1.3. A hermenêutica superando as crises

A partir do entendimento de que a interpretação sistemática é hierárquica, ou seja, com filtragem constitucional, mister que se examinem e se integrem as próprias normas e princípios da Constituição ao total do sistema para se aferir da supremacia dos princípios gerais sobre princípios específicos e demais regras.

Para José Afonso da Silva, os princípios distinguem-se das normas, porque enquanto aqueles constituem o cerne e o fundamento de todo o sistema, sendo "ordenações que se irradiam e imantam os sistemas de normas",[107] essas são "preceitos que tute-

---

ex post facto, *em conformidade com a sua idéia do que é melhor. Em vez disso, os juristas dirigem-se ao juiz, como se este estivesse sempre preocupado em descobrir e dar execução ao direito existente e o juiz fala como se o direito fosse um sistema de direitos sem lacunas, em que se aguarda a descoberta pelo juiz de uma solução para cada caso, e não a pura invenção de tal solução pelo mesmo juiz". Op. cit.*, p. 336 e 337. (grifei)

[106] GRAU, Eros Roberto. *Op. cit.* p. 155. (grifo no original)

[107] Ainda, sobre os princípios, refere o autor que: "são [como observam Gomes Canotilho e Vital Moreira] 'núcleos de condensações' nos quais confluem *valores* e *bens* constitucionais. Mas, como disseram os mesmos autores, 'os princípios, que começam por ser a base de *normas jurídicas*, podem estar positivamente incorporados, transformando-se em normas-princípio e constituindo preceitos básicos da organização constitucional." *In: Curso de direito constitucional positivo.* São Paulo, Malheiros, 1999, p. 96.

lam situações subjetivas de vantagem ou de vínculo, ou seja, reconhecem, por um lado, a pessoas ou a entidades a faculdade de realizar certos interesses por ato próprio ou exigindo ação ou abstenção de outrem, e, por outro lado, vinculam pessoas ou entidades à obrigação de submeter-se às exigências de realizar uma prestação, ação ou abstenção em favor de outrem".[108]

Já para Gomes Canotilho regras e princípios inserem-se no gênero de norma, de modo que a distinção entre regras e princípios constitui uma distinção entre duas espécies de normas.[109]

E dentre os princípios constitucionais positivos encontram-se, na dicção de Gomes Canotilho, dois grandes agrupamentos, quais sejam, os princípios político-constitucionais e os princípios jurídico-constitucionais. Os princípios político-constitucionais normalmente se manifestam, conforme José Afonso da Silva, como "princípios constitucionais fundamentais",[110] e, em síntese, dizem com a determinação da forma e da estrutura do Estado, com a estrutura do regime político e com as características referentes à forma de governo e organização política em geral.[111] Os princípios jurídico-

---

[108] SILVA, José Afonso da. *Op. cit.*, p. 95.

[109] Nas palavras do autor português: "Saber como distinguir, no âmbito do superconceito norma, entre regras e princípios, é uma tarefa particularmente complexa. Vários são os critérios sugeridos. a) *Grau de abstracção*: os *princípios* são normas com um grau de abstracção relativamente elevado; de modo diverso, as *regras* possuem uma abstracção relativamente reduzida. b) *Grau de determinabilidade* na aplicação do caso concreto: os *princípios*, por serem vagos e indeterminados, carecem de mediações concretizadoras (do legislador? do juiz?), enquanto as *regras* são susceptíveis de aplicação directa. c) *Carácter de fundamentalidade* no sistema das fontes de direito: os *princípios* são normas de natureza ou com um papel fundamental no ordenamento jurídico devido à sua posição hierárquica no sistema das fontes (ex.: princípios constitucionais) ou à sua importância estruturante dentro do sistema jurídico (ex.: princípio do Estado de Direito). d) «*Proximidade*» *da ideia de direito*: os *princípios* são «*standards*» juridicamente vinculantes radicados nas exigências de «*justiça*» (Dworkin) ou na «*idéia de direito*» (Larenz); as *regras* podem ser normas vinculativas com um conteúdo meramente funcional. e) *Natureza normogenética*: os *princípios* são fundamentos de regras, isto é, são normas que estão na base ou constituem a *ratio* de regras jurídicas, desempenhando, por isso, uma função normogenética fundamentante. *In: Direito constitucional e teoria da constituição.* Coimbra: Almedina, 1999, p. 1086-1087. (grifo no original)

[110] SILVA, José Afonso da. *Op. cit.*, p. 97.

[111] Nas palavras de Gomes Canotilho: "Designam-se por princípios politicamente conformadores os princípios constitucionais que explicitam as valorações políticas fundamentais do legislador constituinte. Nestes princípios se condensam as opções políticas nucleares e se reflecte a ideologia inspiradora da constituição. Expressando as concepções políticas triunfantes ou dominantes numa assembleia constituinte, os princípios político-constitucionais são o cerne político de uma constituição

constitucionais, por sua vez, informam o ordenamento jurídico como um todo e, segundo José Afonso da Silva, de regra, derivam e são desdobramentos dos princípios fundamentais. De acordo com Gomes Canotilho, constituem "um importante fundamento para a interpretação, integração, conhecimento e aplicação do direito positivo".[112]

Daí a grande importância do julgador, o papel da jurisprudência como efetiva fonte de direito porque não há reprodução nas criações da norma para o caso concreto. Há que haver a compreensão, pelo intérprete, de que não está completamente imune a preconceitos, mas que necessita dirigir-se ao mundo no qual o texto será aplicado.

---

política, não admirando que: (1) sejam reconhecidos como limites do poder de revisão; (2) se revelem os princípios mais directamente visados no caso de alteração profunda do regime político. *Op. cit.*, p. 1091-1092.

[112] CANOTILHO, J. J. Gomes. *Op. cit.*, p. 1090. Explica este autor que os princípios jurídico-fundamentais (*Rechtsgrundsätze*) desempenham dupla função - negativa e positiva - na aplicação do direito positivo. Um dos exemplos a que se refere como desempenho de função negativa é a delimitação do excesso de poder a partir do princípio da proibição do excesso, o qual igualmente pode ser utilizado numa função positiva no momento em que impõe positivamente a exigibilidade, adequação e proporcionalidade dos atos dos poderes públicos em relação aos fins a que eles se destinam.

2. O Estado Democrático de Direito

2.1. O Direito e o Estado

Inicialmente, cumpre destacar que a única Constituição que é capaz de solver as lides e manter a paz é aquela que surge a partir da efetiva existência do Estado de Direito, fundado em ordens jurídicas constitucionais, que, no dizer de Lassale,[113] são os fatores reais de poder.

Com efeito, este autor, cujo papel foi fundamental na defesa do voto direto e universal como instrumento de conquista de poder e democratização do Estado, não apenas desenvolveu uma teoria sobre os fundamentos sociológicos das Constituições, como também inaugurou o debate sobre a teoria da eficácia das leis, ao defender a proposição de que uma Constituição só pode ser o que é, jamais o que deveria ser.[114] Assim, Lassalle, partindo do pressuposto de que o conceito jurídico de Constituição - pelo qual "Constituição é um pacto juramentado entre o rei e o povo, estabelecendo os princípios alicerçais da legislação e do governo dentro de um país"[115] ou "a Constituição é a lei fundamental proclamada pela nação, na qual se baseia a organização do Direito público do país"[116] - é uma descrição externa que não se presta a esclarecer qual é o

---

[113] Consultar LASALLE, Ferdinand. *A essência da constituição*. Rio de Janeiro: Lumen Juris, 1998.

[114] Nesse sentido, afirma Aurélio Wander Bastos no prefácio deste livro: "É bem verdade que entre os juristas não há qualquer consenso conceitual sobre a 'lei fundamental', mas o determinismo lassalista chega a reconhecer que, confundindo-se com os fatores reais de poder, ela é uma exigência da necessidade dos próprios fatores de poder, de tal forma que, substantivamente, só pode ser aquilo que realmente é, nunca o que deveria ser". *In: A Essência da Constituição*. Rio de Janeiro: Lumen Juris, 1998. 4 ed. p. 14.

[115] LASALLE, Ferdinand. *Op. cit.* p. 22.

[116] Idem.

Direito Previdenciário e Estado Democrático de Direito

conceito de toda Constituição, vai buscar a essência de toda Constituição em fatores sociológicos que ele intitula de fundamentos essenciais, não-formais - sociais e políticos - de uma Constituição.

Para tanto, estabelece inicialmente que "uma Constituição deve ser qualquer coisa de mais sagrado, de mais firme e de mais imóvel que uma lei comum".[117] Posteriormente, elenca como requisitos necessários e próprios de uma lei fundamental, que servem para distingui-la das demais leis, os seguintes: deve ser fundamental, deve constituir e fazer com que as demais leis sejam leis.[118]

Conclui, então, que os elementos essenciais de uma Constituição são os *"fatores reais de poder"*, afirmando que "os *fatores reais de poder* que atuam no seio de cada sociedade são essa força ativa e eficaz que informa todas as leis e instituições jurídicas vigentes, determinando que *não possam ser*, em substância, *a não ser tal como elas são*".[119]

Logo, a Constituição é, em essência, a realidade da nação, ou seja, os poderes organizados que podem efetivar as ações. Esta constatação é talvez uma das principais contribuições da obra de Lassalle, justamente porque conduz à percepção de que a Constituição escrita, ainda que concebida como reflexo da transformação dos elementos reais de poder, não passará de uma "folha de papel" se não estiver fundada numa realidade fática de transformação social e de mudança nas "forças reais" que se constituem nos "fatores reais de poder".[120] Tais fatores, por sua vez, variam conforme a estrutura

---

[117] Idem, p. 24.

[118] No dizer de Lasalle, "A idéia de fundamento traz, implicitamente, a noção de uma *necessidade ativa*, de uma força eficaz e determinante que atua sobre tudo que nela se baseia, *fazendo-a assim e não de outro modo.*" E segue o autor: "Sendo a Constituição, a *lei fundamental* de uma nação, será - e agora já começamos a sair das trevas - qualquer coisa que logo poderemos definir e esclarecer, ou, como, já vimos, uma *força ativa* que faz, por uma *exigência da necessidade*, que todas as outras leis e instituições jurídicas vigentes no país *sejam o que realmente são*". *Op. cit.*, p. 25. (grifo no original)

[119] LASSALLE, Ferdinand, *Op. cit.*, p. 26.

[120] Sobre a constituição real e a sua relação com a constituição escrita observa Lassalle: "Onde a constituição *escrita* não corresponder à *real*, irrompe inevitavelmente um conflito que é impossível evitar e no qual, mais dia menos dia, a constituição escrita, a *folha de papel*, sucumbirá necessariamente, perante a constituição real, a das verdadeiras forças vitais do país. (...) Podem os meus ouvintes plantar no seu quintal uma macieira e segurar no seu tronco um papel que diga: 'Esta árvore é uma figueira'. Bastará esse papel para transformar em figueira o que é macieira? Não, naturalmente. E embora conseguissem que seus criados, vizinhos e conhecidos, por uma razão de solidariedade, confirmassem a inscrição existente na árvore de que o pé plantado era uma figueira, a planta continuaria

social de cada Estado, sendo formados, por exemplo, pelo conjunto integrado pela grande burguesia, pela pequena burguesia, pela monarquia, pelos banqueiros e, em maior ou menor grau, pela consciência social coletiva, pela cultura da nação, pelos operários, sempre observando que o poder da nação é o maior entre todos, contudo, se desorganizado é ineficaz.[121]

Por isso, sintetiza Lassalle:

> "Os problemas constitucionais não são problemas de *direito*, mas do poder; a *verdadeira* Constituição de um país somente tem por base os fatores reais e efetivos do poder que naquele país vigem e as constituições escritas não têm valor nem são duráveis a não ser que exprimam fielmente os fatores do poder que imperam na realidade social: eis aí os critérios fundamentais que devemos sempre lembrar".[122]

Nesse passo, necessário traçar umas breves linhas sobre o Poder político e o Estado. E o Estado surge a partir da natureza gregária do homem, em virtude da qual este interage com os demais em constante e mútua comunicação e colaboração, organizando-se em sociedade.[123]

---

sendo o que realmente era e, quando desse frutos, destruiriam estes a fábula, produzindo maçãs e não figos." E acrescenta que "igualmente acontece com as constituições", concluindo que "de nada servirá o que se escrever numa folha de papel, se não se justifica pelos fatos reais e efetivos do poder." *Op. cit.*, p. 47 e 51. (grifo no original)

[121] Adverte esse mesmo autor: "A vontade do povo, e sobretudo seu grau de acometimento, não é sempre fácil de pulsar, mesmo por aqueles que dele fazem parte. (...) Mas aqui calha a frase de Virgílio: *Sie vos non vobis!* Tu, povo, fabrica-os e paga-os, mas não para ti! Como os canhões são fabricados sempre para o poder *organizado* e somente para ele, a nação sabe que essas máquinas de destruição e de morte, testemunhas latentes de todo o seu poder, a metralharão infalivelmente se se revoltar. Estas razões explicam por que uma força organizada pode sustentar-se anos a fio, sufocando o poder, muito mais forte, porém desorganizado, do país." *Op. cit.* p. 36-37.

[122] LASSALLE, Ferdinand. *Op. cit.*, p. 53. (grifo no original).

[123] Nas palavras de Hamilton Elliot Akel: "O homem é um ser gregário por natureza. Relaciona-se com outros homens não só porque é dotado de um instinto sociável, mas também porque é dotado de razão e sua inteligência lhe demonstra que é melhor viver em sociedade para atingir seus objetivos. E essa necessidade de se relacionar com outros homens foi-se demonstrando maior na medida em que evoluiu." Afirma o autor: "O homem é 'essencialmente coexistente'. Vive necessariamente em companhia de outros indivíduos. Consciente ou inconscientemente é levado a se agrupar. Devido a essa convivência, 'coexistência social', o homem é levado a interagir. E toda interação produz perturbação, maior ou menor, nos indivíduos em comunicação recíproca. Essa tendência natural e

Acerca das inter-relações entre o indivíduo, a sociedade e o Estado, escreveram vários autores. Aristóteles, ao tratar sobre governo, distinguiu *polis* e *oikia*, separando nitidamente a esfera pública da esfera privada.[124] Entretanto, na Idade Média, como a idéia do social ganha uma certa autonomia em relação à idéia do político, abandona-se essa separação estanque entre espaço público e espaço privado e afloram, então, duas noções a respeito destas relações: uma noção que parte de uma perspectiva individualista, e outra noção que parte de uma perspectiva de hegemonia completa do Estado sobre os indivíduos.

De acordo com as correntes individualistas, tituladas especialmente por Hobbes e Locke,[125] a sociedade baseia-se não na natureza boa ou egoísta do homem, mas num direito natural racional, a partir do qual os indivíduos que se encontram em um *status naturalis* unem-se através de um contrato, através da vontade geral, passando, assim, para um *status civilis*.

Afirma Hamilton Elliot Akel que "o poder que representa esta vontade geral constitui uma instituição moral e política que dá execução às decisões do todo: o Estado".[126]

---

espontânea do homem parece ser condição fundamental na consideração de toda relação entre o indivíduo, a sociedade e o Estado. Isso nos leva a questionamentos a respeito da natureza do homem (seria ele, por natureza, bom, social e racional, ou mau, egoísta e destruidor?), da sociedade (realidade racional, fruto da cooperação natural dos homens na busca da realização de fins que satisfazem suas necessidades?) e do Estado (jogo de papéis e funções que se interligam e se complementam na esfera de uma estrutura sistêmica, ou aparelho repressivo que tende a defender os interesses das classes dominantes no bloco hegemônico de forças?)". *In: O poder judicial e a criação da norma individual.* São Paulo: Saraiva, 1995, p. 12.

[124] Relativamente a Aristóteles, anota Hamilton Elliot Akel: "Entende-se aqui o empenho de Aristóteles em distinguir a *polis* da *oikia*. Nesta havia o governo de um só. Aquela era 'composta de muitos governantes'. Por isso, todo cidadão pertence a duas ordens de existência, pois a *polis* dá a cada indivíduo, além de sua vida privada, uma espécie de segunda vida, sua 'vida política'. Vê-se uma clara distinção entre a esfera pública (*polis*) e a esfera privada (*oikos*)." *Op. cit.*, p. 12-13.

[125] Assinala Hamilton Elliot Akel que: "Se Hobbes afirmava que somente a autoridade e a razão podem refrear o instinto agressivo, insaciável e egoísta do homem, pelo que imperiosa seria a organização política de uma sociedade em que o Estado, objetivando a segurança e o bem-estar do povo, não encontraria limites a seu poder. Locke sustentava que o estado natural do homem é delimitado pela solidariedade e perfeita igualdade. Nessa visão, o Estado é a instituição incumbida, *por expressa vontade dos indivíduos, da manutenção da ordem e do equilíbrio no jogo de interesses e necessidades.* Tal concepção do homem livre e racionalmente político possibilita substrato para a ideologia do iluminismo político e do *laissez faire* econômico." *Op. cit.*, p. 13. (grifei)

[126] AKEL, Hamilton Elliot. *Op. cit.*, p. 13-14.

Numa concepção oposta à concepção individualista, Hegel propõe que a realização do indivíduo só ocorre a partir da realização do Estado, e, por essa razão, defende a sujeição total do indivíduo ao poder exclusivo e pleno do Estado.

Nas palavras de Hamilton Elliot Akel:

> "A proposição hegeliana de Estado, como assinala Gurvitch, encarna 'a realidade da idéia moral, a totalidade ética, a realização da liberdade, o verdadeiro organismo, o infinito real, o espírito na sua racionalidade absoluta e na sua realidade imediata. (...) O Estado hegeliano idealiza um valor de hierarquia racional, representativo da monarquia prussiana, mas também incorpora um modelo que se aproxima em muito da organização estatal burguesa".[127]

Finalmente, buscando superar a clássica separação entre a sociedade civil e o Estado, Gramsci formulou uma teoria pela qual afirmava estarem a sociedade civil e a sociedade política em eterna e constante interação, até mesmo entrelaçando-se e identificando-se em dados momentos. Por isso, afirma Hamilton Elliot Akel que, para Gramsci, "o Estado é a sociedade política mais a sociedade civil, ou seja, uma hegemonia protegida pela coerção".[128]

Feitas estas considerações e adotando-se a conceituação gramsciana de Estado, na qual há íntima ligação entre a organização civil e a organização política, cumpre, então, responder a indagação referente à possibilidade de separar a existência do Estado da existência do Direito, fixando, assim, se Estado e Direito constituem realidades diversas ou se o Direito integra e faz parte do Estado de

---

[127] Idem, p. 14.

[128] Comentando o pensamento de Gramsci, afirma Hamilton Elliot Akel que este: "distingue no complexo aparelho das superestruturas dois níveis de relações materiais: o primeiro, designado como 'sociedade civil', envolve o conjunto de organismos internos e privados, abarcando a complexidade das atividades culturais e ideológicas; o segundo, 'sociedade política ou Estado', corresponde à função de hegemonia que o grupo dirigente exerce sobre o conjunto do corpo social e à da dominação direta". Segue o autor: "Este se expressa por meio do Estado e do 'poder jurídico', abrangendo os órgãos de força e de coerção. "*Sociedade civil e sociedade política estão em permanente interação, chegando, em determinados momentos, a alcançar identificação peculiar e entrelaçada.* Bem por isso, o consenso e a coerção apresentam-se em ambas sob as formas mais variadas. Inexiste o domínio isolado e absoluto do 'consenso' na esfera da hegemonia da sociedade e na órbita de coerção da hegemonia estatal. *"Apesar de normalmente o consenso ser identificado com a sociedade civil e a coerção com a sociedade política, existe certa ambivalência deles na instância da superestrutura."* Op. cit., p. 15. (grifei)

Direito Previdenciário e Estado Democrático de Direito

modo intrínseco e indissolúvel. Sobre esse tema, surgiram basicamente duas teorias, quais sejam, a teoria dualista e a teoria monista. Para a primeira, o Estado cria o Direito que a ele se subordina, ainda que se reconheça que certas normas não tenham sido por ele determinadas, uma vez que dependeriam da sanção do Estado.[129] Já a teoria monista, que parece ser a que mais explica a realidade das interações entre o poder político e o ordenamento jurídico, afirma que o Estado interliga-se, confunde-se e identifica-se com o direito. A concepção monista, conforme Hamilton Elliot Akel,

> "tende a eliminar o dualismo jurídico-estatal, na perspectiva de que o Estado é identificado com a ordem jurídica: o Estado encarna o próprio direito em determinado nível de ordenação, constituindo um todo único. Para Kelsen, o Estado é um Estado de Direito permanente, porquanto a personalidade jurídica do Estado é a expressão da unidade de uma normatividade jurídica, um ponto de imputação que o espírito do homem cognoscente, premido pela intuição, está demasiadamente inclinado a hipostasiar, a supor real, para representar-se, através da ordem jurídica, o Estado como um ser diferente daquela.
> O Estado legitima seu poder pela eficácia e pela validade oferecida pelo direito que, por sua vez, adquire força no respaldo proporcionado pelo Estado. (...)
> Lembra a propósito Wilson de Souza Campos Batalha que o poder social é sempre um poder que se acha organizado. O poder estatal reflete a efetividade de uma ordem jurídica positiva, pois a ordem política é um poder jurídico organizado. Dentro desses parâmetros, o poder político é a eficácia de uma ordem coativa que se reconhece como direito".[130]

Portanto, parte este trabalho de, no mínimo, duas premissas básicas, a saber: que o Estado é composto da constante interação entre a sociedade civil e a sociedade política e que o Estado identifica-se com a ordem jurídica, ora se legitimando com base no

---

[129] Segundo Hamilton Elliot Akel: "A teoria dualista afirma que direito e Estado são duas realidades, e procura fixar as linhas de extensão real de cada uma delas. Considerações de ordem sociopolíticas levam à afirmação de que o fenômeno jurídico preexiste ao estatal, visto que a passagem da 'sociedade natural' para um modelo complexo de 'associação política' materializa-se com a conservação dos direitos naturais e com a autolimitação da ordem coercitiva estatal. A doutrina dualista tradicional, porém, apregoa a prioridade lógica do Estado: este é o criador daquele, que a ele se subordina, de modo tal que, ainda que as normas não sejam estabelecidas pelo Estado, teriam sua sanção *a posteriori*. *Op. cit.*, p. 16.
[130] ACKEL, Hamilton Elliot. *Op. cit.*, p. 16 e 17.

Direito, ora emprestando-lhe vigor e força. Aliás, não é demais destacar que, modernamente, como bem coloca Eros Grau, "o Estado, então, já não 'intervém' na ordem social exclusivamente como produtor do direito e provedor de segurança. Passa a desenvolver novas formas de atuação, para o quê faz uso do direito positivo como instrumento de sua implementação de políticas públicas - atua não apenas como terceiro-árbitro, mas também como terceiro-ordenador."[131]

Tudo buscando-se a explicação e a interpretação do que seria essa ordem capaz de efetivar comandos abstratos.

Como bem afirma São Tomás de Aquino, a ordem jurídica posta só se legitima na medida em que está fundada no bem comum e tem por escopo o bem comum.[132] Assim, não está o intérprete autorizado a extravasar os limites da lei, indo além de suas palavras com o propósito de atender à intenção do legislador, tendo em vista que a lei se presume editada para atender o seu fim comum. Por isso, adverte Rodrigo Andreotti Musetti, ao comentar o pensamento de São Tomás de Aquino:

> "Inicialmente pode-se dizer que, quando alguém ultrapassa as palavras da lei dizendo observar a intenção do legislador, na verdade está julgando a lei. Com efeito, não será lícito a quem

---

[131] GRAU, Eros Roberto. *O direito posto e o direito pressuposto*. 2 ed. São Paulo: Malheiros, 1998, p. 22.

[132] Vale transcrever aqui o conceito de bem comum do Papa João XXIII, contido na Encíclica *Mater et Magistra*, adotado por Rodrigo Andreotti Musetti: "O bem comum é o conjunto de todas as condições de vida social que consistam e favoreçam o desenvolvimento integral da pessoa humana." Analisando esta definição de bem comum, observa o mesmo autor que "com o novo conceito do Papa João XXIII, a noção de bem comum foi aperfeiçoada ganhando uma nova dimensão. Além da quantidade, o bem comum deve incorporar a qualidade, pois a simples possibilidade de vida social sem condições que favoreçam o desenvolvimento integral da pessoa humana significa um bem parcial e não total, como seria o bem comum. Como exemplo, pode-se observar a degradação do meio ambiente. A questão ambiental, constantemente, apresenta choques de valores constitucionais - de um lado, a questão dos empregos gerados, direta e indiretamente, pela indústria poluidora e, de outro lado, o ambiente a ser protegido da poluição a fim de que seja garantida a saúde física e psíquica dos próprios empregados e de toda a sociedade. Alguns empregos (com relação à sociedade), sejam diretos e/ou indiretos, serão mais importantes para o bem comum que a preservação do ambiente humano e, portanto, da própria existência humana?! *O bem comum não é somente o oferecimento de empregos; é igualmente qualidade de vida integral para os seres humanos.*" A hermenêutica jurídica de Hans-Georg Gadamer e o pensamento de São Tomás de Aquino. *In: Revista CEJ*/Conselho da Justiça Federal, Centro de Estudos Judiciários - n. 1 (1997). Brasília: CJF, 1997. p. 154. (grifei)

está sob o império da lei ir além de suas palavras com o objetivo de atender à intenção do legislador".[133]

E, como nem sempre é possível e desejável ao legislador, no momento da criação da lei, prever abstratamente todas as hipóteses e situações abrangidas por esta finalidade comum, é o bem comum que vai indicar se deve ou não ser aplicada uma determinada lei diante de um caso concreto. Nesse sentido, é a passagem que se transcreve:

"(...) nenhum homem é sábio o suficiente para conceber todos os casos singulares e, assim, não pode exprimir suficientemente por suas palavras o que é adequado ao fim intencionado. Mesmo que fosse possível a algum homem conceber todos os casos singulares, não seria conveniente exprimi-los todos a fim de evitar confusão; devendo, portanto, direcionar a lei para o que acontece com mais freqüência.

(...) é possível admitir-se que, na aplicação da lei ao caso concreto, pode-se gerar uma injustiça. Esta, contudo, pode ser evitada se analisarmos a finalidade da lei, isto é, o bem comum".[134]

Logo, para São Tomás de Aquino o bem comum é o vetor que vai informar se uma lei é justa ou injusta e se, conseqüentemente, deve ou não ser aplicada, concluindo que "quando a lei for de encontro à sua própria essência, ou seja, quando a lei não for direcionada ao bem comum, perderá o seu sentido e deixará de obrigar". E segue: "mesmo em vigor, será uma norma injusta e questionável, só sendo exigida injustamente".[135]

Para Kelsen, existe uma norma fundamental que é pressuposto[136] e antecede mesmo a ordem jurídica, conferindo-lhe validade objetiva simplesmente. Esta ordem jurídica, sua positividade - esta-

---

[133] Conferir em MUSETTI, Rodrigo Andreotti. *Op. cit.*, p. 153.

[134] Idem, p. 154.

[135] Idem. p. 154.

[136] Explica o autor: "Esta não é uma norma posta através de um ato jurídico positivo, mas - como o revela uma análise dos nossos juízos jurídicos - *uma norma pressuposta, pressuposta sempre que o ato em questão seja entendido como ato constituinte, como ato criador da Constituição, e os atos postos com fundamento nesta Constituição como atos jurídicos. Constatar essa pressuposição é uma função essencial da ciência jurídica. Em tal pressuposição reside o último fundamento de validade da ordem jurídica, fundamento este que, no entanto, pela sua mesma essência, é um fundamento tão-somente condicional e, neste sentido, hipotético". Op. cit.*, p. 50. (grifei)

belecimento e eficácia - não se deriva e não faz parte[137] da referida norma, mas constitui um todo pleno e coerente determinado por esta, respondendo a todos os problemas, por ser válido e aplicável pelos tribunais. Do ponto de vista jurídico, o principal fundamento, pois, para a aplicação das normas é a sua validade,[138] uma vez que as normas inferiores se derivam nas normas superiores e nestas se fundamentam, numa relação hierárquica lógico-formal, formando uma pirâmide no topo da qual se encontra a referida norma fundamental.

Nesse sentido, referem-se as palavras do próprio autor:

"O fundamento de validade de uma norma apenas pode ser a validade de outra norma. Uma norma que representa o fundamento de validade de uma outra norma é figurativamente designada como norma superior, em confronto com uma norma que é, em relação a ela, a norma inferior.

(...)

Como já notamos, a norma que representa o fundamento de validade de uma outra norma é, em face desta, uma norma superior. Mas a indagação do fundamento de validade de uma norma não pode, tal como a investigação da causa de um

---

[137] Assim, comenta este autor: "(...) *a positividade de uma ordem jurídica não assenta sobre a norma fundamental, não é derivada dela.* Da norma fundamental somente se deriva a validade objetiva de uma ordem coercitiva positiva, isto é, efetivamente posta e globalmente eficaz. *A positividade consiste no efetivo estabelecimento e eficácia das normas."* Op. cit. p. 217. (grifei)

[138] Segundo Kelsen: "O sistema de normas que se apresenta como uma ordem jurídica tem essencialmente um caráter dinâmico. Uma norma jurídica não vale porque tem determinado conteúdo, quer dizer, porque o seu conteúdo pode ser deduzido pela via de um raciocínio lógico do conteúdo de uma norma fundamental pressuposta, *mas porque é criada de uma forma determinada* - em última análise, *por uma forma fixada por uma norma fundamental pressuposta.* Por isso, e somente por isso, pertence ela à ordem jurídica cujas normas são criadas de acordo com esta norma fundamental. Por isso, todo e qualquer conteúdo pode ser Direito. Não há qualquer conduta humana que, como tal, por força do seu conteúdo, esteja excluído de ser conteúdo de uma norma jurídica. *A validade desta não pode ser negada pelo fato de o seu conteúdo contrariar o conteúdo de uma outra norma que não pertença à ordem jurídica cuja norma fundamental é o fundamento de validade da norma em questão.* A norma fundamental de uma ordem jurídica não é uma norma material que, pelo fato de o seu conteúdo ser considerado como imediatamente evidente, seja pressuposta como a norma mais elevada da qual possam ser - como o particular do geral - normas de conduta humana através de uma operação lógica. As normas de uma ordem jurídica têm de ser produzidas através de um ato especial de criação. São normas postas, quer dizer positivas." Op. cit., p. 210-211. (grifei)

Direito Previdenciário e Estado Democrático de Direito

67

determinado efeito, perder-se no interminável. Tem de terminar numa norma que se pressupõe como a última e a mais elevada. Como norma mais elevada, ela tem de ser pressuposta, visto que não pode ser posta por uma autoridade, cuja competência teria de se fundar numa norma ainda mais elevada. A sua validade já não pode ser derivada de uma norma mais elevada, o fundamento da sua validade já não pode ser posto em questão. *Uma tal norma, pressuposta como a mais elevada, será aqui designada como norma fundamental* (Grundnorm). (...)

Todas as normas cuja validade pode ser reconduzida a uma e mesma norma fundamental formam um sistema de normas, uma ordem normativa. A norma fundamental é a fonte comum da validade de todas as normas pertencentes a uma e mesma ordem normativa, o seu fundamento de validade comum. O fato de uma norma pertencer a uma determinada ordem normativa baseia-se em que o seu último fundamento de validade é a norma fundamental desta ordem. É a norma fundamental que constitui a unidade de uma pluralidade de normas enquanto representa o fundamento da validade de todas as normas pertencentes a essa ordem normativa".[139]

No tocante à natureza da norma fundamental, designada como condição lógico-transcendental para a interpretação do fato constituinte e dos fatos estabelecidos conforme a Constituição, a teoria kelseniana afirma que, em regra, esta diz, num plano imediato, com uma Constituição com eficácia global, determinada, estabelecida e elaborada conforme o costume ou a partir de um estatuto, e, em um plano mediato, diz com a ordem coercitiva também globalmente eficaz, produzida segundo a Constituição, no momento em que fundamenta a validade desta Constituição e a validade da ordem coercitiva concebida consoante esta última. Daí deduz que a norma fundamental não é o resultado de *"uma descoberta livre"*, pela qual a sua pressuposição se verificasse de modo arbitrário, esclarecendo que "somente quando pressupomos esta norma fundamental referida a uma Constituição inteiramente determinada, quer dizer, somente quando pressupomos que nos devemos conduzir de acordo com esta Constituição concretamente determinada, é que podemos interpretar o sentido subjetivo do ato constituinte e dos atos constitucionalmente postos como sendo o seu sentido objetivo, quer

---

[139] KELSEN, Hans. *Op. cit.*, p. 205-206. (grifei)

dizer, como normas jurídicas objetivamente válidas, e as relações constituídas através destas normas como relações jurídicas".[140] Afirma, ainda, Kelsen que a norma fundamental não é uma norma posta, nem querida pela ciência jurídica, mas apenas pensada pelo intérprete, no exercício do conhecimento, e não da vontade, razão pela qual constata:

> "Como a norma fundamental não é uma norma querida, nem mesmo pela ciência jurídica, mas é apenas uma norma pensada, a ciência jurídica não se arroga qualquer autoridade legislativa com a verificação da norma fundamental. Ela não prescreve que devemos obedecer às ordens do autor da Constituição. Permanece conhecimento, mesmo na sua verificação teorético-gnoseológica de que a norma fundamental é a condição sob a qual o sentido subjetivo do ato constituinte e o sentido subjetivo dos atos postos de acordo com a Constituição podem ser pensados como o seu sentido objetivo, como normas válidas, até mesmo quando ela própria o pensa desta maneira".[141]

Finalmente, vale tecer alguns comentários sobre a relação de interdependência que Kelsen estabelece entre a validade e a eficácia do ordenamento jurídico.[142] Sustenta este autor que, se não é possível apartar completamente a validade da eficácia, também não é possível dizer que a validade identifica-se com a eficácia, justificando a sua afirmação da seguinte forma:

> "Tal eficácia é condição no sentido de que uma ordem jurídica como um todo e a eficácia de uma norma jurídica singular já não são consideradas como válidas quando cessam de ser eficazes. (...) A fixação positiva e a eficácia tornam-se, pela norma fundamental, condição de validade. A eficácia o é no sentido de que deve acrescer ao ato de fixação para que a ordem jurídica como um todo, e assim como a norma jurídica singular, não percam a sua validade. Uma condição não pode identificar-se com aquilo que condiciona".[143]

Partindo-se, assim, destas breves reflexões feitas sobre a "teoria pura do direito", percebe-se, nitidamente, que Kelsen, inspirando-se

---

[140] Idem, p. 214.

[141] Idem, p. 219.

[142] De acordo com a concepção deste autor: "a eficácia é estabelecida na norma fundamental como pressuposto de validade". Idem, p. 223.

[143] KELSEN, Hans, *Op. cit.*, p. 226 e 230. (grifei)

Direito Previdenciário e Estado Democrático de Direito

na teoria do conhecimento de Kant,[144] alheia a toda metafísica, formulou sua teoria procurando assegurar um conhecimento unicamente endereçado ao Direito, explicando como ele é, e não como deve ser ou como ele deve ser feito, uma vez que se trata de *"ciência jurídica e não política do Direito"*,[145] com uma metodologia própria, excluindo-se todos os elementos que lhe são estranhos. Por conseguinte, o processo de afirmação da norma fundamental prescinde de valores que ultrapassem o direito, não havendo espaço para se indagar o teor da Constituição e da ordem jurídica nela fundada, se a referida ordem é justa ou injusta e se assegura a paz ou não na comunidade para a qual é dirigida. É o que se denota do seguinte trecho:

> "Aqui permanece fora de questão qual seja o conteúdo que tem esta Constituição e a ordem jurídica do estado erigida com base nela, se esta ordem é justa ou injusta; e também não importa a questão de saber se esta ordem jurídica efetivamente garante uma relativa situação de paz dentro da comunidade por ela constituída. Na *pressuposição da norma fundamental não se afirma qualquer valor transcendente ao Direito positivo"*.[146]

Contudo, é preciso destacar que a norma fundamental deve ser entendida dentro do contexto de sua função desempenhada no âmbito da teoria geral do direito, que não é outra senão dar fundamento à validade de uma ordem jurídica posta, coercitiva e globalmente eficaz, interpretando o sentido subjetivo dos atos de

---

[144] Idem. Com efeito, insere o autor nota de rodapé contendo as seguintes afirmações de Edwin W. Patterson, na obra *Jurisprudence. Men and ideas of the law*, The Foundation Press, Inc., 1953, p. 262 e segs.: "Mas também sob este aspecto existe analogia com a lógica transcendental de Kant. Assim como os pressupostos lógico-transcendentais de conhecimento da realidade natural não determinam de maneira alguma o conteúdo das leis naturais, assim também a norma fundamental não pode determinar o conteúdo das normas jurídicas ou das proposições jurídicas que descrevem as normas jurídicas. Assim, como só podemos obter o conteúdo das leis naturais a partir da experiência, assim também só podemos obter o conteúdo das proposições jurídicas a partir do Direito Positivo. A norma fundamental tampouco prescreve ao Direito positivo um determinado conteúdo, tal como os pressupostos lógico-transcendentais da experiência não prescrevem um conteúdo a esta experiência. Aí reside precisamente a diferença entre a lógica transcendental de Kant e a especulação metafísica por ele rejeitada, entre a Teoria Pura do Direito e uma teoria metafísica do Direito do tipo da doutrina do Direito natural." Idem. p. 218-219.

[145] KELSEN, Hans. *Op. cit.* p. 1.

[146] Idem, p. 214. (grifei)

vontade humanos como seu sentido objetivo,[147] e respondendo qual o fundamento de validade da Constituição jurídico-positiva. Isso significa que, para se compreender a teoria kelseniana, é necessário ter sempre presente que Kelsen não se propôs a criar uma teoria dirigida à interpretação de normas jurídicas particulares ou para explicar a origem e a eficácia da ordem jurídica, mas uma teoria geral do Direito positivo que, em síntese, baseia-se num processo de pressuposição de uma norma fundamental, para o qual não concorrem outros valores. Logo, equivocam-se aqueles operadores do direito que acusam a sua teoria de servir como substrato para a instauração de ordens jurídicas tirânicas, injustas e despóticas e como fundamento para sentenças injustas e iníquas, quando ela, na realidade, apenas busca explicar como se opera a validade do ordenamento jurídico, o que não conduz, de modo algum, à conclusão pela impossibilidade da realização de considerações ético-políticas na elaboração e na aplicação do direito. Aliás, sobre esse ponto, cabe ressaltar que Kelsen jamais descartou a possibilidade de pensar o direito de um ponto de vista ético-político, apenas ressaltou que essa é função do Direito natural, ao qual, segundo o autor, incumbe fornecer *"uma possível justificação do Direito positivo"*.[148]

Já Ferraz Júnior parte da afirmação de que o direito, como objeto de conhecimento,[149] pode ser concebido de maneiras diferentes, conforme seja estudado sob o enfoque dogmático ou zetético - linguagem utilizada por Theodor Viehweg[150] -, ressalvando a sua

---

[147] Por isso, conclui Kelsen: "A fundamentação da validade de uma norma positiva (isto é, estabelecida através de um ato de vontade) que prescreve uma determinada conduta realiza-se através de um processo silogístico. Neste silogismo a premissa maior é uma norma considerada como objetivamente válida (melhor, a afirmação de uma tal norma), por força da qual devemos obedecer aos comandos de uma determinada pessoa, quer dizer, nos devemos conduzir em harmonia com o sentido subjetivo destes atos de comando; a premissa menor é a afirmação do fato de que essa pessoa ordenou que nos devemos conduzir de determinada maneira; e a conclusão, a afirmação da validade da norma: que nos devemos conduzir de determinada maneira. A norma cuja validade é afirmada na premissa maior legitima assim, o sentido subjetivo do ato de comando, cuja existência é afirmada na premissa menor, como seu sentido objetivo. *Op. cit.*, p. 215.

[148] KELSEN, Hans. *Op. cit.*, p. 237.

[149] Consoante Ferraz Júnior: "(...) quando dizemos que o saber jurídico trabalha com normas jurídicas, é preciso reconhecer nelas um fenômeno complexo que a ciência dogmática do direito, num primeiro momento, recorta, reduz e simplifica para poder dominá-las como objeto de conhecimento (dogmática analítica), para depois interpretá-las (dogmática hermenêutica) e aplicá-las (dogmática da decisão)." *Op. cit.,p.* 116.

[150] FERRAZ JÚNIOR, Tércio Sampaio. *Op. cit.*, p. 40-41.

Direito Previdenciário e Estado Democrático de Direito

adoção, no tratamento deste tema, do direcionamento dogmático, com análise, entretanto, zetética.[151] Para este autor, *a zetética parte de evidências*, predominando nos seus conceitos o *aspecto pergunta*, ao passo que *a dogmática parte de dogmas*,[152] sobressaindo nos seus conceitos o *aspecto resposta*, distinguindo-as, basicamente, da seguinte forma:

> "O enfoque dogmático revela o ato de opinar e ressalva algumas das opiniões. O zetético, ao contrário, desintegra, dissolve as opiniões, pondo-as em dúvida. Questões zetéticas têm uma função especulativa explícita e são infinitas. Questões dogmáticas têm uma função diretiva explícita e são finitas. Nas primeiras, o problema tematizado é configurado como um *ser* (que é algo?). Nas segundas, a situação nelas captadas se configura como um *dever-ser* (como deve-ser algo?). Por isso, o enfoque zetético visa a saber o que é uma coisa. Já o enfoque dogmático se preocupa em possibilitar uma decisão e orientar a ação".[153]

E, de acordo com Ferraz Júnior, a dogmática analítica tem como noção central a norma. Da consideração de que a norma, sua conceituação, é o ponto principal para a dogmática jurídica, resulta que é preciso saber de onde provém o seu caráter jurídico, hábil a determinar a discriminação da norma jurídica das demais normas existentes no âmbito social e estatal. Diz o citado autor que a nota jurídica de uma norma emana da institucionalização de uma relação de autoridade e que tal institucionalização depende da introdução das normas nos sistemas "que representam, por pressuposição, o consenso anônimo e global de terceiros (leia-se, por suposição, de toda sociedade)".[154] Nesse raciocínio, assevera este autor:

> "As instituições repousam, na verdade, não sobre acordos fáticos, mas sobre suposições comuns a respeito da expectativa

---

[151] Nas palavras do autor: "Por todos esses motivos, é óbvio que o direito, enquanto objeto de conhecimento, há de ser visto de forma diferente, se o enfoque é dogmático ou zetético. Nos limites desta Introdução, é nossa intenção fixar uma perspectiva, com o intuito pragmático de orientar o estudo. Nossa opção é pelo estudo da visão dogmática (...). (...) o objeto de nossa reflexão será o direito no pensamento dogmático, mas nossa análise, ela própria, não será dogmática, mas zetética. Uma introdução ao estudo do direito é uma análise zetética de como a dogmática jurídica conhece, interpreta e aplica o direito, mostrando-lhe as limitações". *Op. cit.*, p. 51.

[152] FERRAZ JÚNIOR, Tércio Sampaio. *Op. cit.*, p. 43.

[153] Idem, p. 41. (grifo no original)

[154] Idem, p. 111.

comum dos outros (Luhmann, 1972). Sua homogeneidade é, por isso, visivelmente fictícia. Trata-se de abstrações sociais, apoiadas em procedimentos como a eleição, a decisão em assembléia, o voto solene e público. *O jurista reconhece o caráter jurídico das normas por seu grau de institucionalização, isto é, pela garantia do consenso geral presumido de terceiros que a elas confere prevalência.* Daí a busca, no discurso dos juristas, da conformidade das expectativas normativas com os objetivos do interesse público, do bem comum, do Estado".[155]

Sobre tal tema, afirma resumidamente o mesmo autor:

"Em suma, não é qualquer conteúdo que pode constituir o relato das chamadas normas jurídicas, mas apenas aqueles que podem ser generalizados socialmente, isto é, que manifestam núcleos significativos vigentes numa sociedade, nomeadamente por força da ideologia prevalecente e, a partir dela, dos valores, dos papéis sociais e das pessoas com ela conformes".[156]

Contudo, observa que, para a formação das condições de decidibilidade, não basta identificar os elementos estruturais internos de uma norma, sendo necessário aferir-se também sobre a sua validade. A validade,[157] por sua vez, só pode ser determinada dentro do contexto no qual as normas estão inseridas, tomando-se em consideração, para tanto, o denominado *repertório* - elementos

---

[155] Idem.

[156] Idem, p. 115.

[157] Ferraz Júnior interliga o conceito de validade com a idéia de valor, tecendo sobre o conceito de validade os seguintes comentários: "O conceito de validade, de uma perspectiva zetética, tem a ver com a noção de valor, cuja origem é econômica, não filosófica. Na filosofia, ela entra por meio da chamada filosofia dos valores, para a qual estes são entidades (objetos) diferentes dos objetos reais, dos quais se dizem que são (no sentido da forma essencial e existência), ao passo que os valores valem (sua forma essencial não é um ser, mas um dever-ser, e sua existência se expressa por sua validade). O ser é, o valor vale, é sua fórmula consagrada. Por sua origem econômica, valores são, em princípio, relacionais: como o dinheiro para os valores econômicos, também os valores em geral são medidos, submetidos a padrões, valem mais ou menos. Daí, a princípio, sua relatividade (o que trouxe para a filosofia o problema da afirmação de valores absolutos, noção em si contraditória e cuja busca gera a angústia que antes mencionamos ao falar do direito natural ...). De algum modo, porém, desta relatividade segue o caráter relacional da validade: valer é sempre valer-para algo (medidas valem para, padrões valem para, os próprios valores valem para algum outro...). Em conseqüência, se dizemos de uma norma que ela vale, isto significa que ela existe em relação a. A questão é saber em relação a que.". *Op. cit.,* p. 179-180.

Direito Previdenciário e Estado Democrático de Direito

que integram o ordenamento - e a *estrutura* - o conjunto das regras e das relações por elas estabelecidas, os quais - repertório e estrutura - formam um sistema.

Nas palavras deste autor:

"Para a dogmática analítica, ordenamento é um conceito operacional que permite a integração das normas num conjunto, dentro do qual é possível identificá-las como normas jurídicas válidas. *Concretamente, seu repertório não contém apenas elementos normativos mas, como vimos, também não-normativos.* A decisão de incluí-los ou não na consideração do ordenamento como sistema é uma opção teórica cujo fundamento último é um problema zetético. Do mesmo modo, em sua estrutura concreta manifestam-se os mais variados tipos de regras e relações (algumas são regras empíricas, isto é, nascidas e percebidas na experiência como o princípio da soberania e a preeminência das normas estatais), outras são regras lógicas (como a exigência de coerência entre as normas), outras são expressões de valorações (como o princípio da *lex superior*) etc. Assim, a decisão de incluí-las como componentes da estrutura do ordenamento enquanto sistema é, igualmente, uma opção teórica de fundamento zetético".[158]

Assim, valendo-se da chamada dogmática analítica,[159] para a qual a norma é um conceito central, importando também a identificação de sua validade,[160] define o ordenamento jurídico como

---

[158] FERRAZ JÚNIOR, Tércio Sampaio. *Op. cit.*, p. 176. (grifei)

[159] Definindo, inicialmente "o direito como um fenômeno decisório, um instrumento de poder e a ciência jurídica como uma tecnologia", Ferraz Júnior afirma que incumbe à dogmática analítica explicar a ciência do Direito sob o ponto de vista da norma e da sua inserção na ordem jurídica, a partir da validade, "identificando o que é Direito face à contínua mudança das normas nos sistemas jurídicos contemporâneos". E conclui: "A dogmática prepara, pois, a decisão, cria para ela condições razoáveis, de tal modo que ela não apareça como um puro arbítrio, mas decorra de argumentos plausíveis. O jurista, assim, capta o direito num procedimento de incidência, ou seja, na imputação de normas a situações sociais atuais ou potencialmente conflitivas. Entre a norma e a situação conflitiva há, pois, um procedimento. A relação entre a norma e a situação é mediata. Este conjunto - normas, procedimento, situação - compõe o fenômeno da aplicação. Aplica-se o direito, por um procedimento, à realidade social." Por fim, afirma ainda: "*A dogmática analítica permite ao jurista compreender a sociedade normativamente, isto é, captá-la como uma ordem*". *Op. cit.*, p. 22, 17, 94 e 103. (grifei)

[160] Nesse sentido, afirma este autor: "Ora, para fazer frente a essa enorme mobilidade, o pensamento dogmático precisaria de novos conceitos operacionais. Captar o direito como um todo homogêneo, enquanto um conjunto estático, foi

sistema dinâmico,[161] cuja estrutura é circular e não piramidal,[162] como propôs Kelsen, constituído por diversos modelos de funcionamento que oscilam com base na variedade de suas regras estruturais, não havendo uma norma única a imprimir-lhe unidade, mas séries normativas plurais.

Portanto, ao contrário da teoria kelseniana, a teoria construída por Ferraz Júnior propõe que "a validade de uma norma não se deduz da validade de outra",[163] já que, sendo a validade *"um conceito relacional"*,[164] deve ser identificada dentro do sistema circular por ele proposto, implicando as relações de validade "a formação de séries normativas de subordinação, portanto hierarquias normativas, em que o cometimento de uma norma é imunizado

---

uma tarefa possível graças a conceitos (estáticos) como as grandes dicotomias (direito público e privado, objetivo e subjetivo, positivo e natural. Mas era preciso também outro conceito, que permitisse à ciência jurídica concebê-lo na sua dinâmica. *Este conceito é o de validade."*. *Op. cit.*, p. 179. (grifei)

[161] Relativamente a este sistema dinâmico, Ferraz Júnior faz as considerações a seguir transcritas: "O sistema de que falamos neste passo tem, ademais, caráter dinâmico. O termo sistema dinâmico provém de Kelsen e, em oposição ao estático (...) *capta as normas dentro de um processo de contínua transformação.* Normas são promulgadas, subsistem no tempo, atuam, são substituídas por outras ou perdem sua atualidade em decorrência de alterações nas situações normadas. *O sistema é apenas uma forma técnica de conceber os ordenamentos, que são um dado social.* A dogmática capta o ordenamento, este complexo de elementos normativos e não-normativos e de relações entre eles, de forma sistemática para atender às exigências da decidibilidade de conflitos. É preciso dizer, como vimos, se estamos ou não diante de uma norma jurídica, se a prescrição é válida, mas para isso é preciso integrá-la no conjunto e este conjunto tem de apresentar contornos razoavelmente precisos: a idéia de sistema permite traçar estes contornos, posto que implica a noção de limite, *esta linha diferencial abstrata que nos autoriza a identificar o que está dentro, o que entra, o que sai e o que permanece fora."* *Op. cit.*, p. 177. (grifei)

[162] Nas palavras do autor: "Ademais, a posição pragmática é de que o sistema do ordenamento, *não se reduzindo a uma (única) unidade hierárquica, não tem a estrutura de uma pirâmide, mas uma estrutura circular de competências referidas mutuamente, dotada de coesão.* Por exemplo, o Supremo Tribunal Federal recebe do poder constituinte originário sua competência para determinar em última instância o sentido normativo das normas constitucionais. Deste modo, seus acórdãos ou norma cuja validade decorre de uma norma constitucional de competência, configurando uma subordinação do STF ao poder constituinte originário. Mas, como o STF pode determinar o sentido de validade da própria norma que lhe dá competência, de certo modo, a validade da norma constitucional de competência do STF também depende de seus acórdãos (norma), configurando uma subordinação do poder constituinte originário ao STF." *Op. cit.*, p. 188. (grifei)

[163] FERRAZ JÚNIOR, Tércio Sampaio. *Op. cit.*, p. 185.

[164] Idem, p. 186.

Direito Previdenciário e Estado Democrático de Direito

pelo relato de outra, e assim sucessivamente".[165] Conforme esta doutrina, tais cadeias de normas não são infinitas, pois o elo de subordinação entre uma norma e outra não é causal, mas de imputação, encontrando, regressivamente, o limite representado pela norma-origem, e, progressivamente, o limite representado pela decisão final.

A propósito, quanto às normas-origem, cuja imperatividade[166] vem informada pelas denominadas regras de ajustamento ou de calibração, Ferraz Júnior formula o seguinte conceito:

"(...) normas-origem são normas efetivas (ocorrem numa situação de fato favorável), dotadas de império e primeiras de uma série. Como não guardam nenhuma *relação* com qualquer *norma* antecedente, não são válidas, apenas imperativas, isto é, têm força impositiva. E as regras responsáveis por sua imperatividade são regras estruturais do sistema ou regras de calibração. Daí poder-se dizer que a imperatividade expressa uma relação de calibração, ou seja, uma relação não com outra norma, mas com uma regra de ajustamento".[167]

Por fim, sobre a sua teoria do ordenamento jurídico, deduz este autor, em síntese, as seguintes constatações:

"(...) nossa hipótese é de que os ordenamentos ou sistemas normativos jurídicos são constituídos primariamente por normas (repertório do sistema) que guardam entre si relações de validade reguladas por regras de calibração (estrutura do sistema). Como sistema, eles atuam num meio ambiente, a vida social que lhes impõe demandas (pede decisão de conflitos). Para esta atuação ou funcionamento, as normas têm de estar imunizadas contra a indiferença, o que ocorre pela constituição de séries hierárquicas de validade, que culminam em uma norma-origem. Quando, porém, uma série não dá conta das demandas, o sistema exige uma mudança em seu *padrão* de funcionamento, o que ocorre pela criação de nova norma-origem e, em conseqüência, de nova série hierárquica. O que regula esta criação e, portanto, a mudança de padrão, são suas

---

[165] FERRAZ JÚNIOR, Tércio Sampaio. *Op. cit.*, p. 188.

[166] Salienta este autor que, embora a questão da validade e da imperatividade das normas, assim como a questão da existência de um sistema circular coeso, estejam relacionadas, existem diferenças práticas entre validade e imperatividade, podendo uma norma ser válida, sem ser imperativa e ser imperativa sem ser válida. *In: Introdução ao estudo do direito. Op. cit.*, p. 187 e ss.

[167] FERRAZ JÚNIOR, Tércio Sampaio. *Op. cit.*, p. 190. (grifo no original)

regras de calibração. Graças a elas, o sistema muda de padrão, mas não se desintegra: continua funcionando. Esta mudança de padrão é dinâmica: o sistema vai de um padrão a outro, volta a um padrão anterior, adquire um novo, num processo de câmbios estruturais, cuja velocidade depende da flexibilidade de suas regras de calibração".[168]

Dos comentários feitos anteriormente acerca do entendimento de Ferraz Júnior sobre a ordem jurídica, resulta nítido que este doutrinador afasta a possibilidade de se obter uma definição neutra do que seja direito. Em conseqüência, o sistema circular apresentado por este autor, que compõe o ordenamento jurídico e que só existe em função da *decidibilidade de conflitos em geral*,[169] não é rigorosamente lógico como um sistema matemático, uma vez que dentro desse sistema encontram-se não apenas elementos objetivos, mas também elementos axiológicos e valorativos.

A título de exemplo acima exposto, transcreve-se a seguinte passagem:

"Observe o leitor que para construir o sistema do direito (ambiental) é preciso recorrer a normas referentes a atividades e comportamentos múltiplos e distintos. Aqui vão entrar em jogo normas de direito administrativo, do trabalho, comercial, constitucional, tributário, econômico etc. Mas, acima de tudo, o núcleo organizador do sistema não será nem pode ser uma definição evidente do que seja poluição, pois as situações são tão variadas que, certamente, as normas proporão entendimentos diversos a respeito, variáveis conforme as situações e avaliações enfocadas. Por tudo isso, o sistema tem como centro aglutinador o problema da poluição. *De um modo mais genérico, podemos dizer (...) que, no sistema construído pela ciência dogmática, os conceitos que são, na aparência, de pura técnica jurídica ou simples partes do edifício só adquirem o seu sentido autêntico se referidos ao problema da justiça. Diriamos que, por isso, ocultam por de trás de uma análise quase-lógica, elementos axiológicos ou valorativos*".[170]

Conclui-se, então, esta parte da exposição observando o seguinte: as teorias acima abordadas e que visam a explicar e a *identificar* os fundamentos e elementos pertinentes à ordem jurídica não excluem

---

[168] FERRAZ JÚNIOR, Tércio Sampaio. *Op. cit.*, p. 190-191. (grifo no original)
[169] Idem, p. 98.
[170] Idem, p. 99. (grifei)

Direito Previdenciário e Estado Democrático de Direito

umas as outras; ao contrário, são complementares, porque cada uma traz aspectos importantes e úteis para uma compreensão sobre o conteúdo, a validade, a eficácia, ou a origem da ordem jurídica contemplada como um todo, no momento em que trazem enfoques diferentes para a abordagem desta mesma questão.

Analisadas as principais correntes teóricas atinentes à ordem jurídica, passa-se, então, ao exame das noções e estudos doutrinários elaborados com a finalidade de explicar o direito.

O conceito de direito[171] é, até hoje, objeto de estudos a fim de que a ciência do direito seja firmada como ciência.

Como bem observa Bobbio, para entender o direito há que se chegar ao ordenamento,[172] considerando-se as normas em seu conjunto e as suas respectivas relações, de maneira global e de forma sistemática, não bastando, na busca de sua compreensão, o estudo isolado da norma, tendo em vista que "as normas jurídicas nunca existem isoladamente, mas sempre em um contexto de normas com relações particulares entre si (...)".[173]

Contudo, anota este autor, num rápido apanhado histórico, que "o estudo aprofundado do ordenamento jurídico é relativamente recente",[174] pois nas indagações e questionamentos referentes à teoria geral do Direito houve tradicionalmente o predomínio do enfoque particular e isolado da norma sobre o enfoque sistêmico e contextual. Nesse sentido, as passagens:

> "Em outros termos, podemos dizer que os problemas gerais do Direito foram tradicionalmente mais estudados do ponto de vista da norma jurídica, considerada como um todo que se basta a si mesmo, *que do ponto de vista da norma jurídica considerada como parte de um todo mais vasto que a compreende.*
> (...)

---

[171] Consoante lição de Eros Grau: "(...) o direito é *autopoiético*, na medida em que, *no interior do litígio*, ele não trata de *problemas empíricos*, de *problemas sociais*, porém apenas de *problemas internos* a si próprios, de *seus próprios problemas*." *Op. cit.*, p. 21. (grifo no original)

[172] Acerca das expressões "ordenamento" e "direito", esclarece Bobbio: "Esse contexto de normas costuma ser chamado de 'ordenamento'. E será bom observarmos, desde já, que a palavra 'direito' entre seus vários sentidos, tem também o de 'ordenamento jurídico', por exemplo, nas expressões '*Direito romano*', '*Direito canônico*', '*Direito italiano*' ['*Direito brasileiro*'], etc." BOBBIO, Norberto. *Teoria do Ordenamento Jurídico.* 10. ed. Brasília: Editora Universidade de Brasília, 1999, p. 19.

[173] BOBBIO, Norberto. *Op. cit.*, p. 19.

[174] Idem.

Repetimos que a norma jurídica era a única perspectiva através da qual o Direito era estudado, *e que o ordenamento jurídico era no máximo um conjunto de normas, mas não um objeto autônomo de estudo, com seus problemas particulares e diversos. Para nos exprimirmos com uma metáfora, considerava-se a árvore, mas não a floresta".*[175]

Além disso, segundo Bobbio, são os teóricos da instituição os que inauguram o estudo do Direito a partir do ordenamento jurídico contemplado em sua totalidade, o que resta claro da seguinte afirmação:

"A nosso ver, a teoria da instituição teve o grande mérito de pôr em relevo o fato de que se pode falar de Direito somente onde haja um complexo de normas formando um ordenamento, e que, portanto, o Direito não é norma, mas um conjunto coordenado de normas, sendo evidente que uma norma jurídica não se encontra jamais só, mas está ligada a outras normas com as quais forma um sistema normativo".[176]

Prosseguindo neste apanhado histórico, Bobbio aponta Kelsen como um dos principais responsáveis pela discriminação, em sua teoria do direito e, mais especificamente, na sua obra *Teoria geral do Direito e do Estado*, dos problemas pertinentes ao ordenamento jurídico (*parte nomodinâmica*) - tratando-os autonomamente e enquanto parte da teoria geral do direito - e dos problemas concernentes à norma jurídica (*parte nomostática*), destacando a sua importância particularmente pelo fato de "ter tido plena consciência da importância de problemas conexos com a existência do ordenamento jurídico".[177]

Na seqüência de sua pesquisa por uma definição do Direito, ressalta constante e apropriadamente este autor a impossibilidade de conceituar o direito pelo ângulo da norma jurídica tomada isoladamente, sustentando que "uma definição satisfatória do Direito só é possível se nos colocarmos do ponto de vista do ordenamento jurídico".[178] Estabelecida tal premissa e a fim de demonstrar a validade de sua tese, Bobbio propõe-se a examinar as insuficiências e deficiências das teorias que procuraram definir o Direito através de um componente qualquer da norma jurídica, valendo-se,

---

[175] BOBBIO, Norberto. *Op. cit.*, p. 20. (grifei)
[176] Idem, p. 21.
[177] Idem.
[178] Idem, p. 22.

Direito Previdenciário e Estado Democrático de Direito

para tanto, de quatro critérios: critério formal; critério material, critério do sujeito que põe a norma e critério do sujeito destinatário da norma.

O critério formal diz com a estrutura das normas que se diferem conforme sejam positivas ou negativas; categóricas ou hipotéticas; e gerais (abstratas) ou individuais (concretas). Consoante Bobbio, tal critério não serve para identificar a norma jurídica, pois no ordenamento jurídico convivem harmonicamente normas positivas e normas negativas e também normas abstratas e normas concretas, sendo que, apesar de ser correta a afirmação de que o sistema normativo compõe-se exclusivamente de normas hipotéticas[179] - dentre as quais destaca a forma preconizada por Kelsen em sua teoria da norma como juízo hipotético -, esta observação não traz qualquer peculiaridade que sirva para distinguir a norma jurídica das demais, sendo típica de qualquer norma técnica ou de qualquer norma condicionada.

O critério material, por sua vez, obtém-se através do conteúdo das ações reguladas; portanto, engloba, de um lado, todas as ações possíveis do homem, e exclui, de outro, as ações necessárias decorrentes da natureza e as impossíveis de serem, por este, cumpridas. Entretanto, excluídas estas ações - impossíveis ou necessárias, tendo em vista a absoluta inutilidade de "uma norma que comandasse uma ação necessária ou proibisse uma ação impossível[180] -, verifica-se que as ações possíveis podem constar tanto de regras jurídicas quanto de regras de conduta, o que demonstra a invalidade do critério em tela na aferição do conceito de norma jurídica. Procurando, então, aperfeiçoar este critério, tentou-se discernir, na seara das ações possíveis, as ações que interessam ao Direito, classificando-se as ações possíveis como internas e externas e subjetivas ou intersubjetivas; porém tal tentativa restou frustrada, haja vista que, como bem esclarece Bobbio, "as categorias das ações

---

[179] Quanto às normas hipotéticas, Bobbio esclarece que estas assumem basicamente duas formas: "a) se queres A, deves B, segundo a teoria da norma técnica (Ravá) ou das regras finais (Brunetti); b) se é A, deve ser B, onde, segundo alguns, A é o fato jurídico e B a conseqüência jurídica (teoria do Direito como valorização ou juízo de qualificação), e segundo outros A é o ilícito e B é a sanção (teoria da norma como juízo hipotético de Kelsen)." Conclui este autor: "Em nenhuma dessas duas formulações a norma jurídica assume uma forma caracterizante: a primeira formulação é própria de qualquer norma técnica ('se você quer comprar selos, deve ir ao correio'); a segunda formulação é característica de qualquer norma condicionada ('se chove, você deve pegar o guarda-chuva')." *In: Teoria do ordenamento jurídico. Op. cit.*, p. 23-24.

[180] Idem, p. 24.

externas e das ações intersubjetivas são extremamente genéricas" e, além disso, "ambas podem servir para distinguir Direito da Moral, mas não das regras do costume que se referem sempre a ações externas e muitas vezes a ações intersubjetivas".[181]

Pelo critério do sujeito que põe a norma, o traço distintivo das normas jurídicas em comparação com as outras normas é o fato de que aquelas são estabelecidas e ditadas pelo poder soberano, "entendendo-se por 'poder soberano' aquele acima do qual não existe, num determinado grupo social, nenhum outro, e que, como tal, detém o monopólio da força".[182] Comentando o mencionado critério, Bobbio ressalta que esta concepção de Direito baseada na soberania[183] é mais útil e esclarecedora, já que erigida contemplando-se o ordenamento jurídico e não a norma isolada,[184] porque "poder soberano e ordenamento jurídico são dois conceitos que se referem um ao outro,[185] concluindo, por esse motivo, que "a teoria do Direito como regra coativa e a teoria do Direito como emanação do poder soberano são convergentes".[186]

Também o critério do sujeito destinatário da norma acaba reflexamente conduzindo à solução de se abandonar a visualização do Direito por meio da norma em particular, destacando a importância da noção de Direito extraída a partir do contexto jurídico-normativo. Este critério varia conforme a norma esteja endereçada, na expressão de Bobbio, ao súdito ou ao juiz. Como o tão-só fato de a norma ser destinada ao súdito não é suficiente para distingui-la das demais, particulariza-se a norma, por este critério, enfatizando-se a atitude - de convicção ou crença na sua compulsoriedade - com que os súditos a recebem. E o sentimento de obrigatoriedade dos

---

[181] BOBBIO, Norberto. *Op. cit.*, p. 24-25.

[182] Idem, p. 25.

[183] Nas palavras deste autor: "A soberania caracteriza não uma norma, mas um ordenamento; caracteriza a norma apenas enquanto ela é considerada como parte do ordenamento". Idem, p. 26.

[184] No tocante a este tema, explica Bobbio: "O que essa teoria da soberania convida a observar, antes de tudo, é que, definido o Direito através do poder soberano, *já se realizou o salto da norma isolada para o ordenamento no seu conjunto.* Com a expressão muito genérica 'poder soberano' refere-se àquele conjunto de órgãos através dos quais um ordenamento normativo é posto, conservado e se faz aplicar. E quais são esses órgãos é o próprio ordenamento que o estabelece. Se é verdade que um ordenamento jurídico é definido através da soberania, é também verdade que a soberania em uma determinada sociedade se define através do ordenamento jurídico". *In: Teoria do ordenamento jurídico. Op. cit.*, p. 25. (grifei)

[185] Idem, p. 25.

[186] Idem.

Direito Previdenciário e Estado Democrático de Direito

súditos, no dizer de Bobbio, "é o sentimento de que aquela norma singular faz parte de um organismo mais complexo e que da pertinência a esse organismo é que vem seu caráter específico".[187] Por outro lado, se se conceituar a norma, como sendo aquela cujo destinatário é o juiz, é necessário, primeiramente, definir o que é o juiz. E não há como obter uma compreensão das características do juiz se não se tiver em mente o ordenamento jurídico.

Na lição deste autor:

"Dir-se-á que o juiz é aquele ao qual uma norma do ordenamento atribui o poder e o dever de estabelecer quem tem razão e quem não tem, e de tornar assim possível a execução de uma sanção. Mas, desse modo, uma vez mais somos reconduzidos da norma isolada ao sistema normativo. E percebemos, além disso, que não apenas procuramos tornar conclusiva uma definição do Direito referida à norma, mas somos constrangidos a deixar a norma e abraçar o ordenamento".[188]

Por fim, após expor as principais teorias elaboradas para explicar o Direito com base em critérios diversos, os quais remetem ou não o conceito de Direito à idéia de ordenamento jurídico, Bobbio traz a sua própria definição, pela qual se determina a norma jurídica pela sanção,[189] e esta última pelas notas de *exterioridade* e *institucionalização*. Apresenta, assim, a norma jurídica "como aquela norma cuja execução é garantida por uma sanção externa e institucionalizada",[190] levando-se em conta não a norma em si mesma, mas a reunião de normas que compõem o ordenamento jurídico, propondo, nesse raciocínio: "deixar a norma em particular pelo ordenamento"[191] uma vez que "definir o Direito através da noção de sanção organizada significa procurar o caráter distintivo do Direito não em um elemento da norma mas em um complexo orgânico de

---

[187] BOBBIO, Norberto. *Op. cit.*, p. 26.

[188] Idem, p. 27.

[189] Sobre a sanção enquanto nota característica do Direito, Bobbio esclarece que esta se reporta ao ordenamento jurídico em sua totalidade e não a cada norma em separado, fazendo, nessa linha de raciocínio, as seguintes considerações: "quando se fala de uma sanção organizada como elemento constitutivo do Direito nos referimos não às normas em particular, mas ao ordenamento normativo tomado em seu conjunto, razão pela qual dizer que a sanção organizada distingue o ordenamento jurídico de qualquer outro tipo de ordenamento não implica que todas as normas daquele sistema sejam sancionadas, mas somente que o são na sua maioria." Idem, p. 29.

[190] Idem, p. 27.

[191] Idem.

normas". Tal entendimento aparece reiteradas vezes em sua obra, como se vê dos seguintes trechos, aqui reproduzidos:[192]

"o que comumente chamamos de Direito é mais uma característica de certos ordenamentos normativos que de certas normas.

(...)

(...) o problema da definição do Direito encontra sua localização apropriada na teoria do ordenamento jurídico e não na teoria da norma. (...) Só em uma teoria do ordenamento - este era o ponto a que importava chegar - o fenômeno jurídico encontra sua adequada explicação."

Ademais, a par do problema da identificação do Direito, há as questões referentes à eficácia e à validade, as quais, sustenta o autor ora enfocado, do mesmo modo, devem ser examinadas sob a perspectiva do ordenamento jurídico, e não da norma em si mesma. Conseqüentemente, indica Bobbio que esta é a única saída viável para o clássico dilema consistente na existência de normas que sejam válidas, mas ineficazes, porque nunca foram aplicadas, ou seja, compreender que, no ordenamento, a eficácia é o fundamento da validade, tomando-se aquela - eficácia - como elemento constitutivo do Direito, enquanto conjunto sistemático de normas.[193]

Prossegue, ainda, Bobbio no estudo do Direito, asseverando que também a particularização das normas jurídicas consuetudinárias em relação às demais normas do costume só tem sentido e ocorre em função do ordenamento. Tal afirmação encontra fundamento no fato de que a busca desta diferença deve partir da seguinte indagação: "Quais são os procedimentos através dos quais

---

[192] BOBBIO, Norberto. *Op. cit.* p. 27

[193] Conforme Bobbio: "O mesmo se diga do problema da eficácia. Se considerarmos a eficácia como um caráter da norma jurídica, encontramo-nos, em certo ponto, diante da necessidade de negar o caráter de norma jurídica a normas que pertencem a um sistema normativo dado (enquanto legitimamente produzidas). Elas são válidas, mas não são eficazes, porque jamais foram aplicadas (como é o caso de muitas normas de nossa Constituição). A dificuldade se resolve, ainda nesse caso, deslocando-se a visão da norma singular para o ordenamento considerado em seu conjunto, e afirmando-se que a eficácia é um caráter constitutivo do Direito, mas só se com a expressão 'Direito' for entendido que estamos nos referindo não à norma em particular, mas ao ordenamento. O problema da validade e da eficácia, que gera dificuldades insuperáveis desde que se considere uma norma do sistema (a qual pode ser válida sem ser eficaz), diminui se nos referimos ao ordenamento jurídico, no qual a eficácia é o próprio fundamento da validade". Idem, p. 29.

uma norma consuetudinária vem a fazer parte de um ordenamento jurídico?",[194] para se chegar à seguinte resposta: "uma norma consuetudinária torna-se jurídica quando vem a fazer parte de um ordenamento jurídico".[195]

Com todos estes exemplos, Bobbio demonstra novamente, de maneira concludente, que as questões concernentes à teoria geral do Direito devem ser tratadas e compreendidas no âmbito do ordenamento jurídico, partindo-se da premissa básica de que as normas são jurídicas porque se inserem no ordenamento jurídico, fazendo parte deste conjunto - e não da afirmação de que um determinado ordenamento é jurídico porque é composto por normas jurídicas. Nas palavras deste autor:

> "Em outros termos, não existem ordenamentos jurídicos porque há normas jurídicas, mas existem normas jurídicas porque há ordenamentos jurídicos distintos dos ordenamentos não-jurídicos. O termo 'direito', na mais comum acepção de Direito objetivo, indica um tipo de sistema normativo, não um tipo de norma".[196]

Por outro lado, cumpre também referir que as reflexões de Bobbio em torno do conceito de ordenamento levaram-no à conclusão de que não é possível um ordenamento de uma só norma de conduta,[197] mas é concebível um com apenas uma norma de estrutura, como por exemplo, nos Estados cujo regime de governo é a monarquia absoluta, sendo esta a única regra estrutural, havendo, contudo, sempre uma pluralidade de normas de conduta.[198] É que, como constatou de forma precisa este autor, é impossível pensar um ordenamento em que uma só norma consiga abranger todas as

---

[194] BOBBIO, Norberto. *Op. cit.*, p. 30.

[195] Idem.

[196] Idem, p. 30-31.

[197] Sobre a noção de ordenamento, Bobbio apresenta os comentários que se reproduz: "Uma vez claro que a expressão 'Direito' refere-se a um dado tipo de ordenamento, cabe agora aprofundar o conceito de ordenamento." (...). "(...) *o ordenamento jurídico (...) é um conjunto de normas*. Essa definição geral de ordenamento pressupõe uma única condição: que na constituição de um ordenamento concorram mais normas (pelo menos duas), *e que não haja ordenamento composto de uma norma só*". Idem, p. 31. (grifei)

[198] Segundo Bobbio, num ordenamento jurídico, ao lado das normas de conduta, existem as normas de estrutura ou de competência. Ressalta, no entanto, que "o fato de existir uma só norma de estrutura tem por conseqüência a extrema variabilidade de normas de conduta no tempo, e não a exclusão de sua pluralidade em determinado tempo". Idem, p. 34.

ações possíveis, qualificando-as com uma única modalidade normativa de forma que tudo seria permitido, ou proibido ou obrigatório. Além disso, mesmo diante de um ordenamento composto por determinada norma que ordene ou proíba somente uma ação, é um equívoco afirmar-se que esse ordenamento é formado por uma única norma, tendo em vista que "toda norma particular que regula (ordenando-a ou proibindo-a) uma ação implica uma norma geral exclusiva, isto é, uma norma que subtrai daquela regulamentação particular todas as outras ações possíveis".[199]

Ainda, nesta linha de pensamento, Bobbio assim deduz e se posiciona:

> "Penso que só a ordem de não causar dano a ninguém poderia ser concebida como aquela a que possa ser reduzido um ordenamento jurídico com uma norma particular única. Mas, ainda com essa simplificação, um ordenamento jurídico compreende não uma, mas duas normas: a que prescreve não causar dano a outrem e a que autoriza a fazer tudo o que não cause dano a outrem".[200]

Uma vez estabelecido que o ordenamento jurídico compõe-se de uma pluralidade de normas,[201] Bobbio conclui que os problemas relacionados com a existência deste ordenamento coincidem com os problemas que surgem das relações das diversas normas entre si, entre os quais ganham especial relevo o problema da hierarquia das normas, que diz com a investigação sobre a unidade do ordenamento, e o problema das antinomias, que diz com a investigação sobre o sistema. Logo, segundo Bobbio, a teoria do ordenamento jurídico vem não apenas integrar a teoria da norma jurídica, mas permitir um debate mais apropriado e amplo acerca dos problemas que nascem com a formação deste ordenamento.

Em continuidade, o filósofo italiano manifesta-se no sentido de que a hipótese de ordenamentos formados por uma ou duas normas é totalmente abstrata, pois concretamente só existem ordenamentos

---

[199] BOBBIO, Norberto. *Op. cit.*, p. 32.

[200] Idem, p. 33.

[201] Sobre a infinitude de normas dos ordenamentos jurídicos, Bobbio faz o seguinte comentário: "Quantas são as normas jurídicas que compõem o ordenamento jurídico italiano? [ou brasileiro?] Ninguém sabe. *Os juristas queixam-se que são muitas; mas assim mesmo criam-se sempre novas, e não se pode deixar de criá-las para satisfazer todas as necessidades da sempre mais variada e intrincada vida social*". Idem, p. 36. (grifei)

Direito Previdenciário e Estado Democrático de Direito

"compostos por uma infinidade de normas",[202] que podem ser classificados em simples e complexos conforme a seguinte peculiaridade: os tipos simples possuem normas derivadas de uma única fonte, enquanto os tipos complexos são constituídos por normas oriundas de fontes variadas e diferentes.[203] Sustenta, ainda, Bobbio que, na prática e em geral, os ordenamentos jurídicos de que se têm conhecimento são os complexos, cujas normas não derivam de uma única fonte; daí a dificuldade de se poder contá-las.

Centrando, então, a sua análise nos ordenamentos jurídicos complexos, Bobbio localiza como principal causa de tal complexidade "o fato de que a necessidade de regras de conduta numa sociedade é tão grande que não existe nenhum poder (ou órgão) em condições de satisfazê-la sozinho",[204] o que acarreta uma diversidade de fontes, diretas ou indiretas. Esclarece, outrossim, que, no que tange às normas indiretas, o poder supremo procura suprir essa necessidade através do fenômeno da recepção das normas já elaboradas e da delegação de poder de criação de normas jurídicas a outros poderes ou órgãos.

Ainda, sobre as fontes indiretas, Bobbio classifica-as em fontes reconhecidas, cujo exemplo típico é a recepção, e fontes delegadas, elencando as diferenças existentes entre uma e outra, assim asseverando: "na recepção o ordenamento jurídico acolhe um preceito já feito; na delegação, manda fazê-lo ordenando uma produção futura".[205] Portanto, enquanto a recepção admite a internalização e inserção no ordenamento de normas criadas em outros ordenamentos, relacionando-se, normalmente, com regra criada no passado, na delegação ocorre, em geral, uma ordem, normalmente oriunda do Poder Legislativo para o Poder Executivo ou para o próprio particular, de elaboração de norma no futuro com o fim de viabilizar a aplicação de comandos normativos excessivamente genéricos e abstratos. Entre as fontes de direito reconhecidas, sustenta este autor, encontra-se o costume "nos ordenamentos estatais modernos, onde a fonte direta e superior é a Lei",[206] ao passo que, entre as

---

[202] BOBBIO, Norberto. *Op. cit.*, p. 36.

[203] No dizer de Bobbio: *"A complexidade de um ordenamento jurídico deriva portanto da multiplicidade das fontes das quais afluem regras de conduta,* em última análise, do fato de que essas regras são de proveniências diversas e chegam à existência (adquirem validade) partindo de pontos os mais diferentes." Idem, p. 38. (grifei)

[204] Idem, p. 38.

[205] Idem, p. 39.

[206] A respeito do costume, ressalva Bobbio que este também pode ser considerado como espécie de fonte delegada se se conceber o costume como uma permissão

fontes delegadas, estão os regulamentos, que vêm especificar a lei, e as leis ordinárias, que vêm dar aplicabilidade à Constituição, sendo certo que, devido ao fenômeno da delegação, "conforme se vai subindo na hierarquia das fontes, as normas tornam-se cada vez menos numerosas e mais genéricas; descendo, ao contrário, as normas tornam-se cada vez mais numerosas e mais específicas".[207]

Finalmente, Bobbio refere que também faz parte das fontes indiretas do direito o denominado "poder de negociação", pelo qual os particulares regram voluntariamente os seus próprios interesses, destacando, contudo, que esta fonte tanto pode ser enquadrada como fonte reconhecida, quanto como fonte delegada, conforme se leve em consideração em maior ou menor grau a autonomia privada.

Na lição deste autor:

"Se se coloca em destaque a autonomia privada, entendida como capacidade dos particulares de dar normas a si próprios numa certa esfera de interesses, e se considerarmos os particulares como constituintes de um ordenamento jurídico menor, absorvido pelo ordenamento estatal, essa vasta fonte de normas jurídicas é concebida de preferência como produtora independente de regras de conduta, que são aceitas pelo Estado. Se, ao invés, colocamos o acento no poder de negociação como poder delegado pelo Estado aos particulares para regular os próprios interesses num campo estranho ao interesse público, a mesma fonte aparece como uma fonte delegada. *Trata-se, em outras palavras, de decidir se a autonomia privada deve ser considerada como um resíduo de um poder normativo natural ou privado, antecedente ao Estado, ou como um produto do poder originário do Estado*".[208]

A propósito da discriminação e identificação no ordenamento jurídico das fontes reconhecidas e das fontes delegadas, é importante ressaltar o pensamento de Bobbio no sentido de que tal questão está estritamente vinculada e vai passar necessariamente pela postura e noção que se adotar referentemente à gênese e à estrutura de tal ordenamento. Aí se evidencia mais uma vez a sua tese de que

---

aos cidadãos para a criação de regras jurídicas por meio do seu comportamento uniforme, "atribuindo-se aos usuários a qualificação de órgãos estatais autorizados a produzir normas jurídicas com seu comportamento uniforme". *In: Teoria do ordenamento jurídico. Op. cit.*, p. 39.

[207] Idem, p. 40.

[208] Idem, p. 40 e 41.

todas as indagações pertinentes à teoria geral do Direito dizem diretamente e são reconduzidas ao problema da formação e estruturação do ordenamento.

O Estado de Direito é aquele que determina os poderes e que os limita por intermédio de uma Constituição. Por isso, Gomes Canotilho anota que o "Estado Constitucional é 'mais' do que o Estado de Direito" e que, neste Estado, "o elemento democrático não foi apenas introduzido para 'travar' o poder (*to check the power*); foi também reclamado pela necessidade de *legitimação* do mesmo poder (*to legitimize State power*)".[209]

Portanto, feito um apanhado geral sobre as teorias fundamentais construídas em torno do Direito e do Estado e partindo-se do entendimento de que o ordenamento jurídico é uma unidade complexa, surge o problema da hierarquia das normas bases num sistema completo e surgem os problemas das antinomias e das lacunas. Daí que, para a efetividade deste ordenamento, necessária uma maneira de se entender o que se deseja expressar. Este é, então, o papel da hermenêutica, que se torna imprescindível na aplicação e interpretação do ordenamento. Tudo buscando-se a explicação e a interpretação do que seria essa ordem, capaz de efetivar comandos abstratos, coercitivos à sociedade que regulamentam.

É, pois, a partir do entendimento de que essa ordem jurídica positivada, em cujo conteúdo estão inseridas as conquistas da democracia, que Lenio Streck e Bolzan[210] concluem que "o Estado Democrático de Direito tem um conteúdo transformador da realidade".

Assim, somente dentro da concepção de que o Direito tem como objeto um conjunto ordenado de normas, um feixe de textos que sustentam o próprio Estado de Direito por meio da interpretação sistemática de todo o sistema, é que se pode alcançar a efetivação dos direitos fundamentais garantidos.

2.2. O Judiciário como Poder de Estado: jurisdição

Em breves anotações, é importante referir, prefacialmente, que a nossa Constituição está perfilada com o constitucionalismo moderno que embasa o atual Estado Democrático de Direito.

---

[209] CANOTILHO, J. J. Gomes, *op. cit.*, p. 95-96.

[210] Conferir em STRECK, Lenio Luiz e MORAIS, José Luis Bolzan de, *Ciência política e teoria geral do estado*. Porto Alegre: Livraria do Advogado, 2000.

A partir dos oitocentos, nova classe hegemônica - a burguesia - rompe com a tradição e passa a ser a classe dominante. A estrutura fundamental tem que ser preservada. Vai-se observando um processo de novo embate entre a burguesia e o chamado proletariado - classes operárias.

O modelo de produção fabril começa um processo de urbanização, gerando uma série de novas situações antes inexistentes. A disciplinalização do cotidiano do operário foi feita de maneira arbitrária. A partir dessa urbanização, gera-se uma série de novos fenômenos, problemas de saneamento, saúde, segurança pública, etc. Então, surge um novo embate entre a burguesia e as novas pretensões do proletariado, que, à medida que ganha força, vai transpondo as conquistas jurídicas para dar estabilidade àquelas conquistas. Por isso, o constitucionalismo liberal se transforma em constitucionalismo social.

O Estado adquire o monopólio da produção e da aplicação do direito. Nasce o conceito de Estado de Direito, que é o conceito do liberalismo. Esta é a idéia clássica de Estado de Direito. Se a ordem jurídica não reflete o conteúdo do liberalismo, não tem um Estado de Direito, e sim um Estado legal. As relações interestatais são relações de poder.

Apenas a título ilustrativo, em rápido panorama, rememora-se a história desse Estado moderno que surge após o medievo.

No século XIX, inaugura-se um Estado mínimo, onde o espaço de intervenção do Estado na sociedade está limitado à paz e à segurança. Isto implica as características do Estado e, por via de conseqüência, do Direito. Chega-se à questão social em razão da alteração dos meios de produção, apresentando novos interesses que precisam ser respondidos. Nova regulação da sociedade, surgem novos mecanismos interventivos. O próprio processo de cumulação de capital começa com diferenças entre os burgueses. Começa a surgir o conceito de indivíduo de determinado grupo. O Estado vem interferir para regulamentar essas relações que não são reguladas pelo próprio mercado. Há todo um processo de publicização do direito privado. A idéia de liberdade, de autodisposição vai sendo alterada para a idéia de interesses públicos.

Na primeira metade do século XX surgem várias alterações, inauguradas pelo manifesto comunista, reforçadas pela Revolução Russa de 1917, a qual coloca uma proposta diferenciada, e culminando com o próprio movimento operário, quando começam a aparecer os "corpos de intermediação" - tais como sindicatos e

Direito Previdenciário e Estado Democrático de Direito

associações -, passando o Estado a intervir em uma série de acontecimentos, o que é inadmitido no liberalismo clássico.

No final do século XIX, a doutrina social da Igreja exige que o Estado assuma uma função de intervenção na sociedade para fazer cumprir com os direitos fundamentais.[211]

A partir das duas Grandes Guerras e das graves crises econômicas, suas conseqüências transformam-se em *fatores que colocam determinado problema e desestruturam a sociedade, fazendo com que o Estado passe a intervir assumindo novas funções.* O Estado passa a ser o produtor, surge a indústria bélica, passa-se a fazer estoques. O Estado passa a ter outro perfil em razão de novas demandas sociais que precisam ser respondidas.

Há uma dupla estratégia: com a burguesia que permite determinadas conquistas, e uma estratégia "proletária", que é de conquista propriamente dita.

O Estado intervencionista é um Estado liberal com características sociais, onde o núcleo é a liberdade.

O núcleo do liberalismo é a liberdade.

O chamado constitucionalismo social nasce com a Constituição de Weimar e com a Mexicana, passando a ser incorporadas normas com conseqüências positivas (e.g.: incentivos fiscais).

A partir de 1945, chega-se ao denominado Estado de Bem-estar Social (Estado Social ou Estado Liberal, para alguns). Tal Estado veio para promover o indivíduo, tem um caráter promocional. Há direitos à prestação pública para situações transitórias.

De 1945 a 1970, vivem-se os grandes anos gloriosos com o processo de desenvolvimento econômico, que permite a garantia das conquistas e que aprofunda o conteúdo do bem-estar social.

Nos anos 70, começam as crises, gerando a rachadura do sistema: há decréscimo da situação econômica e crescem as demandas sociais.

Com o crescimento da democracia junto do alargamento de participação política dos indivíduos pelo surgimento do sufrágio universal, por óbvio, as demandas vão aumentando.

O núcleo político no período do liberalismo é contraditório com o núcleo capitalista.

Aparecem as crises:

1) conceitual - o próprio Estado.

2) estrutural - que atinge o Estado como Estado de Bem-estar.

---

[211] Ver Encíclica *Rerum Novarum*. (IGREJA CATÓLICA. PAPA (1878-1903: LEÃO XIII). *RERUM NOVARUM*).

É necessário enfrentar a crise do Estado não só pela crise fiscal porque há a crise ideológica e filosófica, tendo em vista que a democracia é um poder ascendente, e a burocracia, um poder descendente. O Estado precisa moldar essa cultura de um novo homem solidário.

Tal Estado de Direito apresenta-se em nosso país com a tripartição dos Poderes.

O Brasil, a partir da República e ainda no Império, manteve-se fiel à manutenção do Judiciário como um dos poderes do Estado.

Na atual Carta Política, vê-se, em seu artigo 2º, que "são Poderes da União, independentes e harmônicos entre si, o Legislativo, o Executivo e o Judiciário".

Atualmente, pois, é o Judiciário poder constituído, garantido pelos princípios da independência e harmonia.

Para Gomes Canotilho,[212] o princípio da independência aloca-se como um dos princípios estruturantes jurídico-estatutários deste Poder, subdividindo-se em independência pessoal, coletiva funcional e independência interna e externa.

A independência pessoal refere-se às garantias e incompatibilidades dos magistrados (as quais, na Constituição brasileira, estão previstas, respectivamente, no artigo 95, itens I, II e III, e nos incisos I, II e III de seu parágrafo único). Também é expressão desse princípio da independência a autonomia no exercício da jurisdição, consubstanciada no fato de que eventuais relações hierárquicas dizem respeito apenas ao plano da organização judicial, não podendo exercer qualquer influência sobre o exercício da função jurisdicional.

A independência coletiva, ao contrário da independência pessoal, que visa à pessoa do juiz, refere-se à autonomia da magistratura enquanto ordem ou corporação.

Já a independência funcional, que, segundo Gomes Canotilho, "é uma das dimensões tradicionalmente apontadas como constituindo o núcleo duro do princípio da independência",[213] informa-nos que o juiz "está submetido à lei - *ou melhor, às fontes jurídico-constitucionalmente reconhecidas* - no exercício da sua função jurisdicional.[214]

Por independência externa entende-se a independência do magistrado relativamente aos órgãos ou entidades que não fazem

---

[212] Conferir em CANOTILHO, J. J. Gomes. *Direito constitucional e teoria da constituição. Op. cit.*, p. 617.
[213] Idem.
[214] Idem, p. 617.

parte do Poder Judiciário, enquanto a independência interna diz respeito à independência frente aos órgãos ou entidades do próprio poder.

"A harmonia entre os poderes", diz José Afonso da Silva, "verifica-se primeiramente pelas normas de cortesia no trato recíproco e no respeito às prerrogativas e faculdades a que mutuamente todos têm direito".[215]

E segue o mencionado autor:

"De outro lado, cabe assinalar que nem a divisão de funções entre os órgãos do poder nem sua independência são absolutas. Há interferências, que visam ao estabelecimento de um sistema de freios e contrapesos, à busca do equilíbrio necessário à realização do bem da coletividade e indispensável para evitar o arbítrio e o desmando de um em detrimento do outro e especialmente dos governados".[216]

Assim, embora separadas as funções e atribuídas a órgãos ou grupo de órgãos também separados entre si, afirma Gomes Canotilho que "isto significa não uma equivalência total entre actividade orgânica e função, mas sim que a um órgão deve ser atribuída *principal ou prevalentemente* uma determinada função".[217]

Em relação à questão dos freios e contrapesos, menciona Gomes Canotilho a existência de um "complexo sistema de corresponsabilidades e interdependências" - que se manifesta na participação de poderes diferentes na realização de determinado ato - e "um *sistema de balanço* em que a escolha, nomeação ou manutenção no cargo de um ou vários titulares de órgãos depende da manifestação de vontade de outros órgãos".[218]

Tomando-se, por exemplo, o processo legislativo, verifica-se que dele não participa apenas o Poder Legislativo, uma vez que, conforme o artigo 61 da Constituição Federal, o Presidente da República, o Supremo Tribunal Federal e os Tribunais Superiores também podem encaminhar projetos de leis complementares e ordinárias. Além disso, dispõe o artigo 62 da Carta Magna que, em casos de relevância e urgência, poderá o Presidente da República adotar medidas provisórias, que terão força de lei. Além disso, o

---

[215] SILVA, José Afonso da. *Curso de direito constitucional positivo*. 16. ed. rev. e atual. São Paulo: Malheiros, 1999, p. 114.
[216] Idem.
[217] CANOTILHO, J. J. Gomes. *Op. cit.*, p. 515.
[218] Idem, p. 516.

Poder Executivo participa do processo legislativo por intermédio da sanção ou do veto (CF, art. 66, *caput* e § 1º). Por sua vez, o Congresso Nacional pode, segundo estabelecido pelo art. 66 da Constituição, rejeitar o veto presidencial e, por intermédio do Presidente do Senado, promulgar a lei no caso de o Presidente da República não o fazer no prazo estabelecido (CF, art. 66, § 7º).

O Poder Judiciário, por seu turno, pode, por meio do Supremo Tribunal Federal, declarar a inconstitucionalidade, em tese, de lei ou ato normativo federal ou estadual (CF, art. 102, I, *a*), visando a "expurgar da ordem jurídica a incompatibilidade vertical".[219]

Por outro lado, cabe ao Presidente da República nomear, após aprovação pelo Senado Federal, os Ministros do Supremo Tribunal Federal e os dos Tribunais Superiores (CF, art. 84, item XIV e 52, III, *a*).

E, de conformidade com o art. 52, I e parágrafo único, cabe ao Senado Federal processar e julgar o Presidente e o Vice da República nos crimes de responsabilidade, aplicando-lhes, no caso de condenação, a pena de perda do cargo.

Comenta José Afonso da Silva que:

> "Tudo isso demonstra que os trabalhos do Legislativo e do Executivo, especialmente, mas também do Judiciário, só se desenvolverão a bom termo, se esses órgãos se subordinarem ao princípio da harmonia, que não significa nem o domínio de um pelo outro nem a usurpação de atribuições, mas a verificação de que, entre eles, há de haver consciente colaboração e controle recíproco (que, aliás, integra o mecanismo), para evitar distorções e desmandos. A desarmonia, porém, se dá sempre que se acrescem atribuições, faculdades e prerrogativas de um em detrimento de outro."[220]

A organização deste Poder em assento constitucional é discriminada nos artigos 92 e seguintes da Constituição Federal.

Apenas a título ilustrativo, vê-se em todo o nosso sistema uma hierarquia e uma separação entre o Judiciário Federal e o Estadual, ambos organizados e desvinculados em suas competências e atribuições.

Os membros deste Poder são garantidos por inamovibilidade, vitaliciedade e irredutibilidade de vencimentos, garantias essas que dizem diretamente com a manutenção do próprio Estado de Direito e com os direitos fundamentais dos cidadãos.

---

[219] SILVA, José Afonso da. *Op. cit.*, p. 54.
[220] Idem, p. 115.

Incumbido de solucionar os conflitos de interesse, por meio da aplicação da lei aos casos concretos, o Poder Judiciário necessita de garantias constitucionais que o tornem independente. Segundo José Afonso da Silva,[221] são dois os tipos de garantias asseguradas a esse Poder: *institucionais* e *funcionais* ou *de órgãos*.

As garantias institucionais, que protegem o Poder Judiciário como um todo - para, em última análise, assegurar os direitos fundamentais dos cidadãos, pelo livre acesso à justiça e obtenção de decisões que lhes assegurem respeito e segurança - desdobram-se em *garantia de autonomia orgânico-administrativa* e *garantia de autonomia financeira*.

A garantia de autonomia orgânico-administrativa compreende a independência dos tribunais quanto à estruturação e funcionamento de seus órgãos, consubstanciando-se na competência privativa (a) dos tribunais em geral para eleger seus órgãos diretivos e elaborar seus regimentos internos, observando as regras de processo e as garantias processuais das partes, dispondo sobre a competência e o funcionamento dos respectivos órgãos jurisdicionais e administrativos; organizar suas secretarias e serviços auxiliares e os dos juízos que lhes forem vinculados, velando pelo exercício da atividade correicional respectiva; prover os cargos de juiz de carreira da respectiva jurisdição, segundo previsto na Constituição; propor a criação de novas varas judiciárias; prover, por concurso público de provas ou de provas e títulos, os cargos necessários à administração da justiça - salvo os de confiança assim definidos em lei -, desde que haja suficiente e prévia dotação orçamentária e autorização específica na lei de diretrizes orçamentárias (CF, art. 169, parágrafo único); conceder licença, férias e outros afastamentos a seus membros, juízes e servidores que lhe forem imediatamente vinculados; e (b) ao Supremo Tribunal Federal, aos Tribunais Superiores e aos Tribunais de Justiça, observadas as disposições do artigo 169 da Constituição: a alteração do número de membros dos tribunais inferiores; a criação e a extinção de cargos e a fixação de vencimentos de seus membros, dos juízes, inclusive dos tribunais inferiores, onde houver, dos serviços auxiliares e os dos juízos que lhes forem vinculados; a criação ou extinção dos tribunais inferiores; e a alteração da organização e da divisão judiciárias.[222]

---

[221] Idem., p. 576.

[222] José Afonso da Silva menciona também como garantia de autonomia orgânico-administrativa a competência dos "tribunais de justiça para julgar os juízes estaduais e do Distrito Federal e Territórios, assim como os membros do Ministé-

A autonomia financeira está expressamente prevista no artigo 99 da Constituição, o qual estabelece que cabe aos tribunais a elaboração de suas propostas orçamentárias dentro dos limites estipulados em conjunto com os demais Poderes na lei de diretrizes orçamentárias (prevista no art. 165, II), sendo que o encaminhamento da proposta, ouvidos os outros tribunais interessados, cabe - no âmbito da União - aos Presidentes do Supremo Tribunal Federal e dos Tribunais Superiores, com a aprovação dos respectivos tribunais, e - no âmbito dos Estados e no Distrito Federal - aos Presidentes dos Tribunais de Justiça, com a aprovação dos respectivos tribunais.

Outra expressão da autonomia financeira é a disposição do artigo 168 da Constituição, que estabelece que até o dia vinte de cada mês será entregue aos órgãos do Poder Judiciário os recursos correspondentes às dotações orçamentárias, inclusive os créditos suplementares e especiais, destinados a esse Poder.

A respeito da referida autonomia, comenta José Afonso da Silva que esta "não é assim tão pronunciada e vai gerar mais problemas do que benefícios", entendendo que "assuntos de administração devem competir mesmo aos administradores e nunca aos julgadores, que precisam ficar imunes a disputas que, no fundo, envolvem questões políticas".[223]

As garantias funcionais do Poder Judiciário são aquelas conferidas pela Constituição aos juízes para que estes possam desempenhar sua função com independência, dignidade e imparcialidade. Segundo José Afonso da Silva,[224] podem ser agrupadas em duas categorias, a saber: garantias de independência dos órgãos judiciários e garantias de imparcialidade dos órgãos judiciários.

As garantias de independência dos órgãos judiciários estão tratadas no artigo 95 da Constituição Federal. São elas a vitaliciedade, a inamovibilidade e a irredutibilidade de vencimentos.

A Constituição Política do Império, de 25 de março de 1824, outorgada pelo Imperador, estabelecia que os juízes de direito eram perpétuos, porém poderiam ser "mudados de uns para outros lugares pelo tempo e maneira que a lei determinar" (art. 153). Além disso, podiam ser suspensos pelo Imperador por queixas contra eles.

---

rio Público, nos crimes comuns e de responsabilidade, ressalvada a competência da Justiça Eleitoral (CF, art. 96)", mas entendemos, aqui, tratar-se de competência jurisdicional. *Op. cit.*, p. 577.

[223] SILVA, José Afonso da. *Op. cit.*, p. 577.

[224] Idem.

A primeira Constituição da República, além da garantia de vitaliciedade, previa as da inamovibilidade e irredutibilidade de vencimentos - estas duas últimas inseridas pela Emenda de 1926, que estabeleceu a impossibilidade de o governo federal intervir nos negócios peculiares dos Estados, salvo para "assegurar a integridade nacional e o respeito aos seguintes princípios: ... (i) a inamovibilidade e vitaliciedade dos magistrados e a irredutibilidade de seus vencimentos".

A partir da Constituição de 1934, a garantia da inamovibilidade deixou de ser irrestrita, sendo possível "a remoção a pedido, por promoção aceita, ou pelo voto de dois terços dos juízes efetivos do tribunal superior competente, em virtude de interesse público" (art. 64, b).

A Constituição vigente estabelece que os magistrados gozam das garantias (a) da vitaliciedade - adquirida, no primeiro grau, após dois anos de exercício - dependendo a perda do cargo de deliberação do tribunal a que estiver subordinado o magistrado no caso de não haver transcorrido o prazo do estágio, e de sentença judicial transitada em julgado, nos demais casos; (b) da inamovibilidade, somente sendo possível a sua remoção ou promoção com o seu consentimento, ressalvada a hipótese de ocorrência de motivo de interesse público; e (c) da irredutibilidade de vencimentos, observado, no entanto, o teto constitucional, e o recolhimento dos impostos gerais (inclusive o de renda) e dos extraordinários.

Gomes Canotilho menciona, como exemplo da independência pessoal dos juízes, a autonomia no exercício da jurisdição, enfatizando que "qualquer relação hierárquica no plano da organização judicial não poderá ter incidência sobre o exercício da função jurisdicional". E continua: "a existência de tribunais de hierarquia diferente e a consagração de órgãos, de disciplina (Conselhos Superiores) também não perturba o princípio da independência do juiz no exercício da *jurisdictio*".[225]

As garantias de imparcialidade implicam a necessidade de que os juízes não sejam parte nas questões que lhe são postas, acarretando a obrigação do magistrado de se considerar impedido em caso de existência de qualquer ligação a uma das partes litigantes.[226]

Outra manifestação das garantias de imparcialidade é a que consta da Constituição Federal, artigo 95, parágrafo único, que trata das vedações ao juiz, com vistas a proteger a sua independência e,

---

[225] CANOTILHO, J. J. Gomes. *Op. cit.*, p. 617.
[226] Idem, p. 619.

por via de conseqüência, a do próprio Poder Judiciário. São elas: o exercício, ainda que em disponibilidade, de outro cargo ou função, salvo uma de magistério; o recebimento, a qualquer título ou pretexto, de custas ou participação em processo; e a dedicação à atividade político-partidária.

A partir da Constituição Federal de 1988, a Lei Orgânica da Magistratura Nacional (Loman) e os códigos de organização judiciária dispõem sobre os direitos e deveres dos juízes, estando a Justiça Federal ordinária regrada, ainda, pela Lei 5.010, de 30 de maio de1966.

São direitos dos magistrados, previstos na Loman: férias anuais, por sessenta dias, coletivas ou individuais, licenças para tratamento da própria saúde, licença por motivo de doença em pessoa da família e licença para repouso à gestante (art. 69).

A mesma Loman estabelece como deveres dos magistrados (art. 35):

"I - Cumprir e fazer cumprir, com independência, serenidade e exatidão, as disposições legais e os atos de ofício;

II - não exceder injustificadamente os prazos para sentenciar ou despachar;

III - determinar as providências necessárias para que os atos processuais se realizem nos prazos legais;

IV - tratar com urbanidade as partes, os membros do Ministério Público, os advogados, as testemunhas, os funcionários e auxiliares da Justiça, e atender aos que o procurarem, a qualquer momento, quanto se trate de providência que reclame e possibilite solução de urgência.

V - residir na sede da Comarca salvo autorização do órgão disciplinar a que estiver subordinado;

VI - comparecer pontualmente à hora de iniciar-se o expediente ou a sessão, e não se ausentar injustificadamente antes de seu término;

VII - exercer assídua fiscalização sobre os subordinados, especialmente no que se refere à cobrança de custas e emolumentos, embora não haja reclamação das partes;

VIII - manter conduta irrepreensível na vida pública e particular."

Impõe, ainda, ao magistrado, a referida lei complementar, as seguintes vedações (art. 36):

"I - exercer o comércio ou participar de sociedade comercial, inclusive de economia mista, exceto como acionista ou quotista;

Direito Previdenciário e Estado Democrático de Direito

II - exercer cargo de direção ou técnico de sociedade civil, associação ou fundação, de qualquer natureza ou finalidade, salvo de associação de classe, e sem remuneração;

III - manifestar, por qualquer meio de comunicação, opinião sobre processo pendente de julgamento, seu ou de outrem, ou juízo depreciativo sobre despachos, votos ou sentenças, de órgãos judiciais, ressalvada a crítica nos autos e em obras técnicas ou no exercício do magistério."

Aos juízes federais e juízes federais substitutos, é vedado, ainda, exercer atividade político-partidária, participar da gerência ou administração de empresa industrial ou comercial e exercer função de árbitro ou de juiz, fora dos casos previstos em lei (Lei 5.010, art. 28).

Constitui, ainda, dever do juiz de primeiro grau remeter à corregedoria do tribunal "informação a respeito dos feitos em seu poder, cujos prazos para despacho ou decisão hajam sido excedidos, bem como indicação do número de sentenças proferidas no mês anterior" (Loman, art. 39).

A já mencionada Lei 5.010, também chamada de Lei Orgânica da Justiça Federal, determina que os juízes federais e juízes federais substitutos devem enviar ao Conselho da Justiça Federal, anualmente, cópia de sua declaração de bens apresentada à Secretaria da Receita Federal (art. 29). Além disso, deverão os referidos juízes residir na cidade que for sede da Vara em que servirem, sendo permitido o seu afastamento, quando em exercício e em dias de expediente, somente com autorização do Corregedor-Geral (art. 30).

Prevê, ainda, a Lei 5.010 que os magistrados federais usarão toga durante as audiências (art. 31), devendo comparecer, nos dias úteis, à sede dos seus juízos e aí permanecer durante o expediente, salvo quando em cumprimento de diligência judicial (art. 32).

O artigo 33 da Lei 5.010 estabelece que, em caso de cometimento de faltas disciplinares, serão aplicadas as penas de advertência e censura, pelo Conselho da Justiça Federal ou pelo Corregedor-Geral, conforme o caso. Atualmente, as referidas penalidades são aplicadas pelo Tribunal Regional Federal a que estiver vinculado o juiz, pois o Conselho da Justiça Federal não tem mais essa competência.

Sob a ótica constitucional e legal, são funções e atribuições do juiz, enquanto membro do Poder Judiciário, exercer a jurisdição na sua plenitude, tanto por meio da composição de conflitos de interesse como na jurisdição voluntária, aplicando a lei ao caso concreto. Para isso, o magistrado analisa e decide, à luz do direito objetivo e usando de todos os métodos interpretativos que a hermenêutica lhe põe à disposição, as questões que lhe são trazidas pelo jurisdicionado.

O Código de Processo Civil dispõe, em seus artigos 125 a 133, sobre os poderes, deveres e responsabilidades do juiz, estabelecendo que, ao dirigir o processo, o juiz deve "assegurar às partes igualdade de tratamento, velar pela rápida solução do litígio, prevenir ou reprimir qualquer ato contrário à dignidade da justiça e tentar, a qualquer tempo, conciliar as partes" (art. 125).

Estatui, ainda, o mencionado Código que cabe ao magistrado julgar aplicando as normas legais e que, "não as havendo, recorrerá à analogia, aos costumes e aos princípios gerais de direito" (art. 126). E acrescenta que, somente nos casos previstos em lei, decidirá por eqüidade.

Para bem decidir a lide - sempre nos limites em que foi proposta -, cabe ao magistrado, de ofício ou a requerimento da parte, determinar as provas necessárias à instrução do processo - as quais podem ser repetidas quando do proferimento da sentença -, devendo indeferir as diligências inúteis ou meramente protelatórias. Da mesma forma, caso verifique, pelas circunstâncias da causa, que "autor e réu se serviram do processo para praticar ato simulado ou conseguir fim proibido por lei, o juiz proferirá sentença que obste aos objetivos das partes" (art. 129).

A prova será livremente apreciada, levando em conta os "fatos e circunstâncias constantes dos autos, ainda que não alegados pelas partes; mas deverá indicar, na sentença, os motivos que lhe formaram o convencimento".

Muito se tem escrito e falado nestas últimas décadas sobre as funções, os poderes e a reforma deste Poder, o que pode refletir não só a crise de um poder, mas a falência do próprio Estado. É que não se pode mais pensar em nações isoladas, em direitos nacionais, e, sim, pensar-se em examinar a questão sob a ótica da mundialização, fenômeno que, apesar de já gasto nos discursos políticos, é incontestável em face dos avanços em todas as áreas de conhecimento, frente à comunicação instantânea entre os povos e em virtude dos problemas do homem e da sociedade, que se repetem em todas as latitudes e longitudes deste planeta.

Tudo porque as necessidades do ser humano e do seu *habitat* estão inseridas em um novo contexto, onde o capital é internacional, a doença é contagiosa, os fenômenos naturais se repetem em muitas áreas e a busca do bem comum é a meta ou deveria ser o objetivo último de todos os governos.

É nesta realidade que transita o juiz.

2.3. A Constituição de 1988 e o Estado Social: da hermenêutica de bloqueio à hermenêutica das aspirações sociais

Efetivamente, esta passagem do Estado Liberal para um Estado Social demonstra que a hermenêutica deste Estado Liberal era orientada por princípios de estrita legalidade, tinha uma orientação de bloqueio, como diz Campilongo.[227] Aliás, esta é exatamente a função do novo intérprete, que deve passar para uma hermenêutica de legitimação das aspirações sociais. É dizer que as estruturas normativas do Estado são teleológicas, hierarquizadas segundo considerações valorativas.

Aliás, é como vem decidindo a 5ª Turma do Tribunal Regional Federal da 4ª Região, no que diz com a aplicação imediata do artigo 100 da Constituição Federal (com a alteração dada pela Emenda nº 20), referente ao que se entende como "pequeno valor" para fins de isenção de precatório nas condenações da Previdência Social. Ditos julgamentos vêm demonstrando a efetiva hermenêutica das aspirações sociais. Em contrapartida, tanto o STJ quanto o STF, em decisões, ainda, monocráticas, mantêm a posição de hermenêutica de bloqueio, entendendo que tal texto não é auto-aplicável.[228]

---

[227] Conferir em CAMPILONGO, Celso Fernandes. Os desafios do judiciário: um enquadramento teórico. In: *Direitos humanos, direitos sociais e justiça*. FARIA, José Eduardo (org.), São Paulo: Malheiros, 1994, p. 30-51.

[228] Ver Despacho na Medida Cautelar nº 1993/RS, STJ, Relator: Ministro José Arnaldo da Fonseca. Dec. 8-10-99, DJU, Seção I, 21-10-99, no qual foi deferida a liminar para que o INSS não fosse obrigado a pagar o valor não excedente a R$ 4.988,57 independentemente de precatório. Sobre a questão, assim vem decidindo a 5ª Turma do Tribunal Regional Federal da 4ª Região: "PREVIDENCIÁRIO. AGRAVO DE INSTRUMENTO. PRECATÓRIO. SALDO REMANESCENTE. ART. 128 DA LEI 8.213/91, § 3º DO ART. 100 DA CF/88. 1. É possível o imediato pagamento de débito judicial previdenciário, até o limite do art. 128 da Lei 8.213/91, em decorrência do § 3º do art. 100 da CF, acrescentado pela Emenda Constitucional nº 20 que alterou a ordem jurídica permitindo exceção ao regime de precatórios apenas quando se tratar de pequeno valor. 2. Caracterizada a hipótese de pagamento imediato, deve ser suspensa a ordem para inclusão em precatório." (Agravo de instrumento nº 2000.04.01.094708-5/RS, Relator: Juiz Tadaaqui Hirose. Porto Alegre, 2 de outubro de 2000., DJU, Seção II, 18 de outubro de 2000); "AGRAVO DE INSTRUMENTO. PAGAMENTO DIRETO DE VALORES. ART. 128 DA LEI 8.213/91. EC nº 20/98. Válida a conjugação da

Com o advento da Constituição de 1988, é razoável afirmar que o seu texto albergou a moderna concepção de Estado Social. Com efeito, segundo Paulo Bonavides, "os problemas constitucionais referentes a relações de poderes e exercício de direitos subjetivos têm que ser examinados e resolvidos à luz dos conceitos derivados daquela modalidade de ordenamento."[229] Por isso, "uma coisa é a Constituição do Estado liberal, outra a Constituição do Estado social. A primeira é uma constituição antigoverno e anti-Estado; a segunda uma Constituição de valores refratários ao individualismo no Direito e ao absolutismo no Poder".[230]

Aliás, a marca indelével deste Estado Social é justamente a garantia dada aos direitos sociais fundamentais que, no dizer de Paulo Bonavides,[231] formam "a espinha dorsal do Estado social brasileiro na última versão que lhe é dada por uma constituinte republicana". Tais direitos, porém, conforme o professor, têm caráter absoluto ou relativo.

Apesar do retalhamento que vem sofrendo a Constituição de 88, até o presente momento mantém a Constituição sua espinha dorsal no que tange aos direitos sociais, que foram elevados à categoria constitucional, e são, efetivamente, direitos fundamentais, como anota Anderson Cavalcante Lobato.[232]

Tem-se, pois, que a Constituição de 88, ao lado de outras tantas de outros países, é exemplo de Constituição que afirma o Estado Democrático Social, onde os direitos fundamentais estão reconhecidos, bem como discriminados os mecanismos para sua proteção e

---

dispensa introduzida pelo § 3º do art. 100 da Constituição Federal com a letra do art. 128 da Lei 8.213/91, no que subsiste, para o fim de autorizar o pagamento direto de débitos de pequeno valor." (Agravo de Instrumento. nº 1999.04.01.123393-6/RS. Relatora: Juíza Virgínia Scheibe. Porto Alegre, 10 de abril de 2000. DJU, Seção II, 29 de junho de 2000); "PREVIDENCIÁRIO. AGRAVO DE INSTRUMENTO. EMENDA CONSTITUCIONAL Nº 20/98. PAGAMENTO SEM PRECATÓRIO. PEQUENO VALOR. APLICAÇÃO DO ART. 128 DA LEI 8213/91. A anterioridade da norma infraconstitucional - artigo 128 da Lei 8.213./91 à Emenda nº 20, § 3º, não é obstáculo para que se dê aplicação imediata à disposição constitucional dentro dos limites impostos pela lei ordinária plenamente existente, vigente e válida." (Agravo de Instrumento nº 2000.04.01.006040-6/SC. Relatora: Juíza Maria Lúcia Luz Leiria. Porto Alegre, 8 de maio de 2000. DJU, Seção II, 20 de julho de 2000).

[229] BONAVIDES, Paulo. *Op. cit.*, p. 336.

[230] Idem.

[231] Idem, p. 339.

[232] Conferir em LOBATO, Anderson Cavalcante. Para uma nova compreensão do sistema misto de controle da constitucionalidade: a aceitação do método preventivo. *Revista de Informação Legislativa*. Brasília, n. 124, 1994.

garantia contra qualquer ato lesivo, abusivo ou de simples perigo ou ameaça; é preciso, no entanto, que todo cidadão e todos os que detêm a titularidade desta defesa estejam conscientes da necessidade de manutenção, acima de todas as ideologias, da eficácia permanente dos direitos fundamentais, quer os de primeira, quer os de segunda, terceira ou quarta gerações, que podem ser reunidos sempre que se interpretem os textos com o fim último do bem comum, com o *teleos* axiológico do interesse público.[233]

Aliás, é o que se vê da lição de Canotilho, quando diz que:

"O Estado de direito cumpria e cumpre bem as exigências que o constitucionalismo salientou relativamente à limitação do poder político. O Estado constitucional é, assim, e em primeiro lugar, o Estado com uma *constituição* limitadora do poder através do império do direito. As idéias do 'governo de leis e não de homens', de 'Estado submetido ao direito', de 'constituição como vinculação jurídica do poder' foram, como vimos, tendencialmente realizadas por institutos como os de *rule of law, due process of law, Rechtsstaat, principe de la legalité*. No entanto, alguma coisa faltava ao Estado de Direito constitucional - *a legitimação democrática do poder*. Acontece até que a conciliação entre Estado de direito e democracia merece sérias reticências a muitos autores e suscita verdadeiras perplexidades. Assim, por exemplo, nos quadrantes culturais norte-americanos é conhecido o 'cisma' entre os 'constitucionalistas' (*constitucionalists*) e os democratas (*democrats*) para significar a opção preferencial a favor do Estado juridicamente constituído, limitado e regido por leis ('constitucionalistas'), ou o Estado constitucional dinamizado pela maioria democrática ('democratas'). Na Alemanha são inúmeras as controvérsias sobre as antinomias entre *Demokratie* e *Rechtsstaat*. Na França, Benjamin Constant celebrizou a distinção entre 'liberdade dos

---

[233] Já Manuel García-Pelayo, ao tratar dos tipos de constituição, demonstra que as constituições estão umbilicalmente ligadas à história do mundo ocidental e que os conceitos dos tipos de constituições existentes a partir da concepção racional normativista são frutos da realidade social da época, de cada sociedade, de cada povo, de cada nação. Do ponto de vista eminentemente teórico, constituição vem a ser a forma, o modo e o momento de expressão do Poder e de busca contínua de legitimação deste Poder para que se possa compreender e submeter-se às ordens ditas jurídicas ou ditas sociais que fazem uma determinada coletividade viver, conviver, relacionar-se e continuar sua passagem pelo mundo. *In: Derecho Constitucional Comparado*. Madrid: Alianza Editorial, 1993, p. 33-53.

antigos', amiga da participação na cidade, e 'liberdade dos modernos' assente na distanciação perante o poder."[234]

Ao comentar sobre Estado constitucional democrático, afirma Paulo Bonavides que:

"O Estado constitucional é 'mais' do que Estado de direito. O elemento democrático não foi apenas introduzido para 'travar' o poder (*to check the power*); foi também reclamado pela necessidade de *legitimação* do mesmo poder (*to legitimize State power*). Se quisermos um Estado constitucional assente em fundamentos não metafísicos, temos de distinguir claramente duas coisas: (1) uma é a da legitimidade do direito, dos direitos fundamentais e do processo de legislação no sistema jurídico; (2) outra é a da *legitimidade de uma ordem de domínio* e da *legitimação do exercício do poder político*. O Estado 'impolítico' do Estado de direito não dá resposta a este último problema: de onde vem o poder. Só o princípio da *soberania popular* segundo o qual 'todo poder vem do povo' assegura e garante o direito à igual participação na formação democrática da vontade popular. Assim, o princípio da soberania popular, concretizado segundo procedimentos juridicamente regulados serve de 'charneira' entre o 'Estado de direito' e o 'Estado democrático', possibilitando a compreensão da moderna fórmula *Estado de direito democrático*".[235]

Portanto, conclui-se que Estado Democrático, por ser Estado de Direito, está fundado no direito positivado na Constituição, o que determina, em suma, as atribuições, a organização, os poderes, as garantias para a vida da sociedade organizada, tecendo seus princípios e objetivos e mantendo sempre mecanismos de controle dos atos de seus agentes e para a manutenção do próprio Estado de Direito.

Ao lado desta transformação do próprio Estado, também as teorias que buscam explicar o fenômeno jurídico, o direito, tratam igualmente de fortalecer posições a fim de que se encontrem sempre forças institucionais capazes de manter a democracia instaurada dentro do Estado de Direito.

É por isso que, aprofundando-se os raciocínios e as teorias há, no fundo, uma identificação do Direito com o Estado de Direito:

---

[234] GARCÍA-PELAYO, Manuel. *Derecho Constitucional Comparado*. Madrid: Alianza Editorial, 1993. (grifo no original)
[235] Idem, p. 95. (grifo no original)

Direito Previdenciário e Estado Democrático de Direito

ambos são abstrações do raciocínio do homem que só sobrevivem se naturalmente ligadas e assim compreendidas ou interpretadas ou analisadas ou, ainda, sistematizadas.

Em Leonel Severo Rocha[236] encontra-se uma análise destas teorias que buscam explicar o direito, o fenômeno jurídico, tendo sido agrupadas em três matrizes como o próprio autor menciona. Dentre elas, a filosofia analítica, a hermenêutica e a pragmática.

Segundo o autor, a filosofia analítica possui um vasto leque de aplicações. No dizer de Rocha, "o projeto de construção de uma linguagem rigorosa para a ciência foi adaptado para o direito, principalmente, por Kelsen e por Bobbio", os quais "podem ser considerados neo-positivistas, pois postulam uma ciência do direito alicerçada em proposições normativas que descrevem sistematicamente o objeto direito". E continua, afirmando que se trata "de uma meta-teoria do direito, que, ao contrário do positivismo legalista dominante na tradição jurídica (que confunde lei e direito), propõe uma ciência do direito como uma meta-linguagem distinta do seu objeto".[237]

Referindo-se à hermenêutica, diz Rocha:

"Como expoentes da hermenêutica jurídica contemporânea, temos bons exemplos no direito anglo-saxônico, principalmente, na obra de Herbert Hart, que discute a importância do *reconhecimento*, como já apontara Hobbes, para a legitimidade do direito. Graças a hermenêutica filosófica (Gadamer; Ricoeur) estes autores têm conseguido superar a antiga tensão entre a dogmática jurídica e a sociologia, colocando os textos (a enunciação) como o centro das discussões".[238]

O nível da pragmática (pragmática-sistêmica), informa o autor, "indaga sobre as formas de comunicação e os procedimentos (Luhmann) utilizados nos processos de decisão jurídica (De Giorgi, Ferraz Junior).

Conclui Severo Rocha que "a sociedade como sistema social é possível graças à *comunicação*" e que esta, por sua vez, "depende da linguagem, das funções, da diferenciação e das estruturas. Isto torna possível a evolução social, porém decisiva é, neste sentido, a *diferenciação*".[239]

---

[236] ROCHA, Leonel Severo. *Epistemologia jurídica e democracia*. São Leopoldo: UNISINOS, 1998.

[237] Idem, p. 91.

[238] Conferir em ROCHA, Leonel Severo, *Op. cit.*, p. 94. (grifo no original)

[239] Idem p. 99. (grifo no original)

Assim é que, da própria busca de explicação do fenômeno jurídico, surge a necessidade de se reconhecer que, efetivamente, a quebra de paradigmas e a postura aberta ao novo, ao que se constrói a partir da Constituição quando devidamente compreendida, é a única forma capaz de manutenção do próprio Estado Democrático de Direito. E, para tanto, é fundamental que se explique a democracia na contemporaneidade como o sistema que não deixa de ser "a possibilidade de tomada de decisões sempre diferentes, inserindo a sociedade no paradoxo comunicativo da invenção".[240]

Feitas essas considerações, vemos que a jurisdição como Poder Estatal, se não tem o monopólio da interpretação, tem o monopólio de que o que interpreta e aplica torna-se obrigatório, erigindo-se em real norma jurídica para o caso concreto.

Conclui-se, pois, que a interpretação como ciência é a efetivação da própria função de julgar. O julgador tem sempre que interpretar os textos, os fatos que lhe são trazidos, para, então, decidir.

Não se trata, em absoluto, de silogismo, de puro exercício de lógica formal tradicional onde a conclusão é de verdadeiro ou falso.

Há, aqui, a necessidade de se provar se há validade ou não no postulado - estamos no plano axiológico.

Diante do preceito constitucional da decisão fundamentada, o aplicador da lei, o julgador do caso concreto provocado pelas partes não pode, sem o auxílio de todos os meios de interpretação, todas as fórmulas, todos os métodos, dizer da solução do litígio, dizer o que está conforme a norma jurídica posta, sem o esforço dialético, sem a busca dos axiomas que levam à decisão justa, e tudo isto deve estar fundamentado. Aí o nexo, a vinculação sistemática, prova de que o direito, enquanto objeto da ciência do direito, está imanente, íntegro, pleno, sem lacunas. Porque as leis podem ter lacunas, o direito nunca as tem.

Há, pois, que se fazer, sempre, uma interpretação estrutural do sistema como um todo unitário para refutar o que é acessório, o que é temporário, do que é principal, permanente e fundamental.

A jurisdição é, pois, o poder de que são dotados os membros do Poder Judiciário com força capaz de fazer valer a interpretação que dá ao texto normativo em relação ao caso concreto.

---

[240] Idem., p. 100.

3. O Juiz

3.1. Breves anotações históricas

Caminhando a humanidade em seu desenvolvimento até os dias atuais, foram-se delineando os contornos desta figura - o juiz - que, muitas vezes, assumiu as características de Deus, ou seja, de um ser supremo e poderoso a quem os demais deviam obedecer em seus mandos.

Na Grécia antiga, o magistrado era escolhido por eleição ou sorteio, sendo que, conforme o sistema político vigente, podiam participar do processo os membros da classe dominante (nos sistemas oligárquicos) ou toda a massa de cidadãos (nos sistemas democráticos), o que denota que não era necessário deter conhecimentos técnicos para fazer parte da magistratura..

Em Roma, os magistrados eram eleitos pelo povo - a quem representavam - pelo período de um ano.

Com o passar do tempo, foram surgindo diferentes categorias de magistrados. Houve um grande desenvolvimento no direito romano, o que acabou fazendo com que, para algumas magistraturas, a escolha recaísse em cidadãos com conhecimento do direito.

Durante o império, a escolha deixou de ser feita por meio de eleições e passou a não mais haver o caráter representativo, agindo os juízes como *longa manus* do imperador, o que aparece como "uma antecipação do juiz agente do rei, como será conhecido no final da Idade Média".[241]

Segundo Dallari,[242] é difícil encontrar uma caracterização para a magistratura medieval devido às grandes modificações que ocorreram na Europa neste período, com "a definição de novos institu-

---

[241] DALLARI, Dalmo de Abreu. *O poder dos juízes*. São Paulo: Saraiva, 1996, p. 11.
[242] Idem, p. 11.

tos jurídicos e políticos, a multiplicação de ordens jurídicas sem entrosamento numa ordem superior e sem ainda ter sido estabelecida uma hierarquia quanto à eficácia das normas".

Durante o século XVII, os juízes, escolhidos por quem detinha o comando político, passaram a atuar como *agentes políticos arbitrários e implacáveis*, agindo com independência, "fora de qualquer controle, cometendo muitas arbitrariedades, sendo temidos pelo povo".[243] Foi no século seguinte que, embora o magistrado ainda tivesse grande liberdade de ação, procurou-se tornar claro que suas funções eram auxiliares e que devia obediência ao soberano e às leis por ele aprovadas - o que não significava que não fosse dado apoio até mesmo às suas arbitrariedades, "desde que atuasse de acordo com a vontade dos detentores do poder político supremo".[244]

Verifica-se que, até os dias de hoje, ocorreram muitas modificações no que se refere ao cargo de juiz, que, na França, chegou a ser considerado um direito de propriedade, podendo ser comprado, vendido, transmitido por herança, ou, ainda, ser alugado.

Observa-se, pois, que, ao longo da história do homem civilizado, a própria sociedade organizada sentia a necessidade de que alguém dirigisse e fosse capaz de dirimir os conflitos entre os indivíduos, constatando-se que o poder outorgado a essa pessoa foi sempre dependente do tipo de sociedade que a escolhia.

Daí, a inarredável conclusão de que o juiz, o magistrado, é sempre fruto da sociedade que o escolhe e dos valores que tais sociedades perseguem.

3.2. O modelo brasileiro de seleção

A partir de uma solicitação da Associação dos Magistrados Brasileiros,[245] foi realizada pesquisa buscando uma abordagem que verificasse a existência de compatibilidade entre o perfil do atual magistrado e a democratização da prática judicante e do próprio Poder Judiciário. Isto resultou na obra *Corpo e alma da magistratura*, onde, a partir da coleta de dados, ficou constatado que, efetivamente, nas últimas décadas, os membros do Judiciário brasileiro foram tomando um novo perfil, não só na idade e no sexo, mas também

---

[243] Idem, p. 11-12.

[244] Idem, p. 12.

[245] Conferir em VIANNA, Luiz Werneck *et al. Corpo e alma da magistratura brasileira*. 3. ed. Rio de Janeiro: Revan, 1997.

Direito Previdenciário e Estado Democrático de Direito

nas origens e nas preocupações destes cidadãos para com as atribuições inerentes à função de julgar.

Segundo informa Werneck,[246] "tem-se, então, uma contradição vivida no âmbito de um Poder que não foi obrigado a reconstruir a sua identidade nos difíceis trâmites da transição e que, inesperadamente, se vê alçado à posição estratégica de árbitro efetivo entre os outros dois Poderes e responsável, em certo sentido, pela inscrição na esfera pública dos novos atores sociais trazidos pelo processo de democratização."

Mas, como enfatizado por Dallari[247] "a indicação de pontos críticos, com a especificação de deficiências e a sugestão de reformas não significa que se esteja negando a contribuição positiva que o Poder Judiciário, de modo geral, tem dado à humanidade, como instrumento institucional para a solução pacífica e justa de conflitos sociais."

Também Cármen Rocha[248] anota a necessidade destas transformações e do contínuo aperfeiçoamento dos juízes, o que, por óbvio, não pode ser feito só por este Poder, mas com o comprometimento dos outros poderes da República e de toda a sociedade, de tal sorte que "uma boa organização judiciária, tendo juízes verdadeiramente comprometidos com a realização da justiça, desde a primeira instância até os mais altos tribunais, será mais um instrumento valioso para a proteção da legalidade autêntica e promoção da dignidade humana".[249]

Antes de qualquer exame sobre o modelo de seleção e sobre o perfil do magistrado brasileiro, mister que se façam, mesmo que com brevidade, algumas anotações sobre suas atribuições, constitucionalmente definidas.

De acordo com a clássica repartição dos Poderes do Estado de Direito, adotada pela Constituição Federal, em seu artigo 2º, o

---

[246] Idem, p. 13.

[247] DALLARI, Dalmo de Abreu. *Op cit.*, p. 161.

[248] Conferir em ROCHA, Cármen Lúcia Antunes, *In*: A reforma do poder judiciário. *Revista da Associação dos Magistrados Brasileiros. Cidadania e Justiça*, Rio de Janeiro, ano 2, n. 4, 1. sem. 1998. Segundo Cármen Rocha "não se quer um Estado sem Justiça". Afirma a autora: "Quer-se uma Justiça do Estado para o povo. Quer-se um Estado de Justiça concreta para o povo, pensando na necessidade de cada cidadão e de toda a sociedade. É por ela que haverá de se fazer a luta de todos e de cada um. Somos todos partes do mesmo processo político-social. Somos todos solidários com aqueles que se fazem partes de um processo judicial, litisconsortes cidadãos que somos na ação de democracia da Justiça".

[249] DALLARI, Dalmo de Abreu. *Op. cit.* p. 161.

Poder Judiciário é o único, entre os demais, a exercer o poder de jurisdição.

Partindo do que se entende por jurisdição, nos expressos termos da doutrina de Paulo Bonavides e Canotilho, esta é a conseqüência, o resultado do exercício do Poder Judiciário, ou seja, é ato de poder, portanto com carga política, mas com natureza jurisdicional, sendo a única decisão que gera coisa julgada. Conseqüência de decisão judicial de mérito, imutável, valendo como norma final entre as partes.

Aqui cabe uma digressão a respeito dessa primordial função do Poder Judiciário - "fazer lei entre as partes". É que, historicamente, a jurisdição vinha sendo demonstrada e exercida nas lides individuais em face dos próprios direitos assegurados no Estado Constitucional, gerando efeitos unicamente entre as partes.

Hoje, em face dos direitos ditos de terceira geração, essa coisa julgada, nas chamadas ações coletivas, se estende para abarcar o universo dos detentores dos direitos individuais homogêneos, como é o caso das ações civis públicas que se referem a direitos previdenciários, a exemplo da ação referente ao reajuste de 147,06%.

É, pois, o ponto nodal e fundamental da conceituação ou definição da jurisdição, a capacidade que lhe foi outorgada nos termos da Constituição Federal por ordem soberana do povo, de construir e criar a norma para a lide interposta.

Sendo, portanto, poder, mister, para que continue sendo reconhecido como tal, que seja devidamente exercido por seus membros, sob pena de enfraquecimento da norma e, quiçá, aniquilamento pela própria inércia na solução dos litígios. Daí o contraponto necessário à sua própria existência, que é o de tornar efetiva e eficaz sua decisão.

3.3. O Juiz

A partir das grandes transformações da modernidade, conhecidas e reconhecidas em qualquer veículo de comunicação, tanto no plano social, no plano econômico, no plano técnico-científico, no plano filosófico, como nas ciências jurídicas, verificam-se grandes clamores por novas teorias, bem como por reformas, desde o ensino do Direito, da legislação, como também das estruturas do Poder Judiciário.

Direito Previdenciário e Estado Democrático de Direito

É justamente partindo deste clamor, desta "crise", que se faz necessária - e já vem sendo realizada, como se vê de muitos trabalhos envolvendo a questão, bem como da atual reforma constitucional do Judiciário - uma reflexão total que englobe todas as nuances e faces do que representa este Poder.

No momento, não que se esteja hierarquizando campos de estudo, mas o que interessa ao presente trabalho é justamente a figura do juiz - ser humano, cidadão que tem a seu encargo o poder de resolver os conflitos e de cuja decisão deflui um dos pilares da sociedade organizada - a coisa julgada.

Aí, pois, a convicção de que muito já foi dito a respeito do julgador, tecem-se qualidades que lhe são inerentes, tecem-se funções que lhe são próprias, determinam-se-lhe direitos e deveres, mas sempre o foi de fora para dentro.

Ou seja, mesmo os juízes, quando falam, procuram também sobre tal assunto apresentar a imparcialidade tão necessária na execução de seu mister. Ora, há que se desmitificar as antigas e vetustas conotações de corporações fechadas, tão bem descritas por Dallari.[250] Não há mais espaço para o juiz-deus, o juiz-todo-poderoso, aquele escolhido para cumprir uma missão quase que sacerdotal.

A partir do momento em que, em nosso país, adotou-se o sistema salutar do concurso público para ingresso na carreira da magistratura, o juiz nada mais é do que um profissional do Direito dentre tantos outros operadores, totalmente independente no exercício de sua função de julgar, não devendo prestar contas senão que à sua própria consciência. Mister, pois, que esteja adequado e tenha sempre presente o compromisso que presta ao assumir a judicatura. Acima do juiz estão a Constituição e as leis.

Apenas para refazer esta caminhada, há que se ter presentes grandes discussões sobre a melhor maneira de selecionar os juízes.

Sabido que, na maior parte dos Estados Unidos, os juízes estaduais são eleitos pelo voto popular ou, ocasionalmente, pelo Poder Legislativo, sendo que, em alguns Estados, os juízes são nomeados pelo governador, a partir de uma lista apresentada por uma comissão especial, candidatando-se periodicamente à reeleição pelo voto popular, com base em sua atuação. Em outros Estados, a nomeação é feita pelo governador e deve ser confirmada pelo Poder Legislativo. Quanto aos juízes federais, são nomeados pelo Presidente da República e devem ser confirmados pelo Senado.

---

[250] Consultar DALLARI, Dalmo de Abreu. *O poder dos juízes*, op. cit.

Naquele país, o recrutamento caracteriza-se pelo fato de que os candidatos se originam da carreira política e da advocacia. Em geral, os governadores têm a prerrogativa legal de, em havendo vaga, nomear provisoriamente um juiz estadual, que assumirá o cargo até as primeiras eleições, às quais deverá submeter-se como candidato.

Tal sistema tem sido objeto de críticas, ao argumento de que, no caso da eleição popular, a população não tem interesse nem informações sobre os candidatos, o que faz com que o resultado seja, via de regra, controlado pelos chefes dos partidos políticos e, no caso da nomeação pelo Presidente da República ou pelo Governador, como conseqüência da influência política - a nomeação geralmente recai em candidatos provenientes do partido das referidas autoridades.

No Brasil, atualmente, está constitucionalmente previsto o ingresso na carreira da magistratura por meio de concurso público de provas e títulos (CF, art. 93, I).

Durante o Império, os juízes eram nomeados pelo Imperador dentre os bacharéis em direito que gozassem de bom conceito e que tivessem prática forense de, no mínimo, um ano, tendo preferência os que tivessem atuado como juízes municipais ou promotores.

Em 1891, a primeira Constituição da República, mantendo a estrutura do Poder Judiciário estabelecida em 1889, pelo Decreto-lei nº 848, previu que "nas primeiras nomeações para a magistratura federal e para a dos Estados serão preferidos os juízes de direito e os desembargadores de mais nota" (art. 6º das Disposições Transitórias). Os juízes federais eram nomeados pelo Chefe do Executivo, dentre os nomes indicados pelo Supremo Tribunal Federal, em lista tríplice, os quais deviam preencher requisitos como a idoneidade. Foi a Lei nº 10, de 12-12-1895, do Estado do Rio Grande do Sul, que, em seu artigo 40, previu para esse Estado, pela primeira vez no Brasil, o ingresso na carreira por concurso público. Nessa época, exigia-se, em geral, o título de bacharel em Direito.

A Constituição de 1934 foi a primeira a estabelecer o concurso público como forma de ingresso na carreira da magistratura (art. 104, letra *a*). Da mesma forma, há previsão de investidura no cargo mediante concurso nas Constituições de 1937 (art. 103, letra *a*), 1946 (art. 124, III), 1967 (arts. 118, *caput* - juízes federais - e 136, I - juízes estaduais) e 1969 (arts. 123, § 1º - juízes federais - e 144, I - juízes estaduais).

Está, pois, fundada na vontade soberana do povo a jurisdição determinada aos membros do Poder Judiciário.

É este, sem dúvida, o primeiro pensamento, a primeira convicção de todo e qualquer julgador que pretenda, no mínimo, fazer justiça, mesmo que para outros não a tenha alcançado.

A partir desta primeira e fundamental convicção, deve sempre o juiz munir-se de todas as ferramentas, de todos os ramos do conhecimento humano - isto é, aprender e continuar aprendendo, em seu dia-a-dia.

Ademais, necessário que esteja fincado na realidade dos fatos que julga. Precisa conhecer o seu *habitat*, precisa saber das necessidades de todos e de tudo que o envolve, e, acima de tudo, deve ter a total e plena convicção do que seja justiça para o caso que julga, dentro da realidade social atual dos fatos, não lhe cabendo ignorar o mundo fático, regendo-se apenas pelo princípio do *iura novit curia*. Hodiernamente, não pode mais haver o juiz apenas na forma, aquele que, por ter ingressado na carreira nos termos da lei e assumido suas funções, é dotado do poder de julgar, mas, sim, será juiz desta contemporaneidade, deste mundo de início de século, onde a informação é instantânea, somente aquele integrado à realidade que o cerca. Só o será essencialmente e exercerá o real poder a partir da convicção de que está no mundo, faz parte dele, deve conhecê-lo para poder criar a norma ao caso concreto.

A atualidade brasileira, a par de tantos outros valores e bens, necessita de que aqueles que estão investidos no poder de julgar tenham a humildade de se reconhecerem falíveis e a grandeza de saberem que podem acertar se não se tornarem apenas meros aplicadores da literalidade das leis, e este é o campo que reclama novas técnicas, modelos e métodos de interpretação a partir da Constituição e em conformidade com ela.

Tem-se, pois, como que um marco a delimitar o poder do juiz, aquele cego aos acontecimentos de sua atualidade, que continua com antigas e ultrapassadas fórmulas, fazendo de cada decisão uma repetição do que está estratificado na lei, aquele que faz de seu poder um dever de efetivar os comandos constitucionais.

É esta a "era do direito", no dizer de Bobbio, mas estes direitos necessitam de que se os tornem efetivos, e só o novo juiz, aquele convencido de que o poder que detém é exercido em nome do povo e para a garantia das instituições democráticas, será capaz de dar a efetividade às decisões proferidas.

3.4. O exercício da jurisdição: a jurisdição constitucional

A jurisdição constitucional, aquela atribuída aos Tribunais Constitucionais, diz especificamente com o poder e o dever de determinar a constitucionalidade dos textos legais. Trata-se do poder de controle da constitucionalidade das leis e atos normativos, efetuado pelos tribunais designados como guardiões da Constituição. Tal controle, no caso brasileiro, é feito somente repressivamente, *a posteriori*, mediante provocação do Supremo Tribunal Federal por ADIn, ADC, ação de inconstitucionalidade por omissão ou argüição de descumprimento de preceito fundamental. Conforme Gomes Canotilho, "a defesa da constituição pressupõe a existência de *garantias da constituição*, isto é, meios e institutos destinados a assegurar a observância, aplicação, estabilidade e conservação da lei fundamental. Como se trata de *garantias de existência* da própria constituição (cfr. a fórmula alemã: *Verfassungsbestandsgarantien*), costuma dizer-se que elas são a 'constituição da própria constituição'".[251]

O mencionado autor define a Justiça Constitucional (*Verfassungsgerichtsbarkeit*) e Justiça do Estado (*Staatsgerichtsbarkeit*) como a atribuição dos órgãos definidos pela própria Constituição tendentes a fiscalizar a obediência e o cumprimento das normas e princípios constitucionais.[252]

Partindo da repartição da jurisdição no plano constitucional brasileiro, abrem-se as duas grandes competências (como medida de jurisdição) - a estadual e a federal.

Claro que, tanto em uma como em outra, ressalvando-se que não se irá adentrar a especializada federal - militar e trabalhista - em face dos limites deste trabalho, ao lado das características de cada uma e do âmbito de suas atribuições sempre haverá a existência de lides interindividuais, de lides entre indivíduos e a Administração Pública e de lides coletivas, difusas, transindividuais e que necessitam de visões de mundo distintas ou de maneira e de modos diferentes de interpretação, justamente em face dos objetivos a serem atingidos com a solução do litígio instaurado.

Assim, uma relação jurídica entre particulares, os pactos entabulados necessitam ser obedecidos quando em choque com as regras gerais que regulamentam dita relação. Exemplificando: ações de rescisão contratual, ações referentes a contratos de compra e

---

[251] CANOTILHO, J. J. Gomes, *op. cit.*, p. 823-824.
[252] Idem, p. 828.

Direito Previdenciário e Estado Democrático de Direito

venda, enfim, obrigações que não envolvam qualquer órgão público que deva pautar suas relações pela estrita legalidade.

Ao lado disto, quando, no exemplo da compra e venda, estiver o autor postulando interpretação de cláusula do contrato em financiamento habitacional pelo Sistema Financeiro da Habitação, aqui a interpretação há de ser segundo o interesse particular, junto ao interesse público, o que leva novamente a atenção aos princípios maiores que regem, por meio da Constituição, a impossibilidade de se isolar juridicamente tais fatos, afastando-os da realidade social, da conjuntura econômica, das mutações da situação político-administrativa.

De outro lado, quando o direito tido por lesado ou ameaçado de lesão for daqueles de nítido caráter social, como é o caso da Previdência Social, há, aqui, a clara necessidade de uma interpretação integrativa nos comandos infraconstitucionais, daqueles princípios protetores dos direitos fundamentais.

A interpretação da lei e a aplicação da mesma deve transpor a simples literalidade ou qualquer outro método de análise que não leve em conta a principiologia constitucional, quer daqueles princípios escritos, quer daqueles imanentes e tácitos, mas com força vinculante para o julgador.

Entre estes princípios não-escritos, mas que encontram fundamento no ordenamento jurídico-constitucional brasileiro, nele ingressando através da cláusula contida no § 2º do artigo 5º da Constituição Federal,[253] e que vinculam o juiz em suas decisões, sobressaem, por exemplo, o princípio da razoabilidade e o princípio do não-retrocesso social, os quais encontram amplo espaço de aplicação na proteção de direitos de cunho eminentemente social como os direitos relativos à seguridade social. É que tais princípios funcionam como verdadeiras balizas e limitações à atuação da Administração Pública, do legislador e mesmo do julgador, permitindo uma interpretação judicial harmonizadora dos poderes conferidos ao Estado-administrador, ao Estado-legislador e ao Estado-juiz, com os direitos sociais elencados especialmente a partir do artigo 6º até o artigo 11 da Constituição de 1988.

Com efeito, o princípio do não-retrocesso social, que encontra assentamento na Constituição Portuguesa, guarda, conforme Go-

---

[253] Prevê a Constituição Federal, em seu artigo 5º, § 2º: "Os direitos e garantias expressos nesta Constituição não excluem outros decorrentes do regime e dos princípios por ela adotados, ou dos tratados internacionais em que a República Federativa do Brasil seja parte."

mes Canotilho, relação de origem com o princípio da democracia econômica e social, o qual, como ocorre com o princípio do Estado de Direito e com o princípio da democracia política, não pode sofrer qualquer revisão constitucional, porque diz com a própria estruturação econômica e social do Estado Português. E por este princípio do não-retrocesso estaria vedada a chamada - nas palavras deste autor - "contra-revolução social" ou "evolução reaccionária". Assim, aqueles direitos sociais adquiridos, como o direito à segurança social, às prestações de saúde, ao seguro-desemprego, bem como aqueles referentes à proteção do trabalho, do tempo de trabalho, entre outros tantos, uma vez concretizados em determinado grau, não poderiam mais ser atingidos por disposições legais, emanadas do Poder Legislativo, nem por disposições regulamentares, oriundas do Poder Executivo, sob pena de violação ao *"princípio da protecção da confiança e da segurança dos cidadãos no âmbito económico, social e cultural e do núcleo* essencial da existência mínima inerente ao respeito pela dignidade da pessoa humana", erigindo-se ao patamar de verdadeira "garantia institucional" e "direito subjetivo".[254] Em conseqüência, se estes direitos econômico-sociais, com certa medida de efetivação, forem fulminados em sua essência por lei que pretenda os extinguir, o referido comando legal é inconstitucional.[255]

---

[254] Conforme CANOTILHO, J. J. Gomes, *op. cit.*, p. 326 (grifo no original)

[255] Para Gomes Canotilho: "O reconhecimento desta protecção de 'direitos prestacionais de propriedade', subjectivamente adquiridos, constitui um limite jurídico do legislador e, ao mesmo tempo, uma obrigação de prossecução de uma política congruente com os direitos concretos e as expectativas subjectivamente alicerçadas. *A violação do núcleo essencial efectivado justificará a sanção de inconstitucionalidade relativamente a normas manifestamente aniquiladoras da chamada 'justiça social'. Assim, por ex., será inconstitucional uma lei que extinga o direito a subsídio de desemprego ou pretenda alargar desproporcionalmente o tempo de serviço necessário para a aquisição do direito à reforma* (Cfr. Ac TC 39/84 - Caso do Serviço Nacional de Saúde - e Ac 148/94, DR, I, 13-5-94 - Caso das propinas). De qualquer modo, mesmo que se afirme sem reservas a liberdade de conformação do legislador nas leis sociais, as eventuais modificações destas leis devem observar os princípios do Estado de direito vinculativos da actividade legislativa e o núcleo essencial dos direitos sociais. O princípio da proibição de retrocesso social pode formular-se assim: o núcleo essencial dos direitos sociais já realizado e efectivado através de medidas legislativas ('lei da segurança social', 'lei do subsídio do desemprego', 'lei do serviço de saúde') deve considerar-se constitucionalmente garantido, sendo inconstitucionais quaisquer medidas estaduais que, *sem a criação de outros esquemas alternativos ou compensatórios, se traduzam na prática numa 'anulação', 'revogação' ou 'aniquilação' pura e simples desse núcleo essencial. A liberdade de conformação do legislador e inerente auto-reversibilidade têm como limite o núcleo essencial já realizado*". Op. cit., p. 326 e 327. (grifei)

Direito Previdenciário e Estado Democrático de Direito

Por igual, o princípio da razoabilidade projeta linhas de orientação para o julgador, notadamente em relação às condutas praticadas pelos poderes públicos que impliquem restrição a direitos, liberdades e garantias sociais ou individuais, permitindo-lhe fazer uma interpretação sistemática entre as normas assentadas na Constituição Federal de 1988 e o ordenamento jurídico como um todo. Para Eros Grau: "o razoável é o veículo da idéia de proporcionalidade",[256] sendo a "razoabilidade" "uma feição da proporcionalidade".[257] Logo, a idéia de razoabilidade está intrinsecamente ligada à idéia de proporcionalidade.

E Gomes Canotilho, ao tratar do princípio da proporcionalidade,[258] que também denomina como princípio da proibição do excesso, define-o como um princípio de natureza eqüitativa que não visa a aferir a legitimidade dos poderes conferidos pela lei, por exemplo, ao Administrador Público, nem visa a interferir na prática dos atos de sua competência, mas tão-somente a conformar os meios aos fins e efeitos buscados pelo ato examinado, perquirindo a

---

[256] Conferir em GRAU, Eros Roberto. *Op. cit.*, p. 164.

[257] Idem, p. 163.

[258] Sobre o tema, manifesta-se Gomes Canotilho: "através de *standards* jurisprudenciais como o da proporcionalidade, razoabilidade, proibição de excesso, é possível recolocar a administração (e, de um modo geral, os poderes públicos) num plano menos sobranceiro e incontestado relativamente ao cidadão. Assim, quando se pedir a um juiz uma apreciação dos danos causados pela carga policial numa manifestação, o que se visa não é contestar a legitimidade da administração pública na defesa do interesse e ordem públicos mas sim o de averiguar da razoabilidade, proporcionalidade e necessidade da medida de polícia. Quando se solicita a um tribunal que aprecie a legitimidade da busca e apreensão de um jornal difusor de notícias desfavoráveis ao Governo, não se exige ao juiz que se arvore em 'censor' e 'administrador negativo' mas que, através da utilização de '*standards* de controlo', verifique se a administração se pauta por critérios de necessidade, proporcionalidade e razoabilidade. Quando se procura um tribunal para decidir sobre a adequação de medidas expropriatórias para salvaguardar o patrimônio paisagístico e cultural, o cidadão demandante não pretende que o juiz se substitua à administração como responsável pela defesa do patrimônio, mas apenas aprecie a proporcionalidade da intervenção ablatória da administração, tendo em conta o escopo invocado para a prática do ato expropriativo. Este controlo - razoabilidade-coerência, razoabilidade-adequação, proporcionalidade-necessidade - é hoje objecto de difusão em toda a Europa através do Tribunal de Justiça das Comunidades (cfr. Tratado da União Européia, art. 5º, segundo a numeração do Tratado de Amsterdão). Trata-se, afinal, de um controlo de natureza *equitativa* que, não pondo em causa os poderes constitucionalmente competentes para a prática de actos autoritativos e a certeza do direito, contribui para a integração do 'momento de justiça' no palco da conflitualidade social". *Op. cit.*, p. 263-264.

utilidade da medida adotada na persecução desse fim. Ressalta, o mesmo autor, que, primeiramente, este princípio funcionava como uma *"medida* para as restrições administrativas da liberdade individual"[259] e, posteriormente, ganhou uma dimensão material elevada à categoria de *"princípio material de controlo* das actividades dos poderes públicos", na busca do "direito materialmente justo".[260]

Portanto, o que importa é justamente a carga de razoabilidade e de proporcionalidade em determinado julgamento capaz de afastar a arbitrariedade do julgador.

Finalmente, cumpre destacar que, para uma boa aplicação do princípio da proporcionalidade, não se pode perder de vista os subprincípios que o integram, como o princípio da adequação ou conformidade dos meios, o princípio da necessidade ou exigibilidade e o princípio da proporcionalidade em sentido estrito. A adequação dos meios, de acordo com Gomes Canotilho, "impõe que a medida adoptada para a realização do interesse público deve ser *apropriada* à prossecução do fim ou fins a ele subjacentes".[261] Já a necessidade refere-se à impossibilidade de a administração adotar outro meio menos gravoso ao cidadão.[262] Por fim, a aplicação do princípio da proporcionalidade em sentido estrito é feita num terceiro momento, se for o caso, em que, constatada a adequação e necessidade da medida a ser tomada, o juiz vai sopesar a relação de proporcionalidade entre meios e fim, através de um juízo de ponderação no qual formula o seguinte questionamento: "se o resultado obtido com a intervenção é *proporcional* à 'carga coactiva' da mesma".[263]

---

[259] CANOTILHO, J. J. Gomes. *Op. cit.*, p. 261. (grifo no original)

[260] Idem, p. 263.

[261] Idem, p. 264. (grifo no original)

[262] Na dicção de Gomes Canotilho: "O princípio da exigibilidade, também conhecido como 'princípio da necessidade' ou da 'menor ingerência possível', coloca a tónica na idéia de que o cidadão tem *direito à menor desvantagem possível*. Assim, exigir-se-ia sempre a prova de que, para a obtenção de determinados fins, não era possível adoptar outro meio menos oneroso para o cidadão. Dada a natural relatividade do princípio, a doutrina tente acrescentar outros elementos conducentes a uma maior operacionalidade prática: a) *a exigibilidade material*, pois o meio deve ser o mais 'poupado' possível quanto à limitação dos direitos fundamentais; b) *a exigibilidade espacial* aponta para a necessidade de limitar o âmbito da intervenção; c) a exigibilidade temporal pressupõe a rigorosa delimitação no tempo da medida coactiva do poder público; d) *a exigibilidade pessoal* significa que a medida se deve limitar à pessoa ou pessoas cujos interesses devam ser sacrificados". *Op. cit.*, p. 264-265. (grifo no original)

[263] Idem, p. 265. (grifo no original)

Direito Previdenciário e Estado Democrático de Direito

Do exposto acima, sobressai nitidamente a constatação de que o juiz, no desempenho da atividade jurisdicional, só pode conferir efetividade e "vida" aos direitos constitucionalmente previstos se interpretá-los à luz de princípios como os acima referidos que, contidos expressa ou tacitamente, no texto fundamental, espraiam-se por todo o ordenamento jurídico, lançando diretrizes hábeis à adequação da norma abstrata e genérica à realidade concreta dos direitos submetidos à apreciação judicial.

Todo Estado de Direito necessita de ferramentas capazes de controlar a constitucionalidade das leis e atos políticos para que a supremacia constitucional seja efetiva e eficaz, mormente quando insculpidos na Constituição os necessários direitos e garantias fundamentais, bem assim os princípios norteadores de toda a organização político-jurídica capazes de permitir a convivência pacífica, interna e externamente.

O controle de constitucionalidade das leis é o mecanismo criado para que se efetive esta hierarquia constitucional, autorizando a extirpação do mundo jurídico das leis não conformes com a Constituição Federal e com os seus princípios.

Não existe, no Brasil, como em outros países, França e Portugal, o chamado controle jurisdicional preventivo de constitucionalidade, que abre ao órgão jurisdicional competente a possibilidade de impedir a entrada em vigor de lei contrária à Constituição.

Em nosso país, o controle jurisdicional se faz sempre repressivamente. O Supremo Tribunal Federal só pode ser provocado para efetuar dito controle quando a lei existe, é válida e eficaz.

O controle da constitucionalidade preventivo só pode ser feito politicamente, dentro do próprio Poder Legislativo, por suas comissões, quando ainda em gestação o projeto de lei, ou pelo Presidente da República, por meio do veto ao projeto - veto este que só será derrubado com a maioria do Parlamento, nos termos do art. 66, § 6º, da Constituição Federal.

Todo Estado de Direito que repousa na constitucionalidade da ordem jurídica necessita, para que os poderes constituídos sejam exercidos, de controles de seus atos. Há a necessidade, para a manutenção da democracia, do efetivo sistema de freios já conhecido por Montesquieu e vigente no mundo ocidental, onde a repartição de Poderes de um Estado é realidade em inúmeros países. Partindo da realidade brasileira, dispõe a nossa Constituição Federal que o Brasil é um Estado Democrático de Direito que tem como fundamentos a soberania, a cidadania, a dignidade da pessoa humana, os valores sociais do trabalho e da livre iniciativa e o pluralismo político (art. 1º, incisos I, II, III, IV e V).

Em toda a sistematicidade e organização constitucional, existem formas e mecanismos de proteção à própria Constituição, e da própria vida do Estado Brasileiro, caracterizados por controles recíprocos dos Poderes e pela não-interferência de um em outro no que diz com as atividades inerentes e precípuas de cada Poder.

O controle de constitucionalidade das leis e atos normativos é mecanismo necessário à própria sobrevivência da Constituição e do Estado Democrático.

Vige em nosso ordenamento constitucional o dito sistema misto de controle, como diz Anderson Cavalcante Lobato,[264] tendo-se como realidade a existência do controle abstrato e concentrado, e, igualmente, do concreto e difuso, no âmbito do Supremo Tribunal Federal e o controle concreto e difuso e com efeitos entre as partes em litígio pelos demais órgãos do Poder Judiciário.

Dentre o controle repressivo abstrato e concentrado jurisdicional, encontram-se a Ação Direta de Inconstitucionalidade, a Ação Direta de Inconstitucionalidade por Omissão, a Argüição de Descumprimento de Preceito Fundamental e a Ação Declaratória de Constitucionalidade. As três primeiras foram instituídas pelo legislador constituinte originário. Já a Ação Declaratória de Constitucionalidade foi criada pela Emenda Constitucional nº 03/93 - que, nas palavras de Clèmerson Merlin Clève,[265] veio para suprir uma lacuna, ou, melhor dito, para permitir aos legitimados constitucionalmente (o Presidente da República, a Mesa da Câmara dos Deputados e o Procurador-Geral da República) sustar a multiplicidade das demandas em torno de determinado texto a fim de evitar a insegurança em relação à validade da lei ou ato normativo.

Esse controle de constitucionalidade é uma garantia do próprio Estado de Direito e da própria Constituição, como bem dispõe Gomes Canotilho.[266]

---

[264] Conferir em LOBATO, Anderson Cavalcante. *Op. cit.*

[265] CLÈVE, Clèmerson Merlin. *A fiscalização abstrata de constitucionalidade no direito brasileiro.* São Paulo: Revista dos Tribunais, 1995, p. 184-185.

[266] Afirma Gomes Canotilho que "a defesa da constituição pressupõe a existência de *garantias da constituição*, isto é, meios e institutos destinados a assegurar a observância, aplicação, estabilidade e conservação da lei fundamental. Como se trata de *garantias de existência* da própria constituição (cfr. a fórmula alemã: *Verfassungsbestandsgarantien*), costuma dizer-se que elas são a 'constituição da própria constituição'. *Op. cit.*, p. 823-824.

3.5. Garantias: eficácia das decisões

As garantias deferidas aos juízes pela Constituição não são garantias próprias do cidadão-juiz, mas, sim, garantias de todos os cidadãos e da manutenção do Estado de Direito, tudo porque, se inexistem juízes imparciais, com convencimentos compatíveis com o poder que exercem, impossível fica a manutenção da eficácia de suas decisões.

Por isso, tais garantias existem em função da necessidade de que haja um Poder capaz de suprir as lacunas da lentidão do processo legislativo ou a ditadura do Executivo.

Todas estão fundadas no interesse social da construção da paz e da justiça.

Todas são necessárias para que o exercício da jurisdição esteja imune às mazelas de todo e qualquer ser humano, à parcialidade em razão de ideologias ou do medo de mudar.

A parcialidade mascara a ideologia que domina; este um dos grandes defeitos em relação aos quais deve ser imunizado o julgador, porque não há decisão imparcial quando a ideologia domina o próprio conhecimento e convencimento do julgador.

Há que haver a presença de ideologias; ninguém pode ter convicções fundadas e fundamentadas sem que sinta, transfira os valores que entende como maiores e necessários à obtenção da justiça social, sob pena de transformar-se ou de continuar como mero repetidor de fórmulas escritas.

A partir daí, conclui-se que, ao interpretar a norma abstrata, está sendo dada ao fato a norma concreta. A interpretação feita pelo Judiciário é ato de criação do direito, enquanto norma dentro do ordenamento positivo.

Este novo juiz, que exerce nestes tempos o poder que lhe foi conferido pelo povo, selecionado por provas de conhecimento técnico, conforme já mencionado, deve, isto é, tem o dever de agir dentro de suas atribuições, não como um mero e simples reprodutor dos textos que são positivados pelo Legislativo - e também pelo Executivo em face das medidas provisórias que formalmente têm a força de lei, como já disse o Supremo Tribunal Federal -, mas deve, acima de tudo, posicionar-se como um intérprete construtor, sem esquecer o compromisso de que, acima de suas pessoais crenças ou imotivadas convicções, é um ser no mundo. É também um cidadão que deve lembrar da hierarquia, da teleologia e da principiologia constitucional, construindo a norma para o caso posto. Não se faz aqui qualquer crítica das teorias apresentadas, e, sim, conclusões a partir destas teorias no sentido de que a hermenêutica, enquanto ciência, rege-se por princípios próprios, que só podem ser aqueles de fazer com que o hermeneuta esteja inserido no contexto ambiental e social em que vive, conhecendo todos os métodos e fórmulas que utiliza de maneira quase que intuitiva - leia-se intuição no sentido de que as convicções e ideologias pessoais fazem parte deste universo que se transforma no convencimento do julgador em prestigiar esta ou aquela decisão. Trata-se, pois, de decisão fincada na abertura do ordenamento jurídico, que não se pode constituir em sistema fechado porque se enclausurariam as decisões com os dogmas do tempo da feitura dos textos legais, o que, no mínimo, geraria a inutilidade da decisão frente à nova e dinâmica situação ou relação que se efetuou no presente. O passado há que vir vestido do presente e com a vida para o futuro.

4. Interpretar e julgar causas previdenciárias

Desde o início do presente trabalho, procura-se demonstrar, a partir do entendimento do ordenamento jurídico como um sistema dinâmico, a necessidade de adequação e de constante aperfeiçoamento e aprofundamento do juiz nas questões sociais e legais no que diz com os direitos previdenciários, já que os mesmos são direitos sociais que fazem vincular o legislador infraconstitucional ao constitucional.[267]

É por isso que o magistrado contemporâneo deve ter essa visão do conjunto dimensionado pelo ambiente social perante o qual responde por seus deveres e atribuições e, ao lado de uma técnica científica interpretativa, como bem discrimina Juarez Freitas,[268] dar constante efetividade a esses direitos sociais como única forma para que se mantenha íntegro o chamado Estado Democrático de Direito, fundamentado em objetivos delineados pelo artigo 3º da Constituição Federal de 1988.

É possível, pois, concluir-se que há, neste Estado Democrático de Direito, o "deslocamento do centro das decisões do Legislativo e do Executivo para o Judiciário".[269]

---

[267] A este respeito, manifesta-se Paulo Bonavides: "O problema da 'juridicização' dos direitos sociais tornou-se crucial para as Constituições do Estado social. Cumpre, pois, na busca de uma solução, observar toda essa seqüência: reconhecer a vinculação constitucional do legislador a tais direitos, admitir que se trata de direitos de eficácia imediata, instituir o controle judicial de constitucionalidade e, por fim, estabelecer mecanismos suficientes que funcionem como garantias efetivas de sua aplicabilidade. Nesses dois últimos aspectos assinalados, são também de extrema relevância o controle abstrato das normas, a criação de tribunais constitucionais e o uso de instrumentos comparáveis à queixa constitucional dos alemães (*Verfassungsbeschwerde*), que reforçam consideravelmente a proteção dos sobreditos direitos, tornando-os de todo 'justiciáveis', contrariando, assim, a crença de quantos os supunham mero programa de política social enxertado no corpo das Constituições." *In: A Constituição aberta*. 2. ed. São Paulo: Malheiros, p. 186.

[268] Conferir em FREITAS, Juarez, *op. cit.*

[269] Conforme STRECK, Lenio Luiz, *op. cit.*, p. 44.

No dizer de Guerra Filho, "o processo judicial que se instaura mediante a propositura de determinadas ações, especialmente aquelas de natureza coletiva e/ou de dimensão constitucional - ação popular, ação civil pública, mandado de injunção, etc. - torna-se um instrumento permanente de cidadania".[270]

Por isso a inafastável conclusão de que, com este deslocamento, aumenta a responsabilidade do Judiciário e completa-se o círculo com a evidente consideração de que seus julgados são, obrigatoriamente, fonte de direito.

Muito tem sido escrito a respeito dos direitos do homem na atualidade.

Bobbio,[271] com magistral sabedoria, diz que o problema não é o fundamento ou o reconhecimento desses direitos, sequer a sua evolução causadora das grandes transformações do mundo moderno, mas sim a forma, a maneira e o modo de garanti-los e de os tornar efetivos.

E este, sem dúvida, é um problema de poder.

Em uma determinada sociedade devidamente organizada, os detentores do poder são aqueles com capacidade, por meio dos institutos postos, de tornar efetivos e garantidos os direitos fundamentais. Não há progresso, não há avanço, sem que se tenha na base de qualquer sociedade a necessária capacidade de tornar efetivos os direitos universalmente reconhecidos como fundamentais à realização de um Estado Democrático de Direito.

A efetividade de determinado direito tutelado pela ordem jurídico-constitucional depende de expressão e força vinculativa do poder político-jurídico.

Dentre muitos direitos fundamentais estampados na Declaração Universal, foram reconhecidos os chamados direitos sociais, tanto para o homem enquanto indivíduo, como para o homem enquanto coletividade. Esses novos direitos ou novas faces de interesses, que vão surgindo pela própria multiplicação das relações intersubjetivas, abrangem o direito à prestação do Estado para aqueles que não mais podem produzir ou que não mais podem-se sustentar, que são aqueles diretamente ligados à chamada Seguridade Social. Trata-se de direitos da chamada segunda geração, que convivem com aqueles ditos de primeira geração, bem como com os denominados de terceira geração.

---

[270] GUERRA FILHO, Willis Santiago, *apud* STRECK, *op. cit.*, p. 44.
[271] BOBBIO, Norberto. *A era dos direitos. Op. cit.*

Tais direitos sociais, ditos de segunda geração e que se caracterizam pela necessidade de serem atendidos pelo Estado, justamente para que o princípio de garantia de vida digna seja obedecido, foram convivendo com novos direitos coletivos e difusos, onde predomina o interesse social de manutenção do meio ambiente, de preservação do patrimônio público e social, de proteção aos progressos da ciência, sem que se anulem aquelas bases e direitos fundamentais ditos individuais.

Entre tais direitos, estão aqueles que dizem respeito especificamente à Previdência Social, estatal e pública, assentados na Constituição com princípios norteadores que não podem ser afastados pelo político ou pelo jurista. Princípios esses que informam a aplicação das normas e textos referentes à Previdência Social e que devem ser buscados quando reconhecidos os direitos e não implementados, e enquanto assegurados e não efetivados, para que a norma abstrata se converta em situação concreta e de efetiva justiça social.

A par dos benefícios ditos sem contraprestação - segurados especiais e o benefício assistencial[272] -, todos os demais estão diretamente dirigidos pelo princípio contributivo-retributivo. Ou seja, o cidadão, enquanto trabalhador, contribui para que, em determinado momento e sob determinadas regras e condições, possa continuar mantendo uma vida digna com o percebimento de benefícios da Previdência Social.

Ao longo dos anos, as normas atinentes à Previdência Social foram sendo alteradas por cálculos e recálculos, a ponto de infligir distância cada vez maior entre o percebido pelo trabalhador em atividade e o *quantum* pago a título de benefício previdenciário.

De uma maneira evidentemente didático-pragmática, dividem-se em dois grandes grupos tais ações - apelos que buscam a revisão do valor dos benefícios já concedidos pela autarquia e aqueles que pedem a concessão dos benefícios elencados na legislação. Ao lado destas, e como uma subclasse das concessões, estão as ações de cassação de benefícios e as de restabelecimento de benefícios. Em todas essas classes, impõe-se, como primeiro passo, que o julgador, quer de primeiro, quer de segundo grau, examine a petição inicial procurando bem entender o pedido, tal qual formulado, para poder dele retirar o que efetivamente busca o segurado.

---

[272] Não é benefício previdenciário *stricto sensu*, e sim veio substituir a renda mensal vitalícia a partir da Lei 8742/93.

É princípio assente na Constituição Federal o livre acesso à Justiça.

Como todo direito fundamental, inscrito na Carta Constitucional, os benefícios previdenciários são direitos fundamentais sociais, comportando, para tanto, interpretação conforme os princípios constitucionais.

Para Bobbio, os direitos humanos são direitos históricos que vão sendo reconhecidos de acordo com a transformação da vida em sociedade; não são fruto da natureza e, sim, da civilização.

O problema dos direitos humanos está mais na garantia de sua efetividade, e não na busca de uma justificação teórica.

O longo processo de constitucionalização dos direitos humanos passa por uma classificação em gerações.

Há particularidades para a correta compreensão do significado jurídico-constitucional dos direitos fundamentais.

O processo de incorporação à Constituição é lento. Pode-se classificar tais direitos em gerações de direitos a serem identificados historicamente, ou seja:

1ª geração: direitos individuais;

2ª geração: direitos sociais; e

3ª geração: direitos coletivos.

Quando incorporados aos textos constitucionais, os direitos do Homem assumem a natureza de direitos fundamentais.

O reconhecimento dos direitos do Homem junto ao processo histórico e à dinâmica das relações entre indivíduos e entre coletividades demonstra que o Homem, enquanto sujeito de direitos, foi, é e sempre será o ser a partir do qual se examinam as suas necessidades e prioridades em dado momento histórico e em determinado Estado.

A partir, pois, da análise das três gerações de direitos humanos, vejo que, desde a Constituição Federal de 1988, o Brasil da chamada pós-modernidade é exemplo de Estado de Direito, onde estão tutelados os ditos direitos coletivos e, mais, os direitos difusos, que são, entre outros, aqueles referentes ao meio ambiente sadio, fundados na solidariedade, único valor capaz de fazer ultrapassar o degrau do milênio.

Importante salientar que o reconhecimento de tais direitos vem atrelado à necessidade de mecanismos capazes de garantir a sua efetividade - por isso direitos e garantias vêm enfeixados quase que num mesmo conceito. Tanto que tais normas que protegem e dizem os direitos fundamentais necessitam ser aplicadas imediatamente, por força da própria determinação constitucional.

A plena existência de ditos direitos fundamentais, quer de primeira, quer de segunda, terceira ou quarta geração, está insculpida em uma Constituição que, inclusive, aponta os mecanismos necessários para que sejam imediatamente aplicados e que não podem ser suprimidos pelo Poder Constituinte derivado - é o que se vê do artigo 60 da Constituição Federal.

Dentro deste espírito do exame constitucional do operador do direito, todos os textos infraconstitucionais devem-se adequar às garantias dos direitos fundamentais; em caso de infração, de atuação contrária aos ditos direitos, estão titulados o cidadão, as entidades de classe e o Ministério Público como autores diretos das ações constitucionais elencadas para que se efetivem e se tornem eficazes os direitos fundamentais acaso ameaçados ou violados.

Não é este o momento, nem o espaço para o exame aprofundado destes mecanismos, apenas cabendo concluir que é no Judiciário que se pode e se deve buscar a proteção de tais direitos para que os princípios constitucionais sejam efetivamente obedecidos.

4.1. Previdência Social - noções elementares sobre os benefícios

A partir da Constituição de 1988, a Previdência Social é parte do conjunto integrado de ações destinadas a assegurar os direitos aos trabalhadores quando não mais podem prover seu sustento, seja temporária, seja definitivamente, quer pela incapacidade temporária ou permanente, quer pela idade ou fator tempo de serviço efetivado.

Apenas como ilustração, e não como objeto do presente trabalho, no caso dos benefícios de aposentadoria por tempo de serviço há, a partir da Emenda Constitucional (EC) nº 20, de 15-12-1998, a transformação desta contagem por tempo de contribuição, ressalvados, é claro, aqueles que já detinham os requisitos para a aposentação ao tempo da dita emenda, bem como estabelecido um regime de passagem àqueles com algum tempo já prestado.

Traz-se tal questão à guisa de ilustração, visto que, a partir da EC nº 20, grandes alterações foram efetivadas no regime previdenciário, passando-se, inclusive, a alargar o chamado Regime Geral da Previdência para abarcar também os servidores públicos. No entanto, em face do momento atual em que se redige este trabalho e porque fugiria ao tema proposto, apenas em brevíssimas linhas e atendendo o escopo desejado, analisam-se os benefícios previdenciários como até aqui postos ao crivo do Judiciário, no que se refere ao Regime da Previdência dos trabalhadores privados.

Assim é que, fincada em princípios específicos e, por óbvio, em princípios gerais constitucionais, a previdência social tem por objetivo, ao lado das ações referentes à saúde e à assistência social, aquelas elencadas no artigo 194, parágrafo único e seus sete incisos, a saber: (a) a universalidade de cobertura e do atendimento; (b) a uniformidade e a equivalência dos benefícios e serviços às populações urbanas e rurais; (c) a seletividade e a distributividade na prestação dos benefícios e serviços; (d) a irredutibilidade do valor dos benefícios; (e) a eqüidade na forma de participação no custeio; (f) a diversidade da base de financiamento; e (g) o caráter democrático e descentralizado da gestão administrativa, com a participação da comunidade, em especial de trabalhadores, empresários e aposentados.

Ademais disso, todos os princípios relativos aos direitos ditos sociais devem ser lembrados na aplicação dos textos infraconstitucionais, principalmente o metacritério hierarquizador dos princípios referentes ao Direito Previdenciário, como anotado por Juarez Freitas,[273] porque, se, em qualquer ramo do Direito, não se interpretar sistematicamente, há a quebra do sistema, com o comprometimento da própria qualidade da interpretação efetuada.

Ainda, nos termos constitucionais, ao lado dos benefícios mediante contribuição, onde o princípio contributivo-retributivo é a tônica, há o benefício mínimo rural sem contribuição direta do segurado.

Aliado a isto está a valoração do tempo de serviço e do tempo de contribuição, dois conceitos que se foram alterando e se substituindo ao longo do tempo e, infelizmente, ao sabor do legislador.

Estabelece o artigo 201 da Constituição Federal, com a redação dada pela EC nº 20, que, na organização da previdência social, sob a forma de regime geral, de caráter contributivo e de filiação obrigatória, serão observados critérios que preservem o equilíbrio financeiro e atuarial.

A jurisdição previdenciária está ligada diretamente ao fim social; seu objeto tem nítido caráter alimentar e, tanto na interpretação dos textos que regulam a matéria, quanto no exame do pedido, necessária a utilização de uma interpretação com temperamentos, com filtragem constitucional e assentada nos princípios norteadores

---

[273] Conferir em FREITAS, Juarez. *Op. cit.*, p. 184.

de proteção e garantia aos direitos fundamentais, já que tais benefícios se constituem em direitos sociais protegidos pela Constituição Federal.

Estão consagradas na Constituição, como fundamentos, entre outros, a cidadania e a dignidade da pessoa humana. A combinação desses dois amplos princípios é, sem sombra de dúvida, o que motiva a existência da seguridade social, fomentada pelo Estado, e, mais especificamente, da previdência social.

Em seu artigo 6º, *caput*, a Constituição dispõe sobre a previdência social como um direito social de todo cidadão brasileiro e, além de mencionar o benefício da aposentadoria como um direito dos trabalhadores urbanos e rurais (art. 7º, inc. XXIV), estabelece que a previdência social atenderá, nos termos da lei, (a) a cobertura dos eventos de doença, invalidez, morte e idade avançada; (b) a proteção à maternidade, especialmente à gestante; (c) a proteção ao trabalhador em situação de desemprego involuntário; (d) salário-família e auxílio-reclusão para os dependentes dos segurados de baixa renda; (e) pensão por morte do segurado, homem ou mulher, ao cônjuge ou companheiro e dependentes, em valor nunca inferior ao do salário mínimo (art. 201, itens I a V).

A Lei de Benefícios da Previdência Social (LBPS, Lei 8213/91), em seu artigo 18, especifica os benefícios prestados ao segurado e aos seus dependentes, estabelecendo que são direitos daquele a aposentadoria - por invalidez, por idade, por tempo de serviço, especial -, o auxílio-doença, o salário-família, o salário-maternidade e o auxílio-acidente (inciso I, letras *a* até *h*); destes, a pensão por morte e o auxílio-reclusão (inciso II, letras *a* e *b*); e de ambos a reabilitação profissional (inciso III, letra *b*).

O benefício da aposentadoria pode ser por invalidez, por idade, por tempo de serviço ou especial.

A aposentadoria por invalidez é tratada constitucionalmente no artigo 201, inciso I, e, na legislação ordinária, a matéria está prevista nos artigos 42 a 47 da LBPS e 43 a 50 do Decreto 3048, de 6 de maio de 1999 (RPS).

Segundo Wladimir Novaes Martinez, "é benefício de pagamento continuado, de risco imprevisível, devido à incapacidade presente para o trabalho", sendo deferido, "sobretudo, se o segurado está impossibilitado de trabalhar e insuscetível de reabilitar-se para a atividade garantidora da subsistência".[274]

---

[274] MARTINEZ, Wladimir Novaes. *Comentários à lei básica da previdência social*. 4. ed. São Paulo: LTr, 1997, p. 265.

Observe-se que a concessão do benefício não é definitiva, pois, em caso de reabilitação do aposentado por invalidez, este poderá ter suspenso o benefício, na forma da lei (artigos 46 e 47 da LBPS).

São requisitos para a concessão do benefício: (a) a qualidade de segurado; (b) a incapacidade permanente para o exercício do trabalho que era efetuado pelo segurado, ou outro que lhe garanta a subsistência; (c) a insuscetibilidade de reabilitação; (d) o cumprimento do período de carência de 12 meses (exceto nos casos de acidente do trabalho, acidente de qualquer natureza ou causa, e quando o segurado for acometido por uma das doenças previstas no artigo 151 da LBPS); e (e) a perícia médica.

O segurado deve apresentar incapacidade permanente ou definitiva, pois, uma vez sendo temporária, o benefício em questão será o de auxílio-doença. Observe-se que, no atinente à incapacidade definitiva, deve ser efetuado um juízo individualizado e minucioso dos casos, analisando-se a idade, o grau de instrução, bem como outras circunstâncias que possam limitar as possibilidades do segurado em manter-se e a sua família. No caso de pessoa com idade considerável, que, por exemplo, sempre efetuou trabalho braçal, dotado de escassa instrução, a incapacidade para trabalho que demande esforço físico quase que com certeza determinará a impossibilidade de reabilitação, com a conseqüente concessão do benefício de aposentadoria por invalidez.

O requisito da carência não é, por si só, absoluto. O próprio *caput* do artigo 42 fala no cumprimento do período de carência "quando for o caso", tendo em vista as situações postas no artigo 26, II, combinado com o artigo 151, ambos da LBPS, bem como observado o disposto no artigo 39, I, da mesma lei.

Há que se atentar, ainda, se não houve pedido administrativo de concessão de benefício denegado anteriormente quando, estando doente, o pleiteante deixou de trabalhar, não podendo mais contribuir, e, portanto, estando impossibilitado de cumprir o período de carência como segurado.

O exame médico pericial pode ser considerado um requisito, na medida em que a incapacidade permanente e a insuscetibilidade de reabilitação dificilmente podem ser constatadas sem tal exame.

Observe-se, contudo, que, na apreciação judicial do pedido de concessão da aposentadoria por invalidez, embora o magistrado vá necessitar de dados técnico-médicos para apurar a possibilidade da concessão do benefício, não estará ele adstrito ao laudo para proferir sua decisão, podendo formar sua convicção com argumentação contrária ao laudo, mas devendo, necessariamente, fundamentar sua decisão, como dita a Constituição (artigo 93, IX).

Especificamente quanto a esse benefício não houve alterações provocadas pela denominada "Reforma da Previdência".

A respeito das disposições previstas na LBPS, algumas provocam maior repercussão no Judiciário, pelas disposições ali contidas, como no caso do § 2º do artigo 42, que versa sobre a não-cobertura ao segurado, nesse benefício, de doença ou lesão preexistente a sua filiação à previdência social, excetuando-se os casos em que a incapacidade permanente decorre do agravamento ou progressão da moléstia.

O artigo 43 e seu § 1º definem, de forma explicativa, a data do início do benefício de aposentadoria por invalidez

Assim reza o referido dispositivo legal:

"Art. 43. A aposentadoria por invalidez será devida a partir do dia imediato ao da cessação do auxílio-doença, ressalvado o disposto nos §§ 1º, 2º e 3º deste artigo.

§ 1º Concluindo a perícia médica inicial pela existência de incapacidade total e definitiva para o trabalho, a aposentadoria por invalidez será devida: (redação dada pela Lei 9.032, de 28-04-95)

a) ao segurado empregado, a contar do 16º (décimo sexto) dia do afastamento da atividade ou a partir da data da entrada do requerimento se entre o afastamento e a entrada do requerimento decorrerem mais de 30 (trinta) dias; (redação dada pela Lei 9.876, de 26-11-99).

b) ao segurado empregado doméstico, trabalhador avulso, contribuinte individual, especial e facultativo, a contar da data do início da incapacidade ou da data da entrada do requerimento, se entre essas datas decorrerem mais de trinta dias." (redação dada pela Lei 9.876, de 26-11-99)

No Judiciário, a discussão geralmente se dá em outros termos, uma vez que, num âmbito geral, as ações são propostas quando o Instituto Nacional de Seguro Social (INSS) nega administrativamente a possibilidade de concessão do benefício, o que geralmente propicia que a prova da invalidez seja feita nos autos, por laudo pericial.

Contudo, apesar de a prova técnica ser produzida, em geral, no curso da ação, evidentemente a invalidez precede à prova técnica, uma vez que o que motiva o segurado a requerer o benefício é o seu sentimento de que a doença ou lesão não mais lhe está permitindo trabalhar para prover o seu sustento e o de sua família.

Essa idéia faz com que haja discussão, no Judiciário, sobre quando deva ser fixada a data de início do benefício (ou DIB, como se convencionou chamar), a partir do que se discute sobre matéria de necessária repercussão financeira para o segurado.

A primeira corrente entende que o benefício deve ter como data de início aquela do ajuizamento da ação, ao argumento de que, quando o segurado ingressou em juízo, já existia, obviamente, a moléstia, e a prova técnica somente ratifica as alegações da parte autora, além do que, conforme já salientado, o juiz não está adstrito ao laudo.

A segunda corrente, que deriva dos últimos julgados do STJ, afirma que a prova da invalidez somente se dá com o laudo, e é a partir da sua juntada aos autos que se tem a certeza jurídica do estado de saúde do segurado.

Quanto à definição do valor da renda mensal inicial, ocorrerá segundo preceitua o artigo 44 da LBPS, ou seja, 100% do salário-de-benefício, calculado na forma dos artigos 28 a 32, não podendo redundar em valor menor que o salário mínimo, nem maior que o teto do salário-de-benefício vigentes.

O § 2º do art. 44 da LBPS excetua esta forma de cálculo para os benefícios em que o segurado estiver recebendo auxílio-doença em valor superior ao calculado na forma acima descrita, caso em que será o valor deste auxílio-doença sua renda mensal inicial, reajustada na forma da lei.

Ao valor da renda mensal inicial será acrescido o montante de 25% caso o segurado venha a necessitar de assistência permanente de terceiro, na forma do artigo 45 da mesma lei, obedecido o teto-limite. Tal valor, sobrevindo a morte do segurado, não será computado na pensão do dependente.

Embora a aposentadoria por invalidez tenha como requisito uma lesão ou doença que, permanentemente, impossibilite o segurado de exercer sua atividade laboral, não havendo probabilidade de recuperação para o trabalho, por vezes a situação pode ser revertida, por paradoxal que possa parecer, sobrevindo a recuperação do segurado considerado inválido, mesmo que para outras atividades. Uma vez implementadas tais condições, chegando tal fato ao conhecimento da Autarquia, poder-se-á iniciar processo visando ao cancelamento do benefício.

Observe-se que esse cancelamento não será automático, como refere o artigo 46 da LBPS, mas dependerá do procedimento constante do artigo 69 e parágrafos, da Lei 9.528/97, tendo em vista o respeito ao devido processo legal e à ampla defesa.

Uma vez constatada efetivamente a recuperação da capacidade de trabalho do aposentado por invalidez, na forma do artigo 47 da LBPS, serão tomadas as providências legais, com a suspensão total ou parcial do pagamento do benefício, nos prazos estabelecidos em lei.

São os seguintes os termos desse artigo:

"Art. 47. Verificada a recuperação da capacidade de trabalho do aposentado por invalidez, será observado o seguinte procedimento:

I - quando a recuperação ocorrer dentro de 5 (cinco) anos, contados da data do início da aposentadoria por invalidez ou do auxílio-doença que a antecedeu sem interrupção, o benefício cessará:

a) de imediato, para o segurado empregado que tiver direito a retornar à função que desempenhava na empresa quando se aposentou, na forma da legislação trabalhista, valendo como documento, para tal fim, o certificado de capacidade fornecido pela Previdência Social; ou

b) após tantos meses quantos forem os anos de duração do auxílio-doença ou da aposentadoria por invalidez, para os demais segurados;

II - Quando a recuperação for parcial, ou ocorrer após o período do inciso I, ou ainda quando o segurado for declarado apto para o exercício de trabalho diverso do qual habitualmente exercia, a aposentadoria será mantida, sem prejuízo da volta à atividade:

a) no seu valor integral, durante 6 (seis) meses contados da data em que for verificada a recuperação da capacidade;

b) com redução de 50% (cinqüenta por cento), no período seguinte de 6 (seis) meses;

c) com redução de 75% (setenta e cinco por cento), também por igual período de 6 (seis) meses, ao término do qual cessará definitivamente."

O segurado é obrigado a submeter-se a exame médico prescrito e custeado pela Autarquia, bem como à reabilitação na forma do artigo 101 da LBPS.

No atinente à aposentadoria por idade, há disposição constitucional expressa no artigo 201, § 7º, II, e a matéria, na legislação

Direito Previdenciário e Estado Democrático de Direito

regulamentadora, é prevista nos arts. 48 a 51 da LBPS, e 43 a 50 do RPS (49 a 53 do revogado Decreto 2172/97).

A aposentadoria por idade, que substitui a aposentadoria por velhice da Consolidação das Leis da Previdência Social (CLPS), é concedida ao segurado trabalhador urbano que tenha completado 65 anos, se homem, e 60, se mulher, ou ao trabalhador rural que tenha 60 anos, se homem, e 55, se mulher (exceto o empresário rural, mencionado no artigo 11, inciso V, alínea *f* da LBPS), desde que cumprida a carência de 180 contribuições mensais

No caso do trabalhador rural, deverá ser comprovado o período de 180 meses, anterior ao requerimento do benefício, podendo esta prova referir-se a tempo trabalhado de forma descontínua, conforme o artigo 48 e parágrafos, combinado com o artigo 143, todos da LBPS. Observe-se que a lei foi reformada, pois previa anteriormente um período de apenas 60 meses a ser comprovado pelo rurícola.

Deve ser observada a tabela inserta no artigo 142 da LBPS, com a redação que lhe deu a Lei 9032, de 28 de abril de 1995. Para a correta utilização da referida tabela, a fim de estabelecer o período de carência, é necessário que se verifique o ano do implemento da idade mínima exigida.

Atente-se para o fato de que, nas ações judiciais ajuizadas anteriormente à modificação da lei, com prova do período anterior, serão sempre julgadas considerando-se a legislação da época do ajuizamento da ação.

Para o rurícola, a comprovação desse período de carência nem sempre é tão simples. O previsto no artigo 143 da LBPS, com a redação que lhe deu a Lei 9063, de 14 de junho de 1995, deve-se dar pela apresentação alternativa dos documentos elencados nos incisos do artigo 106 da LBPS, ou seja, deve haver comprovação de um início de prova material, o que será melhor abordado na comprovação do tempo de serviço rural.

A concessão da aposentadoria por idade se dará, a requerimento do segurado, com o preenchimento dos requisitos do artigo 48 da LBPS, ou pela transformação da aposentadoria por invalidez ou auxílio-doença em aposentadoria por idade (tendo sido observada a carência), ou, ainda, compulsoriamente, pelo implemento da idade (70 anos, se homem, e 65, se mulher), na forma do artigo 51 da mesma lei, podendo ser requerida até mesmo pela empresa.

Para o segurado empregado, inclusive o doméstico, o benefício terá como data de início o dia do desligamento do emprego, quando requerido até essa data ou até 90 (noventa) dias depois dela; ou o dia do requerimento, quando não houver desligamento do emprego ou quando for requerida após 90 dias do desligamento. Para os demais segurados, o marco inicial é a data da entrada do requerimento.

Quando o requerimento da concessão é efetuado judicialmente, ou seja, quando o segurado não postulou administrativamente seu benefício, tem-se que, por analogia, ao artigo 49, II, da LBPS, deve o benefício ser devido a contar do ajuizamento.

Há que se ressaltar as diferenças para a implementação da aposentadoria por idade para o trabalhador rural e para o trabalhador urbano. Neste ponto, destaca-se, especialmente, a questão da carência, que para o trabalhador urbano, pela nova lei, é baseada nas contribuições recolhidas, enquanto para o trabalhador rural, além de serem exigidos 5 anos de idade a menos, como referido, a prova poderá ser feita pela comprovação de 180 meses de atividade rural. Mas essa prova, via de regra, não poderá ser exclusivamente testemunhal, segundo o entendimento majoritário, na interpretação do artigo 55, § 3º, da LBPS, aplicável ao caso, o que será comentado mais longamente na análise da aposentadoria por tempo de serviço.

O valor da aposentadoria por idade será calculado na forma do artigo 50 da LBPS, ou seja, respeitando os limites entre o valor do benefício mínimo e o valor correspondente a 100% do salário-de-benefício, mediante o cálculo que tem como base 70% do salário-de-benefício, mais 1% para cada grupo de 12 contribuições recolhidas na forma e prazos de lei.

Por fim, vale referir que o trabalhador rural se enquadra na categoria de segurado especial (artigo 11, inciso VII, da LBPS), e nessa qualidade, contribui obrigatoriamente para a previdência social em percentual calculado sobre o resultado da comercialização de sua produção (Constituição Federal, artigo 195, § 8º; LCPS, artigo 25). Contribuindo exclusivamente dessa forma, o segurado especial tem direito apenas aos benefícios de valor mínimo arrolados no inciso I e no parágrafo único do artigo 39 da LBPS, dentre os quais, a aposentadoria por idade.

A aposentadoria por tempo de serviço, com a nova redação dada ao artigo 201, § 7º, I, da Constituição Federal de 1988, passou a inexistir para os filiados à previdência social após 16 de dezembro de 1998, devido à entrada em vigor da EC nº 20/98, valendo, a partir de então, o critério do *tempo de contribuição*. Para os novos segurados, sempre que se falar em tempo de serviço, dever-se-á entender, portanto, tempo de contribuição.

A aposentadoria por tempo de serviço perdeu um tanto do *caráter distributivo*, característico dos benefícios da previdência social. Esse caráter distributivo reside na idéia de cada um contribuir proporcionalmente aos seus ganhos e receber na medida de suas necessidades indispensáveis. Isso porque, sabidamente, vivemos num país de imensas diferenças sociais, com uma das piores distribuições de renda dentre todos os países do mundo. Exige-se, assim, uma maior reciprocidade entre contribuição e benefício, atentando um pouco menos para o caráter social.

A justificativa governamental para essa nova ordem na organização da Previdência, no que tange ao pagamento e custeio dos benefícios, é a de que há um número cada vez menor de trabalhadores na ativa, para um número cada vez maior de aposentados, sendo que muitos desses pouco contribuíram para custear seu benefício (independentemente da análise de suas possibilidades financeiras), tendo havido, ainda, muitas aposentadorias consideradas precoces.

Com o evento da reforma, surgiu uma situação *sui generis* para os segurados que possuem expectativa na concessão de aposentadoria por tempo de serviço, qual seja, a formação de três "classes" de segurados, dependendo da época de sua filiação à previdência social, bem como da época em que o segurado implementará (ou implementou) as condições para concessão de sua aposentadoria.

Podemos subdividir, portanto, os segurados em três situações:

I) *aqueles que, já filiados à Previdência Social, implementaram as condições para obtenção do benefício anteriormente a 16/12/98.*

São os detentores de direito adquirido. Não importando quando venham a requerer o benefício, lhes é facultada a concessão pelo sistema anterior, na forma do *caput* do artigo 3º da EC nº 20.

II) *aqueles que, já filiados à Previdência Social, somente implementaram ou implementarão as condições para obtenção do benefício posteriormente a 16/12/98.*

Estes segurados possuem a situação mais delicada do sistema, uma vez que, com sua vida laboral em curso, muitos possuíam uma expectativa de aposentadoria breve, que se viu frustrada com a nova legislação. Para esses casos, ou se adota o regime atual (tempo de contribuição, na forma do artigo 201, § 7º, I, da Constituição Federal), ou o cálculo de transição, com o pagamento do chamado "pedágio", na forma do artigo 9º da EC nº 20.

O referido artigo estabelece que, *verbis*:

"Art. 9º Observado o disposto no art. 4º desta Emenda e ressalvado o direito de opção a aposentadoria pelas normas por ela estabelecidas para o regime geral de previdência social, é assegurado o direito à aposentadoria ao segurado que se tenha filiado ao regime geral de previdência social, até a data de publicação desta Emenda, quando, cumulativamente, atender aos seguintes requisitos:

I - contar com cinqüenta e três anos de idade, se homem, e quarenta e oito anos de idade, se mulher; e

II - contar tempo de contribuição igual, no mínimo, à soma de:

a) trinta e cinco anos, se homem, e trinta anos, se mulher; e

b) um período adicional de contribuição equivalente a vinte por cento do tempo que, na data da publicação desta Emenda, faltaria para atingir o limite de tempo constante da alínea anterior.

§ 1º O segurado de que trata este artigo, desde que atendido o disposto no inciso I do *caput*, e observado o disposto no art. 4º desta Emenda, pode aposentar-se com valores proporcionais ao tempo de contribuição, quando atendidas as seguintes condições:

I - contar tempo de contribuição igual, no mínimo, à soma de:

a) trinta anos, se homem, e vinte e cinco anos, se mulher; e

b) um período adicional de contribuição equivalente a quarenta por cento do tempo que, na data da publicação desta Emenda, faltaria para atingir o limite de tempo constante da alínea anterior;

II - o valor da aposentadoria proporcional será equivalente a setenta por cento do valor da aposentadoria a que se refere o caput, acrescido de cinco por cento por ano de contribuição que supere a soma a que se refere o inciso anterior, até o limite de cem por cento.

§ 2º O professor que, até a data da publicação desta Emenda, tenha exercido atividade de magistério e que opte por aposentar-se na forma do disposto no caput, terá o tempo de serviço exercido até a publicação desta Emenda contado com o acréscimo de dezessete por cento, se homem, e de vinte por cento, se mulher, desde que se aposente, exclusivamente, com tempo de efetivo exercício de atividade de magistério."

III) *aqueles que não haviam se filiado à Previdência Social até 16/12/98.*

A estes segurados restou acatar as regras impostas pela reforma previdenciária.

Os requisitos genéricos são os seguintes:

a) *Idade/contribuições.*

O requisito da idade mínima, muito polêmico e cansativamente discutido nas votações do Congresso Nacional, não subsistiu para os segurados da previdência social, nada impedindo que tal venha a ser determinado por lei ordinária. Somente para os servidores públicos, a partir da reforma, nos casos pertinentes, passou-se a exigir idade mínima, na forma do artigo 40, § 1º, III, *a*, da Constituição Federal.

No entanto, deve o segurado ter completado trinta e cinco anos de contribuição, se homem, e trinta anos de contribuição, se mulher, na forma do artigo. 201, § 7º, I, da Constituição Federal, para os casos enquadrados no novo sistema, exceto o professor, que se enquadra na categoria especial, que será vista posteriormente.

Para os casos de transição, verifique-se o apontado supra, na EC nº 20, artigo 9º. Já para os segurados possuidores de direito adquirido, sendo-lhes facultada a adoção do sistema atual, valem, também, as regras do sistema anteriormente previsto na LBPS, nos artigos 52 e 53.

Dispõem os referidos artigos:

"Art. 52. A aposentadoria por tempo de serviço será devida, cumprida a carência exigida nesta lei, ao segurado que completar 25 (vinte e cinco) anos de serviço, se do sexo feminino, ou 30 (trinta) anos, se do masculino.

Art. 53. A aposentadoria por tempo de serviço, observado o disposto na Seção III deste capítulo, especialmente no art. 33, consistirá numa renda mensal de:

I - para a mulher: 70% (setenta por cento) do salário-de-benefício aos 25 (vinte e cinco) anos de serviço, mais 6% (seis por cento) deste, para cada novo ano completo de atividade, até o máximo de 100% (cem por cento) do salário-de-benefício aos 30 (trinta) anos de serviço;

II - para o homem: 70% (setenta por cento) do salário-de-benefício aos 30 (trinta) anos de serviço, mais 6% (seis por cento) deste, para cada novo ano completo de atividade, até o máximo de 100% (cem por cento) do salário-de-benefício aos 35 (trinta e cinco) anos de serviço."

b) *Carência.*

O período de carência, previsto na LBPS, para a aposentadoria por tempo de serviço/contribuição, é de 180 meses/contribuições mensais, na forma do inciso II, do artigo 25 ou artigo 142, ambos da

LBPS, dependendo do caso, dentre os três apontados, a que se referir.

Assim dispõe a LBPS:

"Art 25. A concessão das prestações pecuniárias do Regime Geral de Previdência Social depende dos seguintes períodos de carência, ressalvado o disposto no art. 26:

I - ...

II - aposentadoria por idade, aposentadoria por tempo de serviço e aposentadoria especial: 180 contribuições mensais. (Redação dada pela Lei nº 8.870, de 15.4.94)."

Art 142. Para o segurado inscrito na Previdência Social Urbana até 24 de julho de 1991, bem como para o trabalhador e o empregador rural cobertos pela Previdência Social Rural, a carência das aposentadorias por idade, por tempo de serviço e especial obedecerá à seguinte tabela, levando-se em conta o ano em que o segurado implementou todas as condições necessárias à obtenção do benefício: (Artigo e tabela com a redação dada pela Lei nº 9.032, de 28.4.95)

Ano de implementação das condições	Meses de contribuição exigidos
1991	60 meses
1992	60 meses
1993	66 meses
1994	72 meses
1995	78 meses
1996	90 meses
1997	96 meses
1998	102 meses
1999	108 meses
2000	114 meses
2001	120 meses
2002	126 meses
2003	132 meses
2004	138 meses
2005	144 meses
2006	150 meses
2007	156 meses
2008	162 meses
2009	168 meses
2010	174 meses
2011	180 meses

Direito Previdenciário e Estado Democrático de Direito

No atinente à aposentadoria por tempo de serviço, há disposição constitucional expressa no artigo 201, § 7º, I, e a matéria, na legislação regulamentadora, é prevista nos artigos 52 a 56 da LBPS, e 56 a 63 RPS (54 a 61 do revogado Decreto 2172/97).

O art. 201, § 7º, I, da Constituição Federal tem a seguinte redação:

"Art. 201...

§ 7º É assegurada aposentadoria no regime geral de previdência social, nos termos da lei, obedecidas as seguintes condições:
I - trinta e cinco anos de contribuição, se homem, e trinta anos de contribuição, se mulher;"

Assim estão dispostos os textos da LBPS:

"Art. 52. A aposentadoria por tempo de serviço será devida, cumprida a carência exigida nesta Lei, ao segurado que completar 25 (vinte e cinco) anos de serviço, se do sexo feminino, ou 30 (trinta) anos, se do sexo masculino.

Art. 53. A aposentadoria por tempo de serviço, observado o disposto na Seção III deste Capítulo, especialmente no art. 33, consistirá numa renda mensal de:
I - para a mulher: 70% (setenta por cento) do salário-de-benefício aos 25 (vinte e cinco) anos de serviço, mais de 6% (seis por cento) deste, para cada novo ano completo de atividade, até o máximo de 100% (cem por cento) do salário-de-benefício aos 30 (trinta) anos de serviço;
II - para o homem: 70% (setenta por cento) do salário-de-benefício aos 30 (trinta anos de serviço mais 6% (seis por cento) deste, para cada novo ano completo de atividade até o máximo de 100% (cem por cento) do salário-de-benefício aos 35 (trinta e cinco anos) de serviço.

Art. 54. A data de início da aposentadoria por tempo de serviço será fixada da mesma forma que a da aposentadoria por idade, conforme no disposto no art. 49.

Art. 55. O tempo de serviço será comprovado na forma estabelecida no Regulamento compreendendo, além do correspondente às atividades de qualquer das categorias de segurados de que trata o art. 11 desta Lei, mesmo que anterior à perda da qualidade de segurado.

I - o tempo de serviço militar, inclusive o voluntário e o previsto no § 1º do art. 143 da Constituição Federal, ainda que anterior à filiação ao Regime Geral da Previdência Social, desde que não tenha sido contado para inatividade remunerada nas Forças Armadas ou aposentadoria no serviço público;

II - O tempo intercalado em que esteve em gozo de auxílio-doença ou aposentadoria por invalidez;

III - O tempo de contribuição efetuada como segurado facultativo; (Redação dada pela Lei nº 9.032, de 28-4-95);

IV - O tempo de serviço referente ao exercício de mandato efetivo federal, estadual ou municipal, desde que não tenha sido contado para efeito de aposentadoria por outro regime de previdência social; (Redação dada pela Lei nº 9.506 de 30.10.97);

V - o tempo de contribuição efetuado por segurado depois de ter deixado de exercer atividade remunerada que o enquadrava no art. 11 desta Lei;

VI - o tempo de contribuição efetuado com base nos artigos 8º e 9º da Lei nº 8.162, de 8 de janeiro de 1991, pelo segurado definido no artigo 11, inciso I, alínea *g* desta Lei, sendo tais contribuições computadas para efeito de carência (Inciso acrescentado pela Lei nº 8.647, de 13.4.93).

§ 1º A averbação de tempo de serviço durante o qual o exercício da atividade não determinava filiação obrigatória ao anterior Regime de Previdência Social Urbana só será admitida mediante o recolhimento das contribuições correspondentes, conforme dispuser o regulamento, observado o disposto no § 2º.

§ 2º O tempo de serviço do segurado trabalhador rural, anterior à data de vigência desta Lei, será computado independentemente do recolhimento das contribuições a ele correspondentes, exceto para efeito de carência, conforme dispuser o Regulamento.

§ 3º A comprovação de tempo de serviço para os efeitos desta Lei, inclusive mediante justificação administrativa ou judicial, conforme o disposto no art. 108, só produzirá efeito quando baseada em início de prova material, não sendo admitida prova exclusivamente testemunhal, salvo na ocorrência de motivo de força maior ou caso fortuito, conforme disposto no Regulamento.

Art. 56. O professor, após 30 (trinta) anos, e a professora após 25 (vinte e cinco) anos de efetivo exercício em funções de magistério poderão aposentar-se por tempo de serviço, com renda mensal correspondente a 100% (cem por cento) do salário-de-benefício, observado o disposto na Seção III deste Capítulo."

No RPS, a matéria está assim disposta:

"Art. 56. A aposentadoria por tempo de contribuição, uma vez cumprida a carência exigida, será devida ao segurado que completar trinta e cinco anos de contribuição e sessenta e cinco de idade, se do sexo masculino, ou trinta anos de contribuição e sessenta de idade, se do sexo feminino.

§ 1º A aposentadoria por tempo de contribuição será devida ao professor aos trinta anos de contribuição e sessenta e cinco de idade e à professora aos vinte e cinco anos de contribuição e sessenta de idade, desde que comprovem, exclusivamente, tempo de efetivo exercício em função de magistério na educação infantil, no ensino fundamental ou no ensino médio.

§ 2º Para fins do disposto no parágrafo anterior, considera-se função de magistério a atividade docente do professor exercida exclusivamente em sala de aula.

§ 3º Se mais vantajoso, fica assegurado o direito à aposentadoria, nas condições legalmente previstas na data do cumprimento de todos os requisitos previstos no caput , ao segurado que optou por permanecer em atividade.

§ 4º Para efeito do disposto no parágrafo anterior, o valor inicial da aposentadoria, apurado conforme o § 9º do art. 32, será comparado com o valor da aposentadoria calculada na forma da regra geral deste Regulamento, mantendo-se o mais vantajoso, considerando-se como data de início do benefício a data da entrada do requerimento.

5º O segurado oriundo de regime próprio de previdência social que se filiar ao Regime Geral de Previdência Social a partir de 16 de dezembro de 1998 fará jus a aposentadoria por tempo de contribuição nos termos desta Subseção, não se lhe aplicando o disposto no art. 188.

Art. 57. A aposentadoria por tempo de contribuição consiste numa renda mensal calculada na forma do inciso IV do *caput* do art. 39.

Art. 58. A data do início de aposentadoria por tempo de contribuição será fixada conforme o disposto nos incisos I e II do art. 52.

Art. 59. Considera-se tempo de contribuição o tempo, contado de data a data, desde o início até a data do requerimento ou do desligamento de atividade abrangida pela previdência social, descontados os períodos legalmente estabelecidos como de suspensão de contrato de trabalho, de interrupção de exercício e de desligamento da atividade.

Art 60. Até que lei específica discipline a matéria, são contados como tempo de contribuição, entre outros:

I - o período de exercício de atividade remunerada abrangida pela previdência social urbana e rural, ainda que anterior à sua instituição, respeitado o disposto no inciso XVII;

II - O período de contribuição efetuada por segurado depois de ter deixado de exercer atividade remunerada que o enquadrava como segurado obrigatório da previdência social;

III - o período em que o segurado esteve recebendo auxílio-doença ou aposentadoria por invalidez, entre períodos de atividade;

IV - o tempo de serviço militar, salvo se já contado para inatividade remunerada nas Forças Armadas ou auxiliares, ou para aposentadoria no serviço público federal, estadual, do Distrito Federal ou municipal, ainda que anterior à filiação ao Regime Geral de Previdência Social, nas seguintes condições:

a) obrigatório ou voluntário; e

b) alternativo, assim considerado o atribuído pelas Forças Armadas àqueles que, após alistamento, alegarem imperativo de consciência, entendendo-se como tal o decorrente de crença religiosa e de convicção filosófica ou política, para se eximirem de atividades de caráter militar;

V - o período em que a segurada esteve recebendo salário-maternidade;

VI - o período de contribuição efetuada como segurado facultativo;

VII - o período de afastamento da atividade do segurado anistiado que, em virtude de motivação exclusivamente política, foi atingido por atos de exceção, institucional ou complementar, ou abrangido pelo Decreto Legislativo nº 18, de 15 de dezembro de 1961, pelo Decreto-Lei nº 864, de 12 de setembro de 1969, ou que, em virtude de pressões ostensivas ou expedientes oficiais sigilosos, tenha sido demitido ou compelido ao afastamento de atividade remunerada no período de 18 de setembro de 1946 a 5 de outubro de 1988;

VIII - o tempo de serviço público federal, estadual, do Distrito Federal ou municipal, inclusive o prestado a autarquia ou a sociedade de economia mista ou fundação instituída pelo Poder Público, regularmente certificado na forma da Lei nº 3.841, de 15 de dezembro de 1960, desde que a respectiva certidão tenha sido requerida na entidade para a qual o serviço

Direito Previdenciário e Estado Democrático de Direito

foi prestado até 30 de setembro de 1975, véspera do início da vigência da Lei nº 6.226, de 14 de junho de 1975;

IX - o período em que o segurado esteve recebendo benefício por incapacidade por acidente do trabalho, intercalado ou não;

X - o tempo de serviço do segurado trabalhador rural anterior à competência novembro de 1991;

XI - o tempo de exercício de mandato classista junto a órgão deliberação coletiva em que, nessa qualidade, tenha havido contribuição para a previdência social;

XII - o tempo de serviço público prestado à administração federal direta e autarquias federais, bem como às estaduais, do Distrito Federal e municipais, quando aplicada a legislação que autorizou a contagem recíproca de tempo de contribuição;

XIII - o período de licença remunerada, desde que tenha havido desconto de contribuições;

XIV - o período em que o segurado tenha sido colocado pela empresa em disponibilidade remunerada, desde que tenha havido desconto de contribuições;

XV - o tempo de serviço prestado à Justiça dos Estados, às serventias extrajudiciais e às escrivanias judiciais, desde que não tenha havido remuneração pelos cofres públicos e que a atividade não estivesse à época vinculada a regime próprio de previdência social;

XVI - o tempo de atividade patronal ou autônoma, exercida anteriormente à vigência da Lei nº 3.807, de 26 de agosto de 1960, desde que indenizado conforme o disposto no art. 122,

XVII - o período de atividade na condição de empregador rural, desde que comprovado o recolhimento de contribuições na forma da Lei nº 6.260, de 6 de novembro de 1975, com indenização do período anterior, conforme o disposto no art. 122;

XVIII - o período de atividade dos auxiliares locais de nacionalidade brasileira no exterior, amparados pela Lei nº 8.745, de 1993, anteriormente a 1º de janeiro de 1994, desde que sua situação previdenciária esteja regularizada junto ao Instituto Nacional do Seguro Social;

XIX - o tempo de exercício de mandato eletivo federal, estadual, distrital ou municipal, desde que tenha havido contribuição em época própria e não tenha sido contado para efeito de aposentadoria por outro regime de previdência social;

XX - o tempo de trabalho em que o segurado esteve exposto a agentes nocivos químicos, físicos, biológicos ou associação de agentes prejudiciais à saúde ou à integridade física, observado o disposto nos arts. 64 a 70; e

XXI - o tempo de contribuição efetuado pelo servidor público de que tratam as alíneas *i, j* e *l* do inciso I do *caput* do art. 9º e o § 2º do art. 26, com base nos arts. 8º e 9º da Lei nº 8.162, de 8 de janeiro de 1991, e no art. 2º da Lei nº 8.688, de 21 de julho de 1993.

§ 1º Não será computado como tempo de contribuição o já considerado para concessão de qualquer aposentadoria prevista neste Regulamento ou por outro regime de previdência social.

§ 2º As aposentadorias por idade, tempo de contribuição e especial concedidas pela previdência social, na forma deste Regulamento, são irreversíveis e irrenunciáveis.

§ 3º O tempo de contribuição de que trata este artigo será considerado para cálculo do valor da renda mensal de qualquer benefício.

§ 4º O segurado especial que contribui na forma do § 2º do art. 200 somente fará jus à aposentadoria por idade, tempo de contribuição e especial após o cumprimento da carência exigida para estes benefícios, não sendo considerado como período de carência o tempo de atividade rural não contributivo.

§ 5º Não se aplica o disposto no inciso VII ao segurado demitido ou exonerado em razão de processos administrativos ou de aplicação de política de pessoal do governo, da empresa ou da entidade a que estavam vinculados, assim como ao segurado ex-dirigente ou ex-representante sindical que não comprove prévia existência do vínculo empregatício mantido com a empresa ou sindicato e o conseqüente afastamento da atividade remunerada em razão dos atos mencionados no referido inciso.

§ 6º Caberá a cada interessado alcançado pelas disposições do inciso VII comprovar a condição de segurado obrigatório da previdência social, mediante apresentação dos documentos contemporâneos dos fatos ensejadores da demissão ou afastamento da atividade remunerada, assim como apresentar o ato declaratório da anistia, expedido pela autoridade competente, e a conseqüente comprovação da sua publicação oficial.

§ 7º Para o cômputo do período a que se refere o inciso VII, o Instituto Nacional do Seguro Social deverá observar se no ato declaratório da anistia consta o fundamento legal no qual se fundou e o nome do órgão, da empresa ou da entidade a que estava vinculado o segurado à época dos atos que ensejaram a demissão ou o afastamento da atividade remunerada.

§ 8º É indispensável para o cômputo do período a que se refere o inciso VII a prova da relação de causa entre a demissão ou afastamento da atividade remunerada e a motivação referida no citado inciso.

Art. 61. São contados como tempo de contribuição, para efeito do disposto nos §§ 1º e 2º do art. 56:

I - o de serviço público federal, estadual, do Distrito Federal ou municipal;

II - o de recebimento de benefício por incapacidade, entre períodos de atividade; e

III - o de benefício por incapacidade decorrente de acidente do trabalho, intercalado ou não.

§ 1º A comprovação da condição de professor far-se-á mediante a apresentação:

I - do respectivo diploma registrado nos órgãos competentes federais e estaduais, ou de qualquer outro documento que comprove a habilitação para o exercício do magistério, na forma de lei específica; e

II - dos registros em Carteira Profissional e/ou Carteira de Trabalho e Previdência Social complementados, quando for o caso, por declaração do estabelecimento de ensino onde foi exercida a atividade, sempre que necessária essa informação, para efeito e caracterização do efetivo exercício da função de magistério, nos termos do § 2º do art. 56.

§ 2º É vedada a conversão de tempo de serviço de magistério, exercido em qualquer época, em tempo de serviço comum.

Art. 62. A prova de tempo de serviço, considerando tempo de contribuição na forma do art. 60, observadas, no que couber, as peculiaridades do segurado de que tratam as alíneas *j* e *l* do inciso V do *caput* do art. 9º e do art. 11, é feita mediante documentos que comprovem o exercício de atividade nos períodos a serem contados, devendo esses documentos ser contemporâneos dos fatos a comprovar e mencionar as datas de início e término e, quando se tratar de trabalhador avulso, a duração do trabalho e a condição em que foi prestado.

§ 1º As anotações em Carteira Profissional e/ou Carteira de Trabalho e Previdência Social relativas a férias, alterações de salários e outras que demonstrem a seqüência do exercício da atividade podem suprir possível falha de registro de admissão ou dispensa.

§ 2º Servem para a prova prevista neste artigo os documentos seguintes:

I - o contrato individual de trabalho, a Carteira Profissional e/ou a Carteira de Trabalho e Previdência Social, a carteira de férias, a carteira sanitária, a caderneta de matrícula e a caderneta de contribuições dos extintos institutos de aposentadoria e pensões, a caderneta de inscrição pessoal visada pela Capitania dos Portos, pela Superintendência do Desenvolvimento da Pesca, pelo Departamento Nacional de Obras Contra as Secas e declarações da Receita Federal;

II - certidão de inscrição em órgão de fiscalização profissional, acompanhada do documento que prove o exercício da atividade;

III - contrato social e respectivo distrato, quando for o caso, ata de assembléia geral e registro de firma individual;

IV - contrato de arrendamento, parceria ou, comodato rural;

V - certificado de sindicato ou órgão gestor de mão-de-obra que agrupa trabalhadores avulsos;

VI - comprovante de cadastro do Instituto Nacional de Colonização e Reforma Agrária, no caso de produtores em regime de economia familiar;

VII - bloco de notas do produtor rural; ou

VIII - declaração de sindicato de trabalhadores rurais ou colônia de pescadores, desde que homologada pelo Instituto Nacional do Seguro Social.

§ 3º Na falta de documento contemporâneo podem ser aceitos declaração do empregador ou seu preposto, atestado de empresa ainda existente, certificado ou certidão de entidade oficial dos quais constem os dados previstos no caput deste artigo, desde que extraídos de registros efetivamente existentes e acessíveis à fiscalização do Instituto Nacional do Seguro Social.

§ 4º Se o documento apresentado pelo segurado não atender ao estabelecido neste artigo, a prova exigida pode ser complementada por outros documentos que levam à convicção do fato a comprovar, inclusive mediante justificação administrativa, na forma do Capítulo VI deste Título.

§ 5º A comprovação realizada mediante justificação administrativa ou judicial só produz efeito perante a previdência social quando baseada em início de prova material.

§ 6º A prova material somente terá validade para a pessoa referida no documento, não sendo permitida sua utilização por outras pessoas.

Direito Previdenciário e Estado Democrático de Direito

Art. 63. Não será admitida prova, exclusivamente testemunhal para efeito de comprovação de tempo de serviço ou de contribuição, salvo na ocorrência de motivo de força maior ou caso fortuito, observado o disposto no § 2º do art. 143.
A data de início do benefício prevista para esta modalidade de aposentadoria rege-se na mesma forma da aposentadoria por idade, conforme dispõe o artigo 54 combinado com artigo 49, ambos da LBPS."

Dispõem os referidos artigos:

"Art 54. A data de início da aposentadoria por tempo de serviço será fixada da mesma forma que a da aposentadoria por idade, conforme o disposto no art. 49."

"Art 49. A aposentadoria por idade será devida:
I - ao segurado empregado, inclusive o doméstico, a partir:
a) da data do desligamento do emprego, quando requerida até essa data ou até 90 (noventa) dias depois dela; ou
b) da data do requerimento, quando não houver desligamento do emprego ou quando for requerida após o prazo previsto na alínea *a*;
II - para os demais segurados, da data da entrada do requerimento."

O cálculo do valor do benefício, como nos casos anteriores, respeita o estabelecido no artigo 33 da LBPS.

Computa-se como tempo de serviço/contribuição não somente o período em que o segurado exerceu atividade laboral contribuindo para a previdência social, mas também aqueles períodos em que ele esteve afastado de sua atividade, percebendo benefício por incapacidade temporal ou permanente (uma vez que pode ter sido reabilitado).

A prova do tempo de serviço/contribuição se dará na forma da LBPS, artigo 55, e RPS, arts. 60 a 63, sendo que as previsões do Regulamento são mais abrangentes.

Para a comprovação do tempo de serviço, via de regra, não é aceita tão-somente a prova testemunhal, sendo exigido, conforme o referido artigo 55, § 3º, pelo menos um início de prova material.

A questão da prova do tempo de serviço/contribuição cresce em interesse no Judiciário quando se tratar de comprovação de tempo de serviço exercido no meio rural, devido às peculiaridades atinentes à análise das provas nesse meio e à dificuldade na obtenção de documentação que comprove, por exemplo, a condição da esposa do agricultor.

Na verdade, há muitas ações em curso, relativas a período anterior à reforma, envolvendo tanto a concessão do benefício pelo trabalho rural prestado, como pedido de averbação desse tempo trabalhado no meio rural. Nesses casos deve o julgador, ao exame de cada caso, buscar a verdade, nunca perdendo de vista as peculiaridades do caso concreto para, então, poder aplicar a lei.

No cotejo dos dispositivos legais, com as dificuldades da prova do efetivo trabalho prestado, também nunca pode o julgador perder de vista a possibilidade de fraudes, que resultariam na falência do sistema previdenciário. De outro lado, vislumbram-se as dificuldades enfrentadas pelo trabalhador do campo que, muitas vezes, longe dos centros populacionais, não guardou qualquer prova escrita de sua vida laboral.

Por isso, o exame atento de cada caso. Em alguns, há as certidões de casamento nas quais está registrada a profissão do trabalhador (prova escrita da época); em outros, há o bloco de produtor rural; em outros, a residência, o lugar do nascimento, a relação com o dono da terra, a lavoura de sustento. Tudo isso serve como o início de prova material exigido na LBPS, em seu artigo 55, § 3º, para fins de comprovação de tempo de serviço.

Correta a posição de vinculação da INSS às justificações judiciais. No entanto, é a própria lei que regulamenta a comprovação do tempo de serviço que excepciona tal assertiva e que permite o exame casuístico dos fatos que são levados a juízo.

Deve restar comprovado o exercício, pela parte autora, da atividade laborativa rurícola, o que pode ocorrer pela apresentação alternativa dos documentos elencados nos incisos do artigo 106 da LBPS.

Estabelece a LBPS que:

"Art. 106. Para comprovação do exercício de atividade rural será obrigatória, a partir de 16 de abril de 1994, a apresentação da Carteira de Identificação e Contribuição-CIC referida no § 3º do art. 12 da Lei nº 8.212, de 24 de julho de 1991. (Redação dada pela Lei nº 9.063, de 14.6.95)

Parágrafo único. A comprovação do exercício de atividade rural referente ao período anterior a 16 de abril de 1994, observado o disposto no § 3º do art. 55 desta Lei, far-se-á alternativamente através de: (Redação dada pela Lei nº 9.063, de 14.6.95)

I - contrato individual de trabalho ou Carteira de Trabalho e Previdência Social;

II - contrato de arrendamento, parceria ou comodato rural;

Direito Previdenciário e Estado Democrático de Direito

149

III - declaração de sindicato de trabalhadores rurais, desde que homologada pelo INSS; (Redação dada pela Lei nº 9.063, de 14.6.95)
IV - comprovante de cadastro do INCRA, no caso produtores em regime de economia familiar; (Redação dada pela Lei nº 9.063, de 14.6.95)
V - bloco de notas do produtor rural. (Redação dada pela Lei nº 9.063, 14.6.95)"

Em se tratando de trabalho rural, em economia familiar, toda a prova pode ser relativa ao chefe da família, valendo tanto para a esposa quanto para o filho menor. Exigir documentos expedidos em nome da mulher ou dos filhos - trabalhadores rurais - equivaleria a alijá-los, sistematicamente, do direito à percepção daqueles benefícios que a lei previdenciária lhes faculta, até porque a documentação, em especial, no meio rural, é costumeiramente lançada no nome do chefe da família.

Esta posição, no entanto, não é pacífica.

O termo de homologação do Ministério Público é prova material suficiente do período trabalhado, o que, nos termos do artigo 106 da LBPS, pode até mesmo propiciar o julgamento antecipado da lide - isto tudo tendo em vista a própria essência da função ministerial.

A prova testemunhal sempre servirá para fortalecer as razões do segurado e lastrear o convencimento do julgador, em caso de decisão favorável; isso tendo-se em vista a Súmula 149 do STJ.[275]

Contudo, há casos em que parte da jurisprudência entende ser possível o reconhecimento de tempo de serviço rural mediante a apresentação tão-somente de prova testemunhal qualificada, como no caso dos "bóias-frias".

É que, em casos como estes, nos quais há alegação de que a parte desenvolveu atividade de trabalhador contratado para atender a sazonalidade da colheita, mais conhecido como *bóia-fria*, a prova testemunhal merece ser interpretada e encarada de maneira especial.

A jurisprudência tem acolhido, tão-somente no caso do *bóia-fria*, a prova exclusivamente testemunhal.[276]

---

[275] Nos termos da Súmula 149 do STJ, "a prova exclusivamente testemunhal não basta à comprovação da atividade rurícola para efeito de obtenção de benefício previdenciário."

[276] É o que se vê da seguinte ementa da 6ª Turma do STJ, *in verbis*: "RESP - CONSTITUCIONAL - PREVIDENCIÁRIO - PROVA - LEI Nº 8.213/91 (ART. 55, § 3º) - DECRETO Nº 611/92 (ART. 60 E 61) - INCONSTITUCIONALIDADE. O Poder Judiciário só se justifica se visar à verdade real. Corolário do princípio moderno

Assim, pode-se ter como comprovada a atividade rural mediante prova exclusivamente testemunhal para fins de obtenção de benefício, tomando como exceção a situação especial dos *bóias-frias*.

Alguns segurados têm a concessão de seu benefício denegada na via administrativa, requerendo judicialmente, além desta concessão, a condenação do INSS em dano moral.

O conceito de dano moral está atrelado intimamente à honra, ao sentimento subjetivo do indivíduo de que foi lesado em sua carga de valores morais, o que leva à necessidade da reparação desta violação.

No caso de negativa de deferimento do benefício na via administrativa, entretanto, não há como se concluir pela ocorrência do dano moral capaz de determinar o seu ressarcimento patrimonial porque o indeferimento do benefício previdenciário em sede administrativa não resulta em perda de ordem moral ou ofensa ao segurado a merecerem ser indenizados.

Por fim, cabe ressaltar a discussão, ainda em voga, sobre a concessão de aposentadoria por tempo de serviço rural, causa de muitas ações em tramitação na Justiça Federal.

O benefício de aposentadoria por tempo de serviço deve ser examinado à luz da legislação vigente à data do pedido administrativo, se houver, ou do ajuizamento da ação, quando, em princípio, deduz-se que o segurado/requerente implementou as condições para a obtenção do benefício supramencionado.

Nos termos do artigo 52 da LBPS, a concessão da aposentadoria por tempo de serviço, no regime anterior à reforma ou para os que implementaram as condições até aquela data, é condicionada ao preenchimento de dois requisitos: comprovação de 25 anos de serviço para a mulher e 30 anos para o homem, mais o período de carência, nos termos do artigo 25, II, ou do artigo 142, ambos da LBPS.

---

de acesso ao Judiciário, qualquer meio de prova é útil, salvo se receber o repúdio do Direito. A prova testemunhal é admitida. Não pode, por isso, ainda que a lei o faça, ser excluída, notadamente quando for a única hábil a evidenciar o fato. Os negócios de vulto, de regra, são reduzidos a escrito. Outra, porém, a regra geral quando os contratantes são pessoas simples, não afeitas às formalidades do Direito. Tal acontece com os chamados *bóias-frias*, muitas vezes, impossibilitados, dada a situação econômica, de impor o registro em carteira. Impor outro meio de prova, quando a única for a testemunhal, restringir-se-á a busca da verdade real, o que não é inerente ao Direito Justo. Evidente a inconstitucionalidade da Lei nº 8.213/91 (art. 55, § 3º) e do Decreto nº 611/92 (art. 60 e 61). (Recurso Especial nº 58.241-5/SP, Relator: Ministro Luiz Vicente Cernicchiaro. Brasília, 13 de março de 1995. DJU 24 de abril de 1995, p. 10430).

O produtor rural, como já referido supra, enquadra-se na categoria de segurado especial (artigo 11, inciso VII, da LBPS), e, nessa qualidade, contribui obrigatoriamente para a Previdência Social em percentual calculado sobre o resultado da comercialização de sua produção (Constituição Federal, artigo 195, § 8º; LCPS, artigo 25). Contribuindo exclusivamente dessa forma, o segurado especial tem direito *apenas aos benefícios de valor mínimo* arrolados no inciso I e no parágrafo único do artigo 39 da LBPS, a saber: aposentadoria por idade ou por invalidez, auxílio-reclusão, pensão e salário-maternidade.

O segurado especial tem, porém, a faculdade de contribuir sobre a escala de salário-base, e somente neste caso terá direito a todos os benefícios da LBPS a serem calculados na forma da lei (artigo 39, inciso II).

O artigo 201, § 9º, da Constituição Federal, os artigos 94 a 99 da LBPS e os artigos 125 a 135 do RPS (182 a 188 do revogado Decreto 2172/97) contemplam a possibilidade de contagem recíproca do tempo de serviço. A observação mais importante a ser feita, no caso, é que esses artigos da LBPS referem-se, também, aos servidores públicos, e não somente aos segurados da Previdência Social. Das últimas alterações legislativas, restou a conclusão de que o tempo de serviço no serviço público, mesmo que sem contribuição, será computado para todos os fins, ao passo que, quanto ao trabalho na iniciativa privada, somente será computado o tempo efetivamente contribuído, conforme a redação do artigo 94 da LBPS.

Assim estabelece a Constituição Federal:

"Art. 201...

§ 9º - Para efeito de aposentadoria, é assegurada a contagem recíproca do tempo de contribuição na administração pública e na atividade privada, rural e urbana, hipótese em que os diversos regimes de previdência social se compensarão financeiramente, segundo critérios estabelecidos em lei."

Por sua vez, a LBPS determina:

"Art. 94. Para efeito dos benefícios previstos no Regime Geral de Previdência Social ou no serviço público é assegurada a contagem recíproca do tempo de contribuição na atividade privada, rural e urbana, e do tempo de contribuição ou de serviço na administração pública, hipótese em que os diferentes sistemas de previdência social se compensarão financeiramente. (Redação dada pela Lei 9711, de 20-11-98)

Parágrafo único. A compensação financeira será feita ao sistema a que o interessado estiver vinculado ao requerer o benefício pelos demais sistemas, em relação aos respectivos tempos de contribuição ou de serviço, conforme dispuser o Regulamento.

Art. 95. Observada a carência de 36 (trinta e seis) contribuições mensais, o segurado poderá contar, para fins de obtenção dos benefícios do Regime Geral de Previdência Social, o tempo de serviço prestado à administração pública federal direta, autárquica e fundacional. (O *caput* deste artigo foi revogado pelo art. 23 da Medida Provisória 1969-13/2000)

Parágrafo único. Poderá ser contado o tempo de serviço prestado à administração pública direta, autárquica e fundacional dos Estados, do Distrito Federal e dos Municípios, desde que estes assegurem aos seus servidores a contagem de tempo do serviço em atividade vinculada ao Regime Geral de Previdência Social.

Art. 96. O tempo de contribuição e de serviço de que esta Seção será contado de acordo com a legislação pertinente, observadas as normas seguintes:

I - não será admitida a contagem em dobro ou em outras condições especiais;

II - é vedada a contagem de tempo de serviço público com o de atividade privada, quando concomitantes;

III - não será contado por um sistema o tempo de serviço utilizado para concessão de aposentadoria pelo outro;

IV - O tempo de serviço anterior ou posterior à obrigação de filiação à Previdência Social, só será contado mediante indenização da contribuição correspondente ao período respectivo, com acréscimo de juros moratórios de um por cento ao mês e multa de dez por cento. (Redação dada pela Lei nº 9.528, de 10.12.97).

V - (Inciso excluído pela Lei nº 9.528, de 10.12.97).

Art. 97. A aposentadoria por tempo de serviço, com contagem de tempo na forma desta Seção, será concedida ao segurado do sexo feminino a partir de 25 (vinte e cinco) anos completos de serviço, e, ao segurado do sexo masculino, a partir de 30 (trinta) anos completos de serviço, ressalvadas as hipóteses de redução previstas em lei. (Sem efeito em face da EC 20/98)

Art. 98. Quando a soma dos tempos de serviço ultrapassar 30 (trinta) anos, se do sexo feminino, e 35 (trinta e cinco) anos, se do sexo masculino, o excesso não será considerado para qualquer efeito.

Art. 99. O benefício resultante de contagem de tempo de serviço na forma desta Seção será concedido e pago pelo sistema a que o interessado estiver vinculado ao requerê-lo, e calculado na forma da respectiva legislação."

No RBPS, a matéria está assim disposta:

"Art 125. Para efeito de contagem recíproca, hipótese em que os diferentes sistemas de previdência social compensar-se-ão financeiramente, é assegurado:

I - para fins dos benefícios previstos no Regime Geral de Previdência Social, o cômputo do tempo de contribuição na administração pública; e

II - para fins de emissão de certidão de tempo de contribuição, pelo Instituto Nacional do Seguro Social, para utilização no serviço público, o cômputo do tempo de contribuição na atividade privada, rural e urbana, observado o disposto no parágrafo único do art. 123, no § 13 do art. 216 e no § 8º do art. 239.

Art. 126. O segurado terá direito de computar, para fins de concessão dos benefícios do Regime Geral de Previdência Social, o tempo de contribuição na administração pública federal direta, autárquica e fundacional.

Parágrafo único. Poderá ser contado o tempo de contribuição na administração pública direta, autárquica e fundacional dos Estados, do Distrito Federal e dos Municípios, desde que estes assegurem aos seus servidores, mediante legislação própria, a contagem de tempo de contribuição em atividade vinculada ao Regime Geral de Previdência Social.

Art 127. O tempo de contribuição de que trata este Capítulo será contado de acordo com a legislação pertinente, observadas as seguintes normas:

I - não será admitida a contagem em dobro ou em outras condições especiais;

II - é vedada a contagem de tempo de contribuição no serviço público com o de contribuição na atividade privada, quando concomitantes;

III - não será contado por um regime o tempo de contribuição utilizado para concessão de aposentadoria por outro regime;

IV - o tempo de contribuição anterior ou posterior à obrigatoriedade de filiação à previdência social somente será contado mediante observância, quanto ao período respectivo, do disposto nos arts. 122 e 124; e

V - o tempo de contribuição do segurado trabalhador rural anterior à competência novembro de 1991 será computado, desde que observado o disposto no parágrafo único do art. 123, no § 13 do art. 216 e no § 8º do art. 239.

Art 128. A certidão de tempo de contribuição anterior ou posterior à filiação obrigatória à previdência social somente será expedida mediante a observância do disposto nos arts. 122 e 124.

§ 1º A certidão de tempo de contribuição, para fins de averbação do tempo em outros regimes de previdência, somente será expedida pelo Instituto Nacional do Seguro Social após a comprovação da quitação de todos os valores devidos, inclusive de eventuais parcelamentos de débito.

§ 2º - (revogado)

§ 3º Observado o disposto no § 6º do art. 62, a certidão de tempo de contribuição referente a período de atividade rural anterior à competência novembro de 1991 somente será emitida mediante comprovação do recolhimento das contribuições correspondentes ou indenização nos termos dos §§ 13 e 14 do art. 216, observado o disposto no § 8º do art. 239.

Art 129. O segurado em gozo de auxílio-acidente terá o benefício encerrado na data da emissão da certidão de tempo de contribuição.

Art 130. O tempo de contribuição para regime próprio de previdência social ou para o Regime Geral de Previdência Social pode ser provado com certidão fornecida:

I - pelo setor competente da administração federal, estadual, do Distrito Federal e municipal, suas autarquias e fundações, relativamente ao tempo de contribuição para o respectivo regime próprio de previdência social; ou

II - pelo setor competente do Instituto Nacional do Seguro Social, relativamente ao tempo de contribuição para o Regime Geral de Previdência Social, observadas as seguintes disposições:

a) a certidão deverá abranger o período integral de filiação à previdência social, não se admitindo o seu fornecimento para períodos fracionados;

b) em hipótese alguma será expedida certidão de tempo de contribuição se o mesmo já tiver sido utilizado para efeito de

Direito Previdenciário e Estado Democrático de Direito

concessão de qualquer aposentadoria, em qualquer regime de previdência social; e

c) o tempo de contribuição para o Regime Geral de Previdência Social relativo a período concomitante com o de contribuição para regime próprio de previdência social, mesmo após a expedição da certidão de tempo de contribuição, não será considerado para qualquer efeito perante o Regime Geral de Previdência Social.

§ 1º O setor competente do Instituto Nacional do Seguro Social deverá promover o levantamento do tempo de contribuição para o Regime Geral de Previdência Social à vista dos assentamentos internos ou das anotações na Carteira do Trabalho e/ou na Carteira de Trabalho e Previdência Social, ou de outros meios de prova admitidos em direito.

§ 2º O setor competente do órgão federal, estadual, do Distrito Federal ou municipal deverá promover o levantamento do tempo de contribuição para o respectivo regime próprio de previdência social à vista dos assentamentos funcionais.

§ 3º Após as providências de que tratam os §§ 1º e 2º, os setores competentes deverão emitir certidão de tempo de contribuição, sem rasuras, constando obrigatoriamente:

I - órgão expedidor;

II - nome do servidor e seu número de matrícula;

III - período de contribuição, de data a data, compreendido na certidão;

IV - fonte de informação;

V - discriminação da freqüência durante o período abrangido pela certidão, indicadas as várias alterações, tais como faltas, licenças, suspensões e outras ocorrências;

VI - soma do tempo líquido;

VII - declaração expressa do servidor responsável pela certidão, indicando o tempo líquido de efetiva contribuição em dias, ou anos, meses e dias;

VIII - assinatura do responsável pela certidão, visada pelo dirigente do órgão expedidor; e

IX - indicação da lei que assegure, aos servidores do Estado, do Distrito Federal ou do Município, aposentadorias por invalidez, idade, tempo de contribuição e compulsória, e pensão por morte, com aproveitamento de tempo de contribuição prestado em atividade vinculada ao Regime Geral de Previdência Social.

§ 4º A certidão de tempo de contribuição deverá ser expedida em duas vias, das quais a primeira será fornecida ao interessado, mediante recibo passado na segunda via, implicando sua concordância quanto ao tempo certificado.

§ 5º O Instituto Nacional do Seguro Social deverá efetuar, na Carteira de Trabalho e Previdência Social, se o interessado a possuir, a anotação seguinte:

'Certifico que nesta data foi fornecida ao portador desta, para os efeitos da Lei nº 8.213, de 24 de julho de 1991, certidão de tempo de contribuição, consignando o tempo líquido de efetiva contribuição de .... dias, correspondendo a .... anos, ...meses e ......dias, abrangendo o período de .... a ....'

§ 6º As anotações a que se refere o § 5º devem ser assinadas pelo servidor responsável e conter o visto do dirigente do órgão competente.

§ 7º Quando solicitado pelo segurado que exerce cargos constitucionalmente acumuláveis, é permitida a emissão de certidão única com destinação do tempo de contribuição para, no máximo, dois órgãos distintos.

§ 8º Na situação do parágrafo anterior, a certidão de tempo de contribuição deverá ser expedida em três vias, das quais a primeira e a segunda serão fornecidas ao interessado, mediante recibo passado na terceira via, implicando sua concordância quanto ao tempo certificado.

Art. 131. Concedido o benefício, caberá:

I - ao Instituto Nacional do Seguro Social comunicar o fato ao órgão público emitente da certidão, para as anotações nos registros funcionais e/ou na segunda via da certidão de tempo de contribuição; e

II - ao órgão público comunicar o fato ao Instituto Nacional do Seguro Social, para efetuar os registros cabíveis.

Art. 132. O tempo de contribuição na administração pública federal, estadual, do Distrito Federal ou municipal de que trata este Capítulo será considerado para efeito do percentual de acréscimo previsto no inciso III do art. 39.

Art. 133. O tempo de contribuição certificado na forma deste Capítulo produz, no Instituto Nacional do Seguro Social e nos órgãos ou autarquias federais, estaduais, do Distrito Federal ou municipais, todos os efeitos previstos na respectiva legislação pertinente.

Art. 134. As aposentadorias e demais benefícios resultantes da contagem de tempo de contribuição na forma deste Capítulo serão concedidos e pagos pelo regime a que o interessado pertencer ao requerê-los e o seu valor será calculado na forma da legislação pertinente.

Art. 135. A aposentadoria por tempo de contribuição, com contagem de tempo na forma deste Capítulo, será concedida à segurada a partir de trinta anos de contribuição e sessenta de idade e ao segurado a partir de trinta e cinco anos de contribuição e sessenta e cinco de idade, ressalvadas as hipóteses de redução prevista em lei."

Outra modalidade de aposentadoria é a especial, que, na visão de Wladimir Novaes Martinez, "é o tipo de aposentadoria por tempo de serviço, concedida ao segurado prestador de tarefas consideradas perigosas, penosas ou insalubres, durante 15, 20 ou 25 anos, em atividades assim qualificadas inicialmente pelo Congresso Nacional (artigo 152)."[277]

É, pode-se dizer, espécie de aposentadoria por tempo de serviço/contribuição, que, por ser devida a segurado que trabalhou em condições de risco para sua saúde, necessita de um tempo menor de atividade para implementar as condições para sua concessão.

Não se poderia tratar igualmente segurados que trabalham em situações e condições diferentes, e, por este motivo, justifica-se a existência desse benefício.

Tem-se como requisitos para a concessão desse benefício (a) a comprovação do tempo e da atividade, que deve ser integralmente reconhecida como insalubre, na forma do artigo 57, *caput* e §§ 3º e 4º, da LBPS - com a comprovação individual do exercício de função de caráter insalubre - e carência de 180 contribuições mensais no período regular (LBPS, artigo 25, II).

Aliás, isso também refere José de Oliveira,[278] em sua obra "Reforma Previdenciária", no comentário ao mencionado artigo 57, nos seguintes termos:

"A mesma Lei nº 9032/95, que extinguiu o pecúlio por acidente do trabalho pago ao trabalhador acidentado que não atingiu a carência e proibiu a acumulação de pensões, também alterou a aposentadoria especial, que deixou de ser considerada por 'categoria profissional' e passou a ser 'vinculada à função'.

Com a mudança, cada segurado tem de comprovar individualmente que ficou exposto a agentes nocivos durante 'todo o

---

[277] MARTINEZ, Wladimir Novaes. *Op. cit.*, p. 332.
[278] OLIVEIRA, José de. *A reforma previdenciária*. São Paulo: Saraiva, 1999, p. 128.

exercício' de sua atividade profissional. Com a alteração, a obtenção da aposentadoria especial só ocorre se o trabalhador permanecer todo período de serviço na atividade insalubre."

No atinente à aposentadoria especial, há disposição constitucional expressa no artigo 201, §§ 1º e 8º, e a matéria, na legislação regulamentadora, é prevista nos artigos 57 e 58 da LBPS, e 64 a 70 do RPS (62 a 67 do revogado Decreto 2172/97).

O art. 201, §§ 1º e 8º, da Constituição Federal de 1988 tem a seguinte redação:

"Art. 201...

§ 1º É vedada a adoção de requisitos e critérios diferenciados para a concessão de aposentadoria aos beneficiários do regime geral de previdência social, ressalvados os casos de atividades exercidas sob condições especiais que prejudiquem a saúde ou a integridade física, definidos em lei complementar.

...

§ 8º Os requisitos a que se refere o inciso I do parágrafo anterior serão reduzidos em cinco anos, para o professor que comprove exclusivamente tempo de efetivo exercício das funções de magistério na educação infantil e no ensino fundamental e médio."

Assim está disposto na LBPS:

"Art 57. A aposentadoria especial será devida, uma vez cumprida a carência exigida nesta Lei, ao segurado que estiver trabalhando sujeito a condições especiais que prejudiquem a saúde ou a integridade física, durante 15 (quinze) ou 20 (vinte) ou 25 (vinte e cinco) anos, conforme dispuser a lei. (Redação dada pela Lei nº 9.032, de 28.4.94)

§ 1º A aposentadoria especial, observando o disposto no art. 33 desta Lei, consistirá numa renda mensal equivalente a 100% (cem por cento) do salário-de-benefício. (Redação dada pela Lei nº 9.032, de 28.4.95)

§ 2º A data de início do benefício será fixada da mesma forma que a da aposentadoria por idade, conforme o disposto no art. 49.

§ 3º A concessão da aposentadoria especial dependerá de comprovação pelo segurado, perante o Instituto Nacional do Seguro Social - INSS, do tempo de trabalho permanente, não ocasional nem intermitente, em condições especiais que prejudiquem a saúde ou a integridade física, durante o período mínimo fixado. (Redação dada pela Lei nº 9.032, de 28.4.95)

§ 4º O segurado deverá comprovar, além do tempo de trabalho, exposição aos agentes nocivos químicos, físicos, biológicos ou associação de agentes prejudiciais a saúde ou a integridade física, pelo período equivalente ao exigido para a concessão do benefício. (Redação dada pela Lei nº 9.032, de 28.4.95)

§ 5º O tempo de trabalho exercido sob condições especiais que sejam ou venham a ser consideradas prejudiciais à saúde ou à integridade física será somado, após a respectiva conversão ao tempo de trabalho exercido em atividade comum, segundo critérios estabelecidos pelo Ministério da Previdência e Assistência Social, para efeito de concessão de qualquer benefício. (Parágrafo acrescentado pela Lei nº 9.032, de 28.4.95 - tacitamente revogado pela Lei 9.711/98)

§ 6º O benefício previsto neste artigo será financiado com os recursos provenientes da contribuição de que trata o inciso II do art. 22 da Lei nº 8.212, de 24 de julho de 1991, cujas alíquotas serão acrescidas de doze, nove ou seis pontos percentuais, conforme a atividade exercida pelo segurado a serviço da empresa permita a concessão de aposentadoria especial após quinze, vinte ou vinte e cinco anos de contribuição, respectivamente. (Redação dada pela Lei nº 9.732, de 11.12.98)

§ 7º O acréscimo de que trata o parágrafo anterior incide exclusivamente sobre a remuneração do segurado sujeito às condições especiais referidas no caput . (Parágrafo acrescentado pela Lei nº 9.732, de 11.12.98)

§ 8º Aplica-se o disposto no art. 46 ao segurado aposentado nos termos deste artigo que continuar no exercício de atividade ou operação que o sujeite aos agentes nocivos constantes da relação referida no art. 58 desta Lei. (Parágrafo acrescentado pela Lei nº 9.732, de 11.12.98)

Art 58. A relação dos agentes nocivos químicos, físicos e biológicos ou associação de agentes prejudiciais à saúde ou à integridade física considerados para fins de concessão da aposentadoria especial e que trata o artigo anterior será definida pelo Poder Executivo. (Redação dada pela Lei nº 9.528, de 10.12.97)

§ 1º A comprovação da efetiva exposição do segurado aos agentes nocivos será feita mediante formulário, na forma estabelecida pelo Instituto Nacional do Seguro Social - INSS, emitido pela empresa ou seu preposto, com base em laudo técnico de condições ambientais do trabalho expedido por médico do trabalho ou engenheiro de segurança do trabalho nos termos da legislação trabalhista. (Redação dada pela Lei 9.732, de 11-12-98)

§ 2º Do laudo técnico referido no parágrafo anterior deverão constar informação sobre a existência de tecnologia de proteção coletiva que diminua a intensidade do agente agressivo a limites de tolerância e recomendação sobre a sua adoção pelo estabelecimento respectivo. (Redação dada pela Lei 9.732, de 11-12-98)

§ 3º A empresa que não mantiver laudo técnico atualizado com referência aos agentes nocivos existentes no ambiente de trabalho de seus trabalhadores ou que emitir documento de comprovação de efetiva exposição em desacordo com o respectivo laudo estará sujeita a penalidade prevista no art. 133 desta Lei. (Parágrafo acrescentado pela Lei nº 9.528, de 10.12.97)

§ 4º A empresa deverá elaborar e manter atualizado perfil profissiográfico abrangendo as atividades desenvolvidas pelo trabalhador e fornecer a este, quando da rescisão do contrato de trabalho, cópia autêntica deste documento. (Parágrafo acrescentado pela Lei nº 9.528, de 10.12.97)"

No RPS a matéria está assim disposta:

"Art. 64. A aposentadoria especial, uma vez cumprida a carência exigida, será devida ao segurado que tenha trabalhado durante quinze, vinte ou vinte e cinco anos, conforme o caso, sujeito a condições especiais que prejudiquem a saúde ou a integridade física.

§ 1º A concessão da aposentadoria especial dependerá de comprovação pelo segurado, perante o Instituto Nacional do Seguro Social, do tempo de trabalho permanente, não ocasional nem intermitente, exercido em condições especiais que prejudiquem a saúde ou a integridade física, durante o período mínimo fixado no caput .

2º O segurado deverá comprovar, além do tempo de trabalho, efetiva exposição aos agentes nocivos químicos, físicos, biológicos ou associação de agentes prejudiciais à saúde ou à integridade física, pelo período equivalente ao exigido para a concessão do benefício.

Art. 65. Considera-se tempo de trabalho, para efeito desta Subseção, os períodos correspondentes ao exercício de atividade permanente e habitual (não ocasional nem intermitente), durante toda a jornada de trabalho, em cada vínculo, sujeito a condições especiais que prejudiquem a saúde ou a integridade física, inclusive férias, licença médica e auxílio-doença decorrente do exercício dessas atividades.

Direito Previdenciário e Estado Democrático de Direito

Art 66. Para o segurado que houver exercido sucessivamente duas ou mais atividades sujeitas a condições especiais prejudiciais à saúde ou à integridade física, sem completar em qualquer delas o prazo mínimo exigido para a aposentadoria especial, os respectivos períodos serão somados após conversão, conforme tabela abaixo, considerada a atividade preponderante:

TEMPO A CONVERTER	MULTIPLICADORES		
	PARA 15	PARA 20	PARA 25
DE 15 ANOS	-	1,33	1,67
DE 20 ANOS	0,75	-	1,25
DE 25 ANOS	0,60	0,80	-

Art. 67. A aposentadoria especial consiste numa renda mensal calculada na forma do inciso V do caput do art. 39.

Art. 68. A relação dos agentes nocivos químicos, físicos, biológicos ou associação de agentes prejudiciais à saúde ou à integridade física, considerados para fins de concessão de aposentadoria especial, consta do Anexo IV.

§ 1º As dúvidas sobre o enquadramento dos agentes de que trata o *caput*, para efeito do disposto nesta Subseção, serão resolvidas pelo Ministério do Trabalho e Emprego e pelo Ministério da Previdência e Assistência Social.

§ 2º A comprovação da efetiva exposição do segurado aos agentes nocivos será feita mediante formulário, na forma estabelecida pelo Instituto Nacional do Seguro Social, emitido pela empresa ou seu preposto, com base em laudo técnico de condições ambientais do trabalho expedido por médico do trabalho ou engenheiro de segurança do trabalho nos termos da legislação trabalhista.

§ 3º Do laudo técnico referido no parágrafo anterior deverão constar informação sobre a existência de tecnologia de proteção coletiva ou individual que diminua a intensidade do agente agressivo a limites de tolerância e recomendação sobre a sua adoção pelo estabelecimento respectivo.

§ 4º A empresa que não mantiver laudo técnico atualizado com referência aos agentes nocivos existentes no ambiente de trabalho de seus trabalhadores ou que emitir documento de comprovação de efetiva exposição em desacordo com o respectivo laudo estará sujeita à multa prevista no art. 283.

§ 5º Para fins de concessão de benefício de que trata esta Subseção e observado o disposto no parágrafo anterior, a perícia médica do Instituto Nacional do Seguro Social deverá analisar o formulário e o laudo técnico de que tratam os § 2º e 3º, bem como inspecionar o local de trabalho do segurado para confirmar as informações contidas nos referidos documentos.

§ 6º A empresa deverá elaborar e manter atualizado perfil profissiográfico abrangendo as atividades desenvolvidas pelo trabalhador e fornecer a este, quando da rescisão do contrato de trabalho, cópia autêntica deste documento, sob pena da multa prevista no art. 283.

§ 7º O Ministério da Previdência e Assistência Social baixará instruções definindo parâmetros com base na Norma Regulamentadora nº 6 (Equipamento de Proteção Individual), Norma Regulamentadora nº 7 (Programa de Controle Médico de Saúde Ocupacional), Norma nº Regulamentadora nº 9 (Programa de Prevenção de Riscos Ambientais) e na Norma Regulamentadora nº 15 (Atividades e Operações Insalubres), aprovadas pela Portaria/MTb nº 3.214, de 8 de junho de 1978, para fins de aceitação do laudo técnico de que tratam os §§ 2º e 3º.

Art. 69. A data de início da aposentadoria especial será fixada conforme o disposto nos incisos I e II do art. 52.

Parágrafo único. Aplica-se o disposto no art. 48 ao segurado que retornar ao exercício de atividade ou operações que o sujeitem aos agentes nocivos constantes do Anexo IV, ou nele permanecer.

Art. 70. É vedada a conversão de tempo de atividade sob condições especiais em tempo de atividade comum.

Parágrafo único. O tempo de trabalho exercido até 28 de maio de 1998, com efetiva exposição do segurado aos agentes nocivos químicos, físicos, biológicos ou associação de agentes nos termos do Anexo IV será somado, após a respectiva conversão, ao tempo de trabalho exercido em atividade comum, desde que o segurado tenha completado, pelo menos vinte por cento do tempo necessário para a obtenção da respectiva aposentadoria, observada a seguinte tabela:

TEMPO A CONVERTER	MULTIPLICADORES		TEMPO MÍNIMO EXIGIDO
	MULHER (PARA 30)	HOMEM (PARA 35)	
DE 15 ANOS	2,00	2,33	3 ANOS
DE 20 ANOS	1,50	1,75	4 ANOS
DE 25 ANOS	1,20	1,40	5 ANOS

Direito Previdenciário e Estado Democrático de Direito

A data de início do benefício, prevista para esta modalidade de aposentadoria, rege-se na mesma forma da aposentadoria por idade, conforme rege o artigo 57, § 2º, combinado com o artigo 49, ambos da LBPS.

O cálculo do valor do benefício, como nos casos anteriores, respeita o estabelecido no artigo 33 da LBPS, sendo equivalente a 100% do salário-de-benefício.

A situação especial do professor é prevista constitucionalmente, e, pela reforma previdenciária, restringiu-se a benesse aos professores de educação infantil e dos ensinos médio e fundamental que tenham laborado sempre nessas atividades, excluindo, portanto, os professores universitários.

Assim dispõe o § 8º do art. 201 da Constituição Federal, excetuando as regras para a aposentadoria por tempo de serviço:

> "Os requisitos a que se refere o inciso I do parágrafo anterior serão reduzidos em cinco anos, para o professor que comprove exclusivamente tempo de efetivo exercício das funções de magistério na educação infantil e no ensino fundamental e médio."

A finalidade do benefício de aposentadoria especial é de amparar o trabalhador que laborou em condições nocivas e perigosas à sua saúde, reduzindo o tempo de serviço/contribuição para fins de aposentadoria. Tem, pois, como fundamento o trabalho desenvolvido em atividades ditas insalubres. Pela legislação de regência, a condição, o pressuposto determinante do benefício está ligado à presença de agentes perigosos ou nocivos (químicos, físicos ou biológicos) à saúde ou à integridade física do trabalhador, e não apenas àquelas atividades ou funções catalogadas em regulamento.

O fato de a atividade não se encontrar especificamente descrita nos quadros constantes dos decretos citados não causa óbice à concessão do benefício de aposentadoria especial, *desde que realizada perícia* que comprove as condições especiais - perigosa, insalubre ou penosa - de desempenho da respectiva atividade laborativa.

Portanto, mesmo não estando enquadrada em rol anexo ao regulamento a atividade desenvolvida, quando comprovada por perícia consistente tratar-se de atividade que envolva o contato com agentes insalubres, tem o trabalhador o direito a este benefício por tempo reduzido de trabalho.[279]

---

[279] Nesse sentido, aliás, é o entendimento da Súmula 198 do extinto Tribunal Federal de Recursos, *in verbis*: "Atendidos os demais requisitos, é devida a aposentadoria especial, se perícia judicial constata que a atividade exercida pelo segurado é perigosa, insalubre ou penosa, mesmo não inscrita em regulamento."

A teor do que prevê o disposto no artigo 58 da LBPS, alterado pela MP nº 1523, publicada no Diário Oficial da União em 14 de outubro de 1996, a comprovação da efetiva exposição do trabalhador aos agentes nocivos será feita mediante formulário emitido pela empresa para a qual o segurado desempenhar a atividade respectiva, com base em laudo técnico de condições ambientais do trabalho, expedido por médico do trabalho ou engenheiro de segurança do trabalho.

Daí, conclui-se que, a partir da alteração do citado artigo 58, o pressuposto determinante à concessão do benefício não se refere à descrição de determinada atividade exercida em condições especiais, conforme disciplinado nos Decretos 53.831/64 e 83.080/79, mas, sim, à efetiva exposição do trabalhador a ações de agentes nocivos, químicos, físicos e biológicos ou associações de agentes prejudiciais à saúde ou integridade física.

A teor do que prevê o disposto no artigo 68 e seguintes do RPS, a relação dos agentes nocivos químicos, físicos, biológicos ou associações de agentes prejudiciais à saúde ou à integridade física, considerados para fins de obtenção do benefício de aposentadoria especial, encontra-se no anexo IV do regulamento, e é a exposição a tais agentes que determinará a concessão ou não do benefício.

É claro que pode, e deve, a empresa que trabalha com os agentes nocivos químicos, físicos, biológicos, ou associações de agentes prejudiciais à saúde ou à integridade física supra-referidos, utilizar equipamentos que protejam, na medida do possível, os trabalhadores da ação desses agentes, sempre observando §§ 3º e 4º do artigo 58 da LBPS.

Após a obtenção do benefício de aposentadoria especial, o segurado não mais poderá retornar à prática de atividades laborais insalutíferas, sob pena do previsto no artigo 46 da LBPS para a aposentadoria por invalidez, já comentado anteriormente.

Por fim, vale observar, também, que, mesmo não tendo trabalhado durante todo o período de sua vida laboral em atividade insalubre, pode o segurado requerer seja efetuada de forma diferen-

---

No mesmo sentido, ainda, a ementa a seguir transcrita, do Tribunal Regional Federal da 4ª Região, *in verbis:* "PREVIDENCIÁRIO. APOSENTADORIA ESPECIAL. PERÍCIA. SÚMULA 198/TFR. 1. Faz-se necessária a realização da perícia quando a atividade profissional do segurado não está expressamente incluída na legislação previdenciária. Súmula 198/TFR. 2. Apelação provida, por maioria, para determinar a anulação da sentença." (Apelação Cível nº 90.0407882-7/SC, Relatora: Juíza Ellen Gracie Northfleet. Porto Alegre, 29 de outubro de 1992. DJU, Seção II, 17 de fevereiro de 1993, p. 4326.)

Direito Previdenciário e Estado Democrático de Direito

ciada a contagem do período efetivamente trabalhado como tal, que valerá para a obtenção de qualquer outro benefício.[280]

Existem, ainda, as aposentadorias por lei especial, que são aquelas excepcionais, concedidas a determinados cidadãos que, por terem participado de algum evento importante para a sociedade brasileira, ou atividade de caráter diferenciado, julgou o legislador serem merecedores do benefício.

Inobstante conclusões sobre a maior ou menor importância desses benefícios, há que se ressaltar que representam uma parte ínfima dos benefícios concedidos pela previdência social, motivo pelo qual se entende que sua análise não merece maiores digressões. Pode-se referir como exemplos de tais benefícios a aposentadoria excepcional do anistiado (artigos 117 a 129 do revogado Decreto 2.172/97, bem como artigo 60, VII do RPS) e a aposentadoria do ex-combatente.

Tais benefícios, diferentemente dos demais aqui referidos, têm caráter nitidamente político e buscam garantir benesses a determinadas categorias (por terem exercido, de qualquer forma, atividades que o legislador entendeu relevantes ao próprio Estado Brasileiro), ou visam a ressarcir prejuízos ocasionados por determinadas orientações políticas (caso dos anistiados).

Além destes benefícios de aposentadoria, escopo último do segurado, há, também, benefícios de caráter temporário: auxílio-doença, auxílio-acidente, salário-maternidade, reabilitação profissional.

Também a família do segurado está protegida por benefícios assim dispostos: pensão por morte, auxílio-reclusão, reabilitação profissional.

4.2. A grande importância da especialização do julgador em face da autonomia do Direito Previdenciário e sua constitucionalização

O Primeiro Tribunal a especializar Turmas e Varas em matéria previdenciária foi sem dúvida, o Tribunal Regional Federal da 4ª

---

[280] Na forma do art. 57, § 5º da LBPS, "o tempo de trabalho exercido sob condições especiais que sejam ou venham a ser consideradas prejudiciais à saúde ou à integridade física será somado, após a respectiva conversão, ao tempo de trabalho exercido em atividade comum, segundo critérios estabelecidos pelo Ministério da Previdência e Assistência Social, para efeito de concessão de qualquer benefício. (Parágrafo acrescentado pela Lei nº 9.032, de 28.4.95)"

Região,[281] pioneiro no atendimento às demandas que dizem com o direito constitucional do cidadão de se ver substituído pela *longa manus* do Estado, por sua autarquia previdenciária, quando não mais é capaz de prover os meios para seu sustento, quando não mais está apto para exercer trabalho remunerado.

O Direito Previdenciário como ramo autônomo surgiu da especialidade natural frente ao crescimento da sociedade organizada onde os direitos sociais passam a ocupar e a necessitar de especialistas no trato da matéria.

Diz Rui Cirne Lima[282] que a autonomia de um ramo do direito está em que apresenta princípios próprios, que se acumulam em direção especial, o que imprime a determinado ramo do Direito princípios fundamentais novos, dando-lhe a autonomia própria dos diversos campos da disciplina jurídica.[283]

Desta forma, buscou o Judiciário Federal desta Região, de maneira inovadora, a agilização e a solução mais rápidas das lides que lhe são distribuídas.

A especialização de qualquer ramo da ciência visa sempre, e cada vez mais, ao aperfeiçoamento do homem que estuda, pesquisa, trabalha e atua na sociedade organizada, para, a partir do geral, atingir o particular, cada vez de forma mais minuciosa, a fim de atingir os objetivos da vida moderna, que anseia pela perfeição técnica, pelas respostas às indagações de todos os campos do conhecimento, pela vida digna, pela paz e pela justiça social para, atendendo o interesse coletivo, suprir as necessidades de todo e qualquer indivíduo.

Estas constatações são matéria atual e grassam em todos os livros técnicos, em todos os meios de comunicação que procuram informar sobre as novas descobertas da engenharia genética, da física, da sociologia, etc.

No restrito campo da ciência jurídica e dentro do ordenamento positivo brasileiro a partir da Constituição, a legislação vem tentando acompanhar os fatos, as relações, as alterações da dinâmica da vida em sociedade, buscando normatizar novas situações, novas relações, novos fatos a fim de possibilitar se alcance a tão almejada paz social.

---

[281] Assento Regimental nº 15/96.

[282] LIMA, Rui Cirne. *Sistema de direito administrativo brasileiro.* Porto Alegre: Santa Maria, 1953.

[283] Conferir em LIMA, Rui, *Princípios de direito administrativo brasileiro.* 3. ed. Porto Alegre: Sulina, 1954.

Tarefa árdua, em tempos de realidade complexa, em tempos de comunicação instantânea, em tempos de grandes mudanças, em tempos de início de século, em tempos onde a globalização das relações fáticas vai-se acelerando, em tempos onde a soberania das nações cede espaço aos tratados de mútua cooperação, onde nações se agrupam buscando igualar seus nacionais, buscando, acima de tudo, o progresso, em nome de um valor mais alto, que é o da própria sobrevivência do ser humano. Se, de um lado, vive-se esta união, este agrupamento, de outro lado constata-se que é justamente na especialização, na formação de profissionais de todas as áreas cada vez mais voltadas para a busca de aprofundamento em setor dirigido para um só objeto, dirigido para determinado campo, que traz o possível entendimento do todo.

Desta forma, nada mais atual que a especialização de Juízes que, na conquista diária de novos conhecimentos sobre um determinado assunto, vão integrando em suas decisões todas as lacunas da lei - isto é, na busca da solução da lide, integram ao direito positivo aqueles conceitos, aquelas ordens que estão na ciência jurídica, porque o direito enquanto ciência não têm lacunas - há sempre uma norma em estado latente para resolver a questão como posta.

Desse modo, a especialização não é senão mais uma etapa de caminho de qualquer profissional de qualquer área, porque impossível a um homem apenas aprofundar-se em todos os campos do direito positivo, atingindo a profundidade de conhecimento capaz de abarcar todas as nuances das especialidades.

Isto talvez não seja impossível, mas tal exigência de conhecimentos em todas as áreas pode fazer com que o bem da vida perseguido pelas partes no processo não se torne mais útil em face do tempo transcorrido.

E esse é, sem dúvida, o maior e mais importante aspecto para que cada vez mais se busque na especialização a solução que torne útil e eficaz a prestação jurisdicional.

Trabalhos imensos de todos os envolvidos no desenrolar válido do processo não o tornam eficaz se caducos pelo tempo. Esforços hercúleos não matizam de oportunas decisões que não encontram efetividade. Então, a política organizacional de especializar é, sem dúvida, se não a solução, o impulso inicial e necessário para a tão almejada justiça social.

Claro que esta autonomia, frente à nossa atualidade constitucional, faz com que a matéria previdenciária esteja dentro e ligada umbilicalmente à matéria disposta na Constituição Federal (Capítulo II, Seção III).

Do ponto de vista teórico, nada mais produtivo do que a oportunidade de permitir ao operador do direito que se aprofunde em determinada área para que a eficácia e a efetividade dos textos sejam mais prontamente determinadas.

Do ponto de vista prático, esta especialização determinou, em todos os que lidam com tal matéria, profundas reflexões no dogmatismo determinante de quebras de paradigmas para que efetivamente se continue na busca da pronta e rápida solução dos litígios, capaz de propiciar a distribuição da Justiça Social.

Por isso, o primeiro impacto foi o de buscar, a partir das ferramentas da nova hermenêutica, o que efetivamente requerem o segurado e a autarquia previdenciária.

4.3. A nova postura hermenêutica rumo à efetividade deste direito social

As lides que, nestes últimos doze anos de nova ordem constitucional, vieram-se acumulando no Judiciário nacional, no que diz com os benefícios da previdência social, podem ser divididas em duas grandes classes de ação: reajustes de benefícios já concedidos e concessão de benefícios pleiteados.

É o que se vê das questões referentes ao próprio cálculo da renda mensal inicial e aos reajustes posteriores nas prestações mensais.

A partir das conclusões retiradas dos capítulos anteriores, é forte o entendimento de que as causas que envolvem o Direito Previdenciário são causas referentes a direito social garantido constitucionalmente por princípios inafastáveis pela legislação ordinária. Sob essa ótica, passa-se a examinar determinadas lides que, por reiteradas provocações ao Judiciário, levam a *concluir pela necessidade desta nova postura interpretativa para que se alcance a efetividade destes direitos garantidos pela Constituição Federal.*

Por isso necessário, neste tipo de prestação jurisdicional, um certo temperamento no exame do pedido inicial. Há que se ter presente o caráter alimentar, o fim social do benefício.

Ora, as causas previdenciárias estão intimamente ligadas com a sobrevivência do cidadão que, após uma vida de trabalho ou por infortúnios, teve sua capacidade laboral diminuída ou fatalmente anulada e tem direito a receber contraprestação da autarquia previdenciária que venha a substituir o que percebia enquanto apto para o trabalho.

Em atenção, justamente a esta integridade do cidadão - princípio insculpido na Constituição Federal - o sistema de custeio-benefício foi, minuciosamente, garantido pela Constituição de 1988 na busca de correção das mazelas do passado e de situações muitas vezes de penúria em que se encontram os segurados e beneficiários da previdência social.

Não se busca, neste momento, o exame de quaisquer condições, das razões e das hipóteses de benefícios normados nas leis de custeio e de benefício, e, sim, a forma de analisar, e de formar convencimento, para julgar as causas como postas no Judiciário e que envolvem pedidos, ora de revisões de valores nos benefícios, ora de concessão ou restabelecimento de benefícios previdenciários.

A par, portanto, do novo perfil tão bem traçado pela pesquisa encomendada pela AMB,[284] que se compõe de três partes e que concluiu pela existência da necessidade de alteração da realidade social e do perfil do magistrado e, também, pela necessidade de adequação às novidades. Em tal estudo, ressaltam-se, inclusive, as novas faces dos novos magistrados brasileiros deste início de século e que representam, sem sombra de dúvida, a própria democratização do Judiciário, isto é, a "sua aproximação com a vida social, criando-se uma malha institucional que capilarmente se credencie a amparar o mundo do direito e da liberdade, inclusive os pequenos interesses até então desamparados".[285]

Há que ter presente, este julgador, a importância de seu contato com a sociedade e o mundo do qual é parte; a consciência de que detém um Poder porque *recebeu* e não porque *é* este Poder; a clarividência de buscar na aplicação da lei a garantia dos próprios princípios constitucionais.

Com o firme propósito de fazer o que se deve entender como a melhor justiça - aquela rápida, pronta, eqüidistante das partes, equilibrada em sua fundamentação e integrando às normas legais o convencimento que se aufere nos processos - impõe-se buscar uma

---

[284] VIANNA, Luiz Werneck *et al. Op. cit.*

[285] Idem, p. 13. Muito embora essa "nova face dos magistrados" referida na pesquisa, é necessário lembrar a crise que atravessa a dogmática jurídica e, portanto, a operacionalidade do direito, o que vem determinar a urgente necessidade de desvelamento do próprio texto constitucional. Nesse sentido, ver STRECK, Lenio Luiz, *op. cit.*, p. 280.

interpretação mais elástica, uma interpretação dirigida aos valores em litígio, para aplicação da lei que melhor solução dê ao caso concreto.

Da mesma forma, necessária, sempre, a busca dos princípios constitucionais para formação do convencimento nessas condições quando o que está em jogo são prestações periódicas de benefícios continuados, para que se atenda ao princípio maior de respeito ao direito dos beneficiários da Previdência Social.

Necessária, pois, a contar da efetiva filtragem constitucional, a partir da principiologia inscrita ou imanente na Constituição Federal, apreender-se o verdadeiro significado do texto, adequando-o ao caso concreto.

Necessário concluir-se a tarefa inarredável do julgador em tornar visível o que efetivamente apresenta o texto constitucional, fazendo imutável o que seja princípio e adequando na forma e no modo o que é passageiro e o que não pode ser usado para situações presentes porque representam apenas situações passadas.[286]

E tudo isto deve ser feito quando se passa do estágio de defesa dos simples direitos entre indivíduos para a defesa de direitos de indivíduos frente a esta abstração que os envolve, que é a Administração Pública.

Assim é que, numa visão tradicional, a hermenêutica é método, é forma, é maneira de aplicação do direito; na nova postura, ela aparece como meio de criação da própria norma, porque só após a interpretação é que a norma vale. Há a sua vigência no mundo jurídico, mas a sua validade depende da efetiva aplicação ao caso concreto.

Deve-se buscar nos textos constitucionais o fim determinado na norma que seja mais consentâneo com toda a sistemática do assunto tratado.

---

[286] Conforme Lenio Streck, "é, pois, na abertura da clareira, nesse espaço aberto pela hermenêutica, que devemos estabelecer as bases (condições de possibilidades) *para des-cobrir o ainda não des-velado (ou o que foi entulhado) do texto constitucional.* Isto porque o fenômeno Constituição, para usar a linguagem heideggeriana, está *entulhado*, é dizer, antes tinha sido descoberto (processo de elaboração constituinte, movimentos populares buscando o constituir-constitucional), para, depois, em face da constante revisão da situação hermenêutica, *que tende sempre a se tornar definitiva (inautêntica) a partir e no interior do campo jurídico colonizado pelo sentido comum teórico (modelo-liberal-individualista-normativista), voltou a encobrir-se.* É este encobrimento que acarreta aquilo que o filósofo já nos anos 20 chamou de 'des-figuração do fenômeno'. *Op. cit.*, p. 279. (grifo no original)

Direito Previdenciário e Estado Democrático de Direito

Então, em se tratando de benefícios previdenciários, ao lado da proteção aos beneficiários, buscou o legislador constitucional, sempre com uma visão de futuro, a norma viável à própria existência da Previdência Social e, mais, buscou desestimular as aposentadorias precoces, a fim de que, cada vez mais, se alcance o equilíbrio entre os trabalhadores em atividade com aqueles inativos.

Entre os direitos inerentes à pessoa humana, e especificamente entre aqueles referentes à seguridade social em sentido amplo, encontra-se a chamada Previdência Social Pública, garantida pela Constituição como sistema de retribuição ao trabalho prestado enquanto fonte de força laboral garantida para o trabalhador, quer urbano, quer rural.

A partir da consciência de que tais direitos, como direitos sociais, devem ser regrados de forma consentânea com os princípios fundamentais constitucionais que os regem, o julgador chamado a decidir em tais litígios deve ter sempre em mente a efetiva exteriorização dos textos constitucionais, fazendo vingar uma aplicação que leve em linha de conta os valores sociais em total sintonia com o momento e a realidade social que os envolvem.

Assim, tem-se que tais princípios são o norte capaz de matizar e dirigir todas as demais normas que surjam regulando tal matéria.

Ou melhor, no dizer de Lenio Streck,[287] a interpretação jurídica deve tornar visível o que dispõe o texto. E, no dizer de Juarez Freitas, buscar, por meio de métodos hierarquizados, "o metacritério que ordena, diante inclusive de antinomias no plano dos critérios, a prevalência do princípio axiologicamente superior; ou da norma axiologicamente superior em relação às demais, visando-se a uma exegese que impeça a contradição do sistema conforme a Constituição e que resguarde a unidade sintética dos seus múltiplos comandos".[288]

4.4. Jurisprudência previdenciária

A título ilustrativo, não pretendendo esgotar a matéria, e com o objetivo específico de demonstrar que toda interpretação dos direitos fundamentais vincula-se, necessariamente, "a uma teoria dos direitos fundamentais; esta, por sua vez, a uma teoria da Constituição, e ambas - a teoria dos direitos fundamentais e a teoria

---

[287] STRECK, Lenio Luiz. *Op. cit.*, p. 266.
[288] FREITAS, Juarez. *Op. cit.*, p. 89. (grifo no original)

da Constituição - a uma indeclinável concepção do Estado, da Constituição e da cidadania, consubstanciando uma ideologia, sem a qual aquelas doutrinas, em seu sentido político, jurídico e social mais profundo, ficariam de todo ininteligíveis",[289] passa-se a analisar alguns dos assuntos em que os jurisdicionados vêm provocando o Judiciário, na específica jurisdição previdenciária.

Por isso, para se efetivar tal jurisdição, deve ser utilizada a postura denominada por Paulo Bonavides,[290] de *nova hermenêutica*, às vezes contraditória, que apresenta esta nova posição como releituras de doutrina.

Toda o presente trabalho volta-se ao conhecimento e convencimento para julgar lides que envolvam "matéria previdenciária".

As causas que se apresentam ao Judiciário demonstram a irresignação do segurado da Previdência Social Pública, quer com a fixação do valor inicial do benefício, quer com os reajustamentos posteriores das prestações mensais no caso de benefícios permanentes, e, de outro lado, com a concessão dos próprios benefícios. Por isso, por primeiro, há que se examinar o que pede o segurado, e aí a importância desta postura exegética aberta ao sistema como um todo, livre das amarras de disposições processuais rígidas, como é o caso dos requisitos da inicial (artigo 282 do CPC).

Esta, pois, uma primeira demonstração de que as diferenças das conclusões jurisprudenciais ocorrem pela efetiva distinção na forma de interpretar o pedido inicial.

Também no que diz com os pedidos de concessão, veja-se a importância da filtragem constitucional no próprio exame da prova coletada ao longo do processo judicial.

Grande número de ações foi ajuizado com fundamento na verificação, pelos beneficiários, da insuficiência de valores percebidos em relação àquilo que entendem merecer. Foi o que ocorreu e culminou com a adoção da Súmula 260 do extinto Tribunal Federal de Recursos, que determinou:

"No primeiro reajuste do benefício previdenciário, deve-se aplicar o índice integral do aumento verificado, inde-

---

[289] BONAVIDES, Paulo. *Op. cit.*, p. 534. Afirma, ainda, o autor: "De tal concepção brota a contextura teórica que faz a legitimidade da Constituição e dos direitos fundamentais, traduzida numa tábua de valores, os valores da ordem democrática do Estado de Direito onde jaz a eficácia das regras constitucionais e repousa a estabilidade de princípios do ordenamento jurídico, regido por uma teoria material da Constituição."

[290] Idem.

pendentemente do mês da concessão, considerado, nos reajustes subseqüentes, o salário mínimo atualizado."

Ali, o direito do segurado foi assegurado, tanto que, até a publicação da Constituição Federal de 1988, era dita súmula o sustentáculo para uma melhoria dos valores percebidos, a título de aposentadoria ou pensão, da Previdência Social.

Nos termos da primeira parte do enunciado da referida Súmula 260, o reajuste dos benefícios previdenciários deve orientar-se pelos índices da política salarial, assegurada a integralidade no primeiro reajuste, ou seja, qualquer que tenha sido o mês de início da concessão do benefício, o índice do primeiro reajuste deve ser integral.

O sentido da segunda parte da Súmula 260 não está em garantir a chamada "equivalência salarial", mas sim em assegurar a aplicação do salário mínimo vigente na data de cada reajuste para efeito de enquadramento do valor do benefício nas faixas salariais adotadas pela política salarial a partir da Lei 6.708/79, e somente até a edição do Decreto-Lei 2.171/84.

Em momento algum a Súmula 260 garantiu a revisão dos benefícios segundo os mesmos aumentos do salário mínimo, consoante remansoso entendimento jurisprudencial. Assim, passo a passo, a jurisprudência pátria foi construindo teses e argumentações capazes de fazer derrogar a interpretação que a Administração vinha dando à lei específica, diga-se, a interpretação eminentemente literal, dissociada da interpretação que é defendida neste trabalho, o que contempla, por óbvio, privilégios à autarquia previdenciária em detrimento dos segurados-beneficiários.

Só com a Constituição Federal de 1988, ao lado de significativas alterações, firmou-se, no artigo 58 do ADCT, a tão perseguida equivalência salarial.

No que respeita ao pedido de equivalência do benefício com o mesmo número de salários mínimos da época da sua concessão, a Autarquia vem aplicando, desde abril de 1989, o disposto no artigo 58 do ADCT para aqueles que já estavam recebendo benefícios previdenciários. Ficou-lhes garantida a equivalência com salários mínimos até a entrada em vigor das novas LCPS e LBPS.

O Superior Tribunal de Justiça, analisando a questão, deferiu mandado de segurança contra o ato do Ministério do Trabalho e da Previdência Social (MS nº 1233-DF, Rel. Min. Garcia Vieira, RSTJ 30/260-277), entendendo que, somente em dezembro de 1991, esgotou-se a eficácia do artigo 58 do ADCT - motivo pelo qual os benefícios, até então, deveriam ser reajustados pela variação do salário mínimo. Ademais, nos termos do artigo 21, § 1º, da LCPS, os valores do salário-de-contribuição devem ser reajustados na mesma data e com os mesmos índices de reajuste dos benefícios de prestação continuada.

Ao depois, nos exatos termos dos artigos 201 da Constituição Federal e 59 do ADCT, veio a LBPS determinar e regulamentar os cálculos, revisões e reajustes dos benefícios mantidos e a serem deferidos àqueles tidos pela lei como beneficiários do sistema.

Em que pese às específicas determinações que garantem tais direitos sociais, continua-se frente à multidão de processos em relação aos quais, sob o prisma do objetivo último perseguido pelos segurados, chega-se à conclusão de que se identificam na essência, visto que, de um lado, o segurado procurando maiores valores monetários nos seus benefícios e, de outro lado, a Previdência Social busca, por meio de regras de cálculo, indexadores e fórmulas, manter os valores de maneira a superar o grande déficit tão falado e cuja origem, longe da insuficiência das contribuições dos segurados, está mais na sonegação, na falta de fiscalização e no desvio de finalidade das contribuições arrecadadas.

Persistem até hoje as lides envolvendo uma série de pequenas questões que, no fundo, demonstram que a irresignação é sempre a mesma, a de melhoria no *quantum* do benefício.

É o que se vê, por exemplo, do que diz com a correção dos salários-de-contribuição anteriores aos doze últimos meses, que culminou com a edição da Súmula 2 do Tribunal Regional Federal da 4ª Região. Decidiu-se que, no caso, a correção deve ser feita pela variação das ORTN/OTNs, porque aplicável à espécie o artigo 1º da Lei 6.423/77, pois, de outra forma, estar-se-ia lesando o beneficiário, sobre o qual continuariam a incidir os malefícios da economia inflacionária.[291]

Outro exemplo a demonstrar que interpretar é dar sentido é o caso do deferimento do benefício previdenciário de pensão a menor que, mesmo não inscrito junto à autarquia previdenciária como dependente do avô, era dele dependente, conforme termo de guarda judicial.[292] Neste caso, o Instituto negou-se, no plano admi-

---

[291] Reza a Súmula 2 do Tribunal Regional Federal da 4ª Região: "Para o cálculo da aposentadoria por idade ou por tempo de serviço, no regime precedente à Lei nº 8213, de 24 de julho de 1991, corrigem-se os salários-de-contribuição, anteriores aos doze últimos meses, pela variação nominal da ORTN/OTN".

[292] Assim decidiu, por unanimidade, a Quinta Turma do Tribunal Regional Federal da Quarta Região: "PREVIDENCIÁRIO. PENSÃO POR MORTE. INSCRI-

nistrativo, a deferir tal benefício, sob o argumento de que necessária a prévia inscrição do dependente junto àquele órgão.

A falta de designação do menor como dependente não desautorizava a sua inscrição *post mortem*, uma vez que a dependência econômica restara comprovada no termo de guarda e responsabilidade conferido ao avô do menor. E tal termo, pela própria abrangência do instituto da guarda, é bastante a comprovar a dependência.

Por isso, no que diz com a dependência do menor, o princípio maior é o de que há um direito constitucionalmente protegido - interesse do menor (artigo 227 da Constituição Federal) e pensionamento aos dependentes dos segurados.

Assim, haveria que apenas se buscar a comprovação da dependência, e isto restou provado inequivocamente pelo termo de guarda.

Reza o artigo 23 do RPS: "Ocorrendo o falecimento do segurado, sem que tenha sido feita a inscrição do dependente, cabe a este promovê-la (*omissis*)".

Desse modo, não havendo como negar que o menor dependesse economicamente do segurado falecido, porque a prova coligida aos autos - termo de guarda e responsabilidade - deixara evidenciada tal assertiva, restou procedente a demanda.

Por isso, em que pese à simplicidade do raciocínio esposado neste caso, buscando esgrimir a tese da autarquia, é possível agora explicar, não à luz da pura metodologia de análise dos dispositivos legais, mas à luz de uma interpretação sistemática, no dizer de Juarez Freitas,[293] ou de uma inteligência do benefício de pensão pleiteado à luz do princípio maior do dever de proteção do Estado, por seu ente autárquico, quando efetivamente necessita a parte hipossuficiente, menor e protegida pelo avô até sua morte, da substituição pelo benefício de pensão para manter-se e prover-se.

Tudo isso afirma a necessidade de que na contemporaneidade só será adequada a aplicação do direito a partir do conhecimento do novo sentir dos limites da Constituição.

Tem-se, pois, que, mesmo existindo regra que determine a nomeação de dependente, tal pode ser feito *post mortem*, porque o

---

ÇÃO *POST MORTEM*. COMPROVAÇÃO DA DEPENDÊNCIA ECONÔMICA. HONORÁRIOS ADVOCATÍCIOS. 1. O termo de guarda confere ao menor a condição de dependente, inclusive para efeitos previdenciários. (...)." (Apelação Cível nº 97.04.05474-2/RS, Relatora: Juíza Maria Lúcia Luz Leiria. Porto Alegre, 4 de dezembro de 1997. DJU, Seção II, 28 de janeiro de 1998.)

[293] Consultar FREITAS, Juarez. *Op. cit.*

interesse protegido, que derroga qualquer requisito não-essencial, é maior e constitucionalmente de mais-valia.

Aqui basta que se aplique o princípio da razoabilidade. Esta decisão, sem dúvida, é mais razoável do que deixar de determinar a possibilidade de inscrição *post mortem*. Mais uma vez, a substancialidade da decisão derroga a procedimentalidade, por meio da interpretação defendida ao longo deste trabalho. No caso, o princípio imanente da razoabilidade, tão bem descrito e definido por Gomes Canotilho,[294] como se vê em passagem anterior, nas páginas 113-115 deste livro, é plenamente aplicável neste caso.

Não há, de outro lado, que se falar em inconstitucionalidade da LBPS, no seu dispositivo. E, sim, adequar-se o inteiro conjunto de normas do Plano de Benefícios ao que efetivamente dispõe de forma hierárquica e objetiva a Constituição Federal.

Portanto, comprovado o requisito fundamental da dependência econômica, a inscrição é feita *post mortem*, como se inscrito fora o beneficiário, porque é esta a única via de aplicação do direito pleiteado.

A partir da Constituição Federal de 1988, muitos conceitos foram esgrimidos pelos julgadores em várias questões referentes à Previdência Social, o que tornou evidente a necessidade de uma renovação dos juízos, até então utilizados para, justamente, no que diz com as novas conquistas no domínio da Previdência, conceber-se e conceder-se a efetividade dos direitos sociais.

Um outro exemplo é o que sucedeu com o artigo 201 da Constituição Federal, com relação à auto-aplicabilidade de seus §§ 5º e 6º,[295] ou seja, a complementação do benefício previdenciário para um salário mínimo e o pagamento do décimo-terceiro salário aos aposentados.

---

[294] Conferir em CANOTILHO, J. J. Gomes, *op. cit.*, p. 261-267.

[295] Sobre a matéria, o Tribunal Regional Federal da 4ª Região editou a Súmula 24, com o seguinte texto: "São auto-aplicáveis os §§ 5º e 6º do art. 201 da Constituição Federal de 1988". No Recurso Especial nº 152424, assim decidiu o Superior Tribunal de Justiça: "PROCESSUAL CIVIL. PREVIDENCIÁRIO. COMPLEMENTAÇÃO DE BENEFÍCIO PARA UM SALÁRIO MÍNIMO. CF, ART. 201, § 5º. AUTO-APLICABILIDADE. PORTARIAS MPS GM nºs 714/93 e 813/94. (...) PERDA DE OBJETO. CPC, ART. 267, VI. (...) 3. A MPS/GM nº 714/93, excluiu do pagamento das diferenças entre os benefícios pagos e o salário mínimo, no período de 06.10.88 a 05.04.91, os segurados que estivessem litigando em juízo. Assim, não há de se falar em perda do objeto da ação. 4. Recurso parcialmente conhecido e, nessa parte, provido." (Relator: Ministro Edson Vidigal. Brasília, 17 de março de 1998. DJU, Seção I, 13 de abril de 1998.)

A partir destas constatações, vê-se da extrema necessidade de se voltar o julgador previdenciário à busca de interpretação mais criativa, capaz de fazer integrar ao caso concreto aquilo que está assegurado pela norma constitucional.

Há, pois, inarredavelmente, que se concluir pela efetiva constatação de que este julgador que faz surgir no caso concreto a eficácia do princípio constitucional está criando a norma para a lide posta, mas criando-a porque assim permitiu o princípio constitucional regedor, e é, sem sombra de dúvida, fonte direito, porque faz com que o princípio maior tenha a sua efetividade alcançada.

Isto tudo consubstancia o entendimento cada vez maior de que, em toda sociedade civil organizada sob o manto da constitucionalidade, mister que os operadores jurídicos tenham a técnica e a ciência aliadas ao conhecimento da realidade e dos princípios inspiradores das causas que dirimem para se tornarem capazes de fazer a tão almejada Justiça Social.[296]

A partir da linha de raciocínio de cálculos eminentemente atuariais, surge, em vários setores nacionais, a idéia de que é impossível a manutenção da Previdência Social estatal. Tal fato e tais dados partem de premissas por si só discutíveis, utilizando, inclusive, fatores alheios aos dados reais obtidos acumulando-se variáveis definitivamente passíveis de serem derrubadas porque se consubstanciam em áleas extraordinárias, em profecias cujo alcance depende, muitas vezes, do manuseio de dados incorretos e controversos. Mas esta é uma área eminentemente de política governamental que se encontra em grandes encruzilhadas, notadamente em face da mundialização do capital.

É, também, onde as ideologias são fonte e causa de tudo. Não que não deva, no caso, o julgador demonstrar fundamentos ideológicos - o que lhe é vedado é, isto sim, a cegueira dos problemas sociais e econômicos. O que lhe é permitido e o que lhe é obrigado por dever de ofício é justamente - de forma imparcial e atendendo, no caso específico da Previdência, o fim social da norma - buscar em suas convicções de bem e de mal, em seus valores de justo e de injusto, em suas vivências de cidadão e de membro de Poder, o valor mais alto, o princípio mais fundamental, de forma a dar vida à letra fria da lei.

E isto só é possível com o uso de todo o ferramental que lhe é posto na caminhada do processo e a partir da retirada de conceitos vetustos ou dogmas ultrapassados sobre a forma e o modo de

---

[296] Conforme Aristóteles, em *Ética a Nicômacos*.

aplicar a lei, tudo sem nunca deixar de ter presentes os incontroversos princípios constitucionais.

É a própria Lei de Introdução ao Código Civil que isso assegura. Portanto, não há que se falar em interpretação *contra legem*, e, sim, em exata e fundamentada interpretação da Constituição.

Para tanto, mister que se soltem as amarras do puro formalismo sem objetivo, da forma pela forma, do conteúdo a serviço do veículo, do direito material pretendido a serviço do processo.

Há, aqui, uma mudança radical: não mais se pode negar direitos, enquanto direitos sociais, porque não atendidos simples atos procedimentais - atos estes que não se voltam ao princípio maior do processo, como instrumento capaz de conferir direitos, e dar efetividade às decisões dele emanadas.

Esta é, a princípio, a primeira grande transformação do processo enquanto meio de atingir a pretensão.

Apenas a título de ilustração no que diz com o direito processual, a tese da necessária provocação administrativa antes da lide judicial ficou vencida, como se vê de vários acórdãos, sob o convencimento de que a jurisdição é una.[297]

Outro exemplo que releva anotar é o dos reiterados casos de pensão previdenciária ao cônjuge varão.[298]

---

[297] Vige em nosso ordenamento jurídico o princípio da jurisdição una, como bem expressa o magistério de Maria Sylvia Zanella Di Pietro: "O direito brasileiro adotou o sistema da jurisdição una, pelo qual o Poder Judiciário tem o monopólio da função jurisdicional, ou seja, do poder de apreciar, com força de coisa julgada, a lesão ou ameaça de lesão a direitos individuais e coletivos. Afastou, portanto, o sistema da dualidade de jurisdição em que, paralelamente ao Poder Judiciário, existem os órgãos do Contencioso Administrativo que exercem, como aquele, função jurisdicional sobre lides de que a Administração Pública seja parte interessada". *In: Direito Administrativo*, 4. ed., São Paulo: Atlas, 1994, p. 492. Decidiu o Tribunal Regional Federal da 4ª Região, na Apelação Cível nº 1998.04.01.018358-1/SC: "(...) CARÊNCIA DE AÇÃO. PROVOCAÇÃO DA VIA ADMINISTRATIVA. ACESSO AO JUDICIÁRIO. (...) 3. Não há necessidade de prévia provocação da via administrativa para o segurado entrar em juízo. A ausência de postulação administrativa do direito pleiteado não configura carência de ação que justifique a extinção do processo sem julgamento de mérito. (...)" (Relatora: Juíza Maria Lúcia Luz Leiria. Porto Alegre, 8 de abril de 1999. DJU, Seção II, 7 de julho de 1999.)

[298] Este tem sido o entendimento do Superior Tribunal de Justiça, conforme se pode ver da decisão a seguir: "A pensão por morte tem por finalidade assegurar à família do *de cujus* os meios indispensáveis à sua manutenção, não cabendo distinguir entre homem e mulher o seu beneficiário, porquanto de caráter constitucional a igualdade de direitos". (Recurso Ordinário em Mandado de Segurança nº 7562, 6ª Turma, Relator Min. William Patterson. Brasília, 3 de dezembro de 1996. DJU, Seção II, 3 de março de 1997, p. 4713.) No mesmo sentido: "(...) PENSÃO

Por isso, constata-se que só com uma manobra insistente, obstinada, continuativa e esclarecedora, é possível a manutenção da ordem constitucional com a integração dos princípios fundamentais à lei e à efetividade dos direitos previdenciários em face da realidade contemporânea.

Por essa razão, é grande a importância do exame dos efeitos destas normas constitucionais que configuram os princípios constitucionais previdenciários, já mencionados no item 4.1.

Daí para, em seguida, à sombra e à luz destes valores que são hierárquica e teleologicamente considerados, julgarem-se os feitos previdenciários.

Constatado que, nas lides que envolvem direitos sociais, necessária uma nova postura aberta, *com quebra de paradigmas em atenção ao princípio hierárquico constitucional superior*[299] é mais que necessário o efetivo conhecimento da realidade social. Não pode o julgador, à guisa de tal postura exegética, nulificar as regras do processo, quando estas, também, interpretadas sistematicamente, buscam a efetividade do direito pretendido. É que há que se repensar o sistema processual vigente também como parte do sistema jurídico positivo, adequando-o a uma nova filosofia de processo, sem as amarras das fórmulas vazias que não levam a lugar nenhum, apenas a decisões de pura técnica que derrogam os efetivos comandos do sistema jurídico positivo. É o caso da exigência de habilitação dos sucessores do beneficiário falecido durante o curso de processo. Ora, não pode a regra do artigo 112 da LBPS sobrepor-se às específicas determinações do artigo 1.060 do Código de Processo Civil. É que, justamente, por meio dessa interpretação sistemática e densa da realidade social, a regra específica de peso e valor superior é a regra do Código de Processo Civil. Ao contrário, poder-se-á, ao utilizar judicialmente regra destinada à Administração, entendendo de efetivar e pagar no plano administrativo àqueles sujeitos determinados pela regra do artigo 112 citado, causar maior dano aos sucessores caso não sabedores da morte do segurado.

POR MORTE DA ESPOSA TRABALHADORA RURAL. ÓBITO OCORRIDO APÓS A PROMULGAÇÃO DA CONSTITUIÇÃO FEDERAL DE 1988, MAS ANTES DA VIGÊNCIA DA LEI 8213/91. (...) 2. Cabível a concessão do benefício de pensão por morte da esposa, cujo óbito tenha ocorrido após a promulgação da Constituição Federal, mas antes da vigência da Lei nº 8213/91, independentemente da condição de invalidez do marido. (...)"(Tribunal Regional Federal da 4ª Região, Apelação Cível nº 1999.04.01.023345-0/RS, Relatora: Juíza Maria Lúcia Luz Leiria. Porto Alegre, 29 de maio de 2000. DJU, Seção II, 7 de junho de 2000)

[299] Conforme FREITAS, Juarez, *op. cit.*

E esta realidade é notória, principalmente frente à maior longevidade do homem brasileiro, à prole numerosa, mormente no meio rural, ao fenômeno do êxodo dos filhos maiores para os centros urbanos - o que, a vingar a tese da aplicação pura e simples do artigo 112 da LBPS, permitiria excluir-se possíveis sucessores. Aliás, esta tese vem sendo defendida, como se vê das ementas, e agora sufragada em liminar do Superior Tribunal de Justiça.[300]

Há, pois, nesta específica jurisdição previdenciária, muitos valores que devem ser sopesados para que se efetive o direito ao benefício conforme disposto na Constituição Federal.

Finaliza-se com o exemplo de que também o STF, em matéria previdenciária, apresenta decisões que refletem esse entendimento da chamada Nova Hermenêutica, onde a substancialidade se sobrepõe à procedimentalidade. É o caso julgado referente à aplicação da Súmula 359 também para aposentadoria previdenciária.[301]

---

[300] Assim se manifesta o Ministro Edson Vidigal, em decisão proferida nos autos da medida cautelar nº 1963/RS, em 29-09-1999: "Entendo presente o *fumus boni iuris*, porquanto aqui não se discute se a viúva é detentora ou não do direito à pensão, mas sim a qualidade da parte que sucede o Autor morto no processo judicial. Toda a universalidade de seus bens passa aos herdeiros legais, e enquanto pendente processo que busca vantagens patrimoniais, esse 'quantum', acaso devido ao segurado morto, integra o espólio, representado por aqueles. O *periculum in mora* também restou evidenciado, já que o prosseguimento da ação, com a habilitação a posterior pagamento do crédito à requerida, torna sem efeito o pedido constante no Recurso Especial. Quem paga mal paga duas vezes. Assim, concedo a liminar para suspender os efeitos do Acórdão do TRF até decisão final no Recurso retido, determinando seu processamento para que suba a este STJ." (Superior Tribunal de Justiça. Medida Cautelar nº 1963/RS, Relator: Ministro Edson Vidigal. Brasília, 29 de setembro de 1999. DJU, Seção I, 8 de outubro de 1999.)

[301] É o exemplo que se vê do seguinte acórdão da Primeira Turma do Supremo Tribunal Federal: "PREVIDENCIÁRIO. PROVENTOS DA APOSENTADORIA CALCULADOS COM BASE NA LEGISLAÇÃO VIGENTE AO TEMPO DA REUNIÃO DOS REQUISITOS QUE, TODAVIA, FORAM CUMPRIDOS SOB O REGIME DA LEI ANTERIOR, EM QUE O BENEFÍCIO TINHA POR BASE VINTE SALÁRIOS DE CONTRIBUIÇÃO EM VEZ DE DEZ. ALEGADA OFENSA AO PRINCÍPIO DO DIREITO ADQUIRIDO. Hipótese a que também se revela aplicável e até com maior razão, em face de decorrer o direito de contribuições pagas ao longo de toda a vida laboral - a Súmula 359, segundo a qual os proventos da inatividade se regulam pela lei vigente ao tempo em que reunidos os requisitos necessários à obtenção do benefício, não servindo de óbice à pretensão do segurado, obviamente, a circunstância de haver permanecido em atividade por mais alguns anos, nem o fato de a nova lei haver alterado o lapso de tempo de apuração dos salários de contribuição, se nada impede compreenda ele os vinte salários previstos na lei anterior. Recurso conhecido e provido". (Recurso Extraordinário nº 266927/RS. Relator: Ministro Ilmar Galvão. Brasília, 8 de fevereiro de 2000.)

Aqui a interpretação teleológica e fundada no direito que protege se encontra especificamente demonstrada.[302]

Esta nova postura nada mais é que a conscientização da eterna máxima de tratar desigualmente os desiguais, conforme o entendimento inicialmente já referido de Rui Barbosa. Com efeito, afirmava Rui Barbosa sobre a regra da igualdade: "Nesta desigualdade social, proporcionada à desigualdade natural, é que se acha a verdadeira lei da igualdade. O mais são desvarios da inveja, do orgulho, ou da loucura. Tratar com desigualdade a iguais, ou a desiguais com igualdade, seria desigualdade flagrante, e não igualdade real. Os apetites humanos conceberam inverter a norma universal da criação, pretendendo, não dar a cada um, na razão do que vale, mas atribuir o mesmo a todos, como se todos equivalessem".[303]

Logo, é necessário adotar-se uma postura que assuma o princípio da isonomia em suas várias faces - isonomia material, isonomia processual, sempre com o *teleos* da matéria normatizada, ou, como quer Bandeira de Mello, "o que autoriza discriminar é a diferença que as coisas possuam em si e a correlação entre o tratamento desequiparador e os dados diferenciais radicados nas coisas".[304]

Isto em absoluto permite possa entender-se como arbitrário o ato de interpretar, e, sim, como discricionário. Discricionariedade que está limitada pelos próprios textos constitucionais e leis e que, no dizer do mesmo autor,[305] "tem que ser simplesmente o cumprimento do *dever de alcançar a finalidade legal*" e de Eros Grau,[306] que não admite a produção livre de normas sem a vinculação aos princípios constitucionais.

---

[302] É o mesmo caso do STJ, que deferiu a medida liminar tendo em vista o caráter alimentar do direito previdenciário e tendo em vista que "... o caso pode ser considerado de estado de necessidade ou força maior, a justificar a medida, em face da idade e da saúde da autora, de sua necessidade e do caráter alimentar do direito perseguido já assegurado pela sentença frente às provas documental e testemunhal colhidas." (trecho do voto). (Recurso Especial nº 200.686. Relator: Ministro Gilson Dipp. Brasília, 28 de março de 2000. DJU, Seção II, 17 de abril de 2000.)

[303] BARBOSA, Rui. *Op. cit.* p. 26 e 27.

[304] Conferir em MELLO, Celso Antônio Bandeira de. *Conteúdo jurídico do princípio da igualdade*. 3. ed. atual. 7. tir. São Paulo: Malheiros, 1999, p. 34.

[305] MELLO, Celso Antônio Bandeira de. *Discricionariedade e controle jurisdicional*. 2. ed. 3. tir. São Paulo: Malheiros, 1998, p. 15.

[306] Sobre o tema, comenta Eros Grau: "de minha exposição resulta nitidamente evidenciado que nego a possibilidade de o intérprete autêntico produzir normas *livremente*, no exercício de *discricionariedade*. Todo intérprete autêntico estará sempre vinculado pelos textos de direito, em especial pelos que veiculam *princípios*, que interprete". *Op. cit.*, p. 155.

Considerações finais

Considerando-se que por meio da interpretação é que vive o Direito, visto que, enquanto objeto da ciência do Direito, necessita do homem-operador-jurídico capaz de conhecer e de dizer o que está no texto, conclui-se que o Direito só pode confirmar-se como sistema aberto e não autopoiético porque, como bem lembra Liebman, sempre será integrado por novas interpretações que tornam atuais e efetivos os comandos normativos.

É, portanto, com Bobbio - que magistralmente declara necessária a construção de uma teoria do ordenamento jurídico, já que a norma individual, a norma isolada, só terá razão de ser enquanto parte de um sistema, de um conjunto, de um ordenamento, sob pena de não se poder aplicá-lo -, que se dá a efetiva interpretação.

A partir da certeza de que o ordenamento jurídico brasileiro é um sistema aberto, dependendo sua aplicação e efetividade de análise interpretativa e conciliadora aos princípios constitucionais existentes, é que se entende com razão Gadamer e, também, Habermas, se interpretados em suas obras com o temperamento e com a convicção que deve nortear o magistrado, intérprete e aplicador dos textos postos. Magistrado este capaz de conceber sua função como um dever, e não um poder (conforme Lassale) que busca amalgamar os fatos aos textos, sempre com os olhos no horizonte da Justiça - valor maior que se expressa na realização do bem comum.

O novo juiz, neste país de contrastes, é justamente aquele técnico capaz de dirigir o processo de forma equânime, fincado no compromisso de respeitar a Constituição e as leis, ou melhor, em seu ofício efetivo e diário, formar convencimento de que os princípios e valores - (como quer Juarez Freitas[307]), porque assim dispõe o texto constitucional, ou, talvez os dois termos expressem o mesmo objeto (como quer Eros Grau) - devem-se tornar efetivos por meio da norma individualizada na decisão do caso concreto.

---

[307] Consultar FREITAS, Juarez, *op. cit.*

Ou seja, sem sombra de dúvida, há na jurisprudência o caráter de fonte de direito, não só porque estamos no regime da *civil law*, mas porque somente por meio da interpretação dada à lei, ao texto a ser aplicado, é que a norma abstrata se torna eficaz.

Ao fim e ao cabo, releva notar a necessidade da constante busca do julgador por aprofundar raciocínios exegéticos ao lado de construções científicas.

Mister, assim, que, em qualquer decisão, quer interlocutória quer final, esteja o juiz sempre atento ao que dispõe o sistema jurídico. Tudo porque, havendo a aplicação isolada da norma, medida dissociada do sistema que lhe dá vida e eficácia, a individualização do abstrato ao caso posto tornará a decisão inefetiva e inútil, porque a satisfação da pretensão deduzida só pode ser alcançada se bem "aplicada a lei", ou seja, se o processo interpretativo ocorrer de molde a permitir a devida fundamentação (princípio constitucional), única forma capaz de tornar efetivo o poder de julgar.

Não há lugar, pois, para fórmulas e ritos despidos do objetivo final de obtenção do justo, entendido como valor capaz de solver o litígio e de permitir a manutenção do próprio Poder Jurisdicional.

É que, no caso dos direitos previdenciários, onde está evidenciada a convivência do Estado de Direito com o Estado do Bem-Estar Social, deve o intérprete superar a hermenêutica de bloqueio, passando à hermenêutica de legitimação das aspirações sociais.[308]

Assim, no específico caso da jurisdição previdenciária, o critério hierarquizador[309] só pode ser aquele que exteriorize na decisão proferida a efetividade do direito social garantido, que é o da sobrevivência do cidadão, beneficiário da Previdência Social.

Não há lugar, nestes casos, para interpretações supressivas ou de caráter eminentemente processual, no sentido de colocar o instrumento acima do bem da vida perseguido. Por isso, o alerta de Lenio Streck, no sentido de que hermenêutica é dar sentido; é um devir; é, enfim, a vida do Direito.

Há que se ter presente que a própria sobrevivência de todo o sistema previdenciário depende da constante "fiscalização" do Judiciário no atendimento dos pedidos que lhe são dirigidos.

Quem julga tem a obrigação de estar em movimento contínuo de busca de conhecimento, entendimento e aperfeiçoamento para, a partir dos objetos de sua cognição, transformar com adequação

---

[308] Sobre o tema, conferir em CAMPILONGO, Celso Fernandes, *op. cit.*, p. 46.
[309] Conforme FREITAS, Juarez, *op. cit.*

plena aos textos legais, os fatos que lhe são postos à sua interpretação. Interpretação que cabe ao juiz enquanto provocado para o exercício da sua jurisdição - atribuição constitucional - onde não deve perder de seus horizontes o mundo real, a sociedade em que vive, os fatos, as descobertas, a realidade histórica atual em todas as suas faces, teorizadas e ideologizadas, para, a partir de uma dogmática potencial, só adquirida no dia-a-dia de sua própria realidade, tornar efetivo o seu comando porque está amalgamado à atualidade social. Foi-se o tempo em que se poderia conceber um Judiciário apartado da realidade social, econômica, política, científica do momento de aplicação do texto ao caso posto. Impossível buscar-se nos textos que legitimam o Estado de Direito conceitos antigos, técnicas ultrapassadas, métodos vetustos. Necessária, isto sim, a utilização de todas as novas técnicas, descobertas, formas e maneiras de se apanhar e se amoldar o legislado com o direito pretendido.

E isto, do ponto de vista da hermenêutica, é uma nova postura que, a partir do aprofundamento no conhecimento do texto constitucional, confere ao julgador o seu objetivo único, que é o de atingir a decisão justa, efetiva e eficaz. E só será justa enquanto hábil a compor os litígios, sempre com vistas ao horizonte maior do bem comum, da sociedade justa e solidária, da manutenção do progresso por todos e para todos, da erradicação da marginalização, da distribuição eqüitativa dos bens.

Com estas preocupações e numa visão moderna, os discursos filosóficos foram-se aprofundando no chamado movimento lingüístico, tão presente em Lacan e Saussure, na busca de solução para as neuroses e psicoses tão bem descritas por Freud ao longo de sua obra.

Há, pois, tanto nas teorias filosóficas de Habermas como de Gadamer, algumas ligações que dizem muito com a busca da explicação para solucionar o sempre presente problema filosófico do que é bom, saudável, necessário para a vida digna do homem enquanto homem e enquanto cidadão.

A partir do contato com a chamada crise da hermenêutica, restou claro que, ao final, tudo depende de um problema antropológico, há que se mudar o homem para que se mude a sociedade, para que se efetive o Estado Democrático de Direito.

E esta tarefa é de todos, não só dos operadores do direito, mas de todos os que pretendem viver nesta e com esta civilização que se conhece, que está aí no mundo.

A análise da magistratura brasileira no decorrer de sua história permite verificar que a alteração da realidade social é igual à alteração do perfil do magistrado. Mesmo que tal alteração surja ou vá aparecendo de forma retardatária, em face da própria lentidão da tomada de consciência dos próprios magistrados, necessária a adequação às novidades.

O grande problema a ser solvido para a correta interpretação, ou melhor, a mais justa e a mais adequada à realidade atual, no caso da aplicação dos dispositivos que regram a matéria previdenciária *stricto sensu*, é, sem sombra de dúvida, a escolha do metacritério hierarquizador (como diz Juarez Freitas[310]) com a real fixação de qual o bem da vida mais importante capaz de erigir tal ou qual dispositivo constitucional em critério hierárquico superior suficiente a nortear o aplicador, o operador jurídico nos caminhos da efetivação dos princípios constitucionais protetivos dos segurados da Previdência Social Pública.

Tem-se que aquele que melhor servir ao bem-estar, à vida saudável, à dignidade da vida humana é o metacritério definidor das normas, tanto constitucionais como infraconstitucionais ou infralegais, capazes de permitir sejam cumpridos os demais princípios constitucionais que regem a concessão e a manutenção da Previdência Pública enquanto garante da sobrevivência do cidadão contribuinte ou daqueles especialmente designados pela Constituição.

Finalizando, acredita-se que, a partir da efetiva compreensão do moderno Estado Democrático de Direito que traduza as conquistas democráticas e as garantias sociais, como colocam Lenio Streck e Bolzan,[311] chega-se à efetivação deste novo conceito de Estado de Direito.

Segundo os referidos autores, "é por essas, entre outras, razões que se desenvolve um novo conceito, na tentativa de conjugar o ideal democrático ao Estado de Direito, não como uma aposição de conceitos, mas sob um conteúdo próprio onde estão presentes as conquistas democráticas, as garantias jurídico-legais e a preocupação social." E seguem: "tudo constituindo um novo conjunto onde a preocupação básica é a *transformação do status quo*".

---

[310] Segundo o citado autor, "neste prisma, ainda que sem nenhuma adesão ao formalismo abstrato e vazio, é de ser enunciado o conceito do princípio da hierarquização axiológica em tais termos: *é o metacritério que ordena, diante inclusive de antinomias no plano dos critérios, a prevalência do princípio axiologicamente superior, ou da norma axiologicamente superior em relação às demais, visando-se a uma exegese que impeça a autocontradição do sistema conforme a Constituição e que resguarde a unidade sintética dos seus múltiplos comandos. Op. cit.*, p. 89. (grifo no original)

[311] STRECK, Lenio Luiz e MORAIS, José Luis Bolzan de, *op. cit.*, p. 89-90. (grifo no original)

Há que se manter coerência com a constitucionalização dos direitos decorrentes das relações previdenciárias - diga-se previdência social pública e segurados - para que o princípio maior da dignidade do cidadão possa ao menos efetivar-se nas lides postas, de forma a que não se manifeste de maneira equivocada ou invertida a exata compreensão dos diversos textos norteadores de ditos direitos sociais, dando causa, sem sombra de dúvida, à derrocada do próprio Estado Constitucional. Tudo no momento em que, à guisa de interpretação aberta no próprio processo histórico que sofre contínua transformação, se destituam os pilares da manutenção da instituição e da própria cidadania, julgando-se ao sabor da exclusiva ideologia, sem se manter fiel aos próprios princípios constitucionais que informam todo o direito positivado. Ou seja, há que se ter essa visão imparcial, embuída da ideologia do ideal democrático e do justo, sem, no entanto, cair nos extremos da arbitrariedade de um poder cuja legitimação e única razão de permanecer enquanto poder é justamente a vontade soberana do povo.

Portanto, ao novo julgador, ao magistrado atual, cabe, mais do que em outros tempos, "fazer as vezes de catalisador dos melhores princípios e valores de uma sociedade num dado momento histórico"[312] dentro da realidade que o cerca, buscar, contínua e permanentemente, o aperfeiçoamento pessoal e profissional, e exercer toda a sua jurisdição, sempre fincado nas bases constitucionais que lhe atribuíram tais funções.

Não é tarefa instantânea, não é ofício líquido e certo, mas é função primordial a partir de seu próprio entendimento de que é forte na construção e manutenção da integridade dos direitos fundamentais, nos quais os direitos previdenciários estão inseridos.

O grande desafio está na continuidade deste Poder do Estado, como Poder, para que os objetivos consagrados no início da Constituição Federal sejam efetivamente alcançados.

---

[312] Conforme FREITAS, Juarez. *Op. cit.*, p. 150.

Referências bibliográficas

AKEL, Hamilton Elliot. *O poder judicial e a criação da norma individual.* São Paulo: Saraiva, 1995.

ALVES, J. A. Lindgren. A declaração dos direitos humanos na pós-modernidade. *Revista da Associação dos Magistrados Brasileiros. Cidadania e Justiça,* Rio de Janeiro, ano 2, n. 5, p. 6-23, 2. sem. 1998.

ALVES, Mário. A URV e a previdência social. *Revista de Previdência Social,* São Paulo, p. 6-23, n. 161, 1994.

BALERA, Wagner. *A seguridade social na constituição de 1988.* São Paulo: Revista dos Tribunais, 1989.

BETTI, Emilio, *Teoria generale della interpretazione.* Milão: Dott. A. Giuffrè, 1955.

BLANCO, Carlos Nieto. *La conciencia lingüística de la* filosofía. Madrid: Editorial Trotta, 1997.

BOBBIO, Norberto. *A era dos direitos.* 9. ed. Rio de Janeiro: Campus, 1992.

———. *Teoria do ordenamento jurídico.* 10. ed. Brasília: Universidade de Brasília, 1999.

BONAVIDES, Paulo. *Curso de direito constitucional.* 8. ed. rev. atual. e ampl. São Paulo: Malheiros, 1999.

———. *A constituição aberta.* 2. ed. São Paulo: Malheiros, p. 186.

BONFIM, Benedito Calheiros. Requisito para o acesso à magistratura. *Revista da Associação dos Magistrados Brasileiros. Cidadania e Justiça,* Rio de Janeiro, ano 2, n. 5, p. 133-136, 2. sem. 1998.

CAMARGO, Margarida Maria Lacombe. *Hermenêutica e argumentação: uma contribuição ao estudo do direito.* Rio de Janeiro: Renovar, 1999.

CAMPILONGO, Celso Fernandes. Os desafios do judiciário: um enquadramento teórico. In: *Direitos humanos, direitos sociais e justiça.* FARIA, José Eduardo (org.), São Paulo: Malheiros, 1994, p. 30-51.

CANOTILHO, J. J. Gomes. *Direito constitucional e teoria da constituição.* 3. ed. Coimbra: Almedina, 1999.

CARDONE, Marly A. *Dicionário de direito previdencial.* 2. ed. São Paulo: LTr, 1989.

CARVALHO, Francisco Pereira de Bulhões. Interpretação da lei e arbítrio judicial (direito romano e atual). In: Repertório enciclopédico do direito brasileiro. SANTOS, J. M. de Carvalho (org.).Rio de Janeiro: Borsoi, v. 28, 1947

CARVALHO, Luis Fernando Ribeiro de; KUSCHEL, Klaus. Polêmica: deve haver limite de idade para o ingresso na magistratura e Ministério Público? *Del Rey Revista Jurídica,* Belo Horizonte, ano 2, n. 5, p. 16-17, abr. 1999.

CLÈVE, Clèmerson Merlin. A fiscalização abstrata de constitucionalidade no direito brasileiro. São Paulo: *Revista dos Tribunais*, 1995, p. 184-185.

COIMBRA, José dos Reis Feijó. *Direito previdenciário brasileiro*. 5. ed. Rio de Janeiro: Edições Trabalhistas, 1994.

COMPARATO, Fábio Konder. Juízes competentes ou funcionários subordinados?. *Revista da Associação dos Magistrados Brasileiros. Cidadania e Justiça*, Rio de Janeiro, ano 2, n. 4, p. 89-93, 1. sem. 1998.

CRUZ, José Raimundo Gomes da. Reflexão: 50 anos da Declaração Universal dos Direitos Humanos. *APMP Revista*, São Paulo, ano 3, n. 27, p. 26-29, jun./jul. 1999.

DAIBERT, Jefferson. *Direito previdenciário e acidentário do trabalho urbano*. Rio de Janeiro: Forense, 1978.

DALLARI, Dalmo de Abreu. *O poder dos juízes*. São Paulo: Saraiva, 1996.

DI PIETRO, Maria Sylvia Zanella. *Direito administrativo*. 4. ed. São Paulo: Atlas, 1994.

DINIZ, Maria Helena. *As lacunas no direito*. 3. ed. São Paulo: Saraiva, 1995.

——. *Lei de introdução ao código civil brasileiro interpretada*. 2. ed. atual. e aum. São Paulo: Saraiva, 1996.

FARIA, José Eduardo. As críticas ao Supremo.*APMP Revista*, São Paulo, ano 3, n. 29, p. 3-4, out/nov, 1999.

FARNSWORTH, E. Allan. *Introdução ao sistema jurídico dos Estados Unidos*. Rio de Janeiro: Forense, 1964.

FELIPE, Jorge Franklin Alves. *Previdência social na prática forense*. 6. ed. Rio de Janeiro: Forense, 1996.

FERNANDES, Annibal. *Previdência social anotada*. 4. ed. São Paulo: Edipro, 1996.

FERRARA, Francesco. *Interpretação e aplicação das leis*. São Paulo: Saraiva & Cia., 1934

FERRAZ JÚNIOR, Tércio Sampaio. *Introdução ao estudo do direito: técnica, decisão, dominação*. 2. ed. São Paulo: Atlas, 1994.

FERREIRA, Aurélio Buarque de Holanda. *Novo dicionário Aurélio*. 2. ed. rev. e ampl., 35. impr. Rio de Janeiro: Nova Fronteira, 1986.

FREITAS, Juarez. *A interpretação sistemática do direito*. São Paulo: Malheiros, 1998.

GADAMER, Hans-Georg. *Verdade e método: traços fundamentais de uma hermenêutica filosófica*. Petrópolis: Vozes, 1999.

GALVÃO FILHO, Luciano Américo. Da seguridade social na constituição federal de 1988. *Revista da Previdência Social*, São Paulo, n. 164, p. 531-536, 1994.

GARCIA, Eduardo Vandré Oliveira Lema. Prova de tempo de serviço na previdência social. *Revista de Previdência Social*, São Paulo, n. 184, pp. 231-241, mar. 1996.

GARCÍA-PELAYO, Manuel. *Derecho Constitucional Comparado*. Madrid: Alianza Editorial, 1993.

GRAU, Eros Roberto. *O direito posto e o direito pressuposto*. 2. ed. São Paulo: Malheiros, 1998.

GUERRA FILHO, Willis Santiago. *Autopoiese do direito na sociedade pós-moderna. introdução a uma teoria social sistêmica*. Porto Alegre: Livraria do Advogado, 1997.

GUIMARÃES, Elaine dos Santos Lopes. Das ações revisionais de benefícios. *Revista da Procuradoria Geral do INSS*, Brasília, v. 2, n. 2, p. 29-48, jul./set. 1995.

GUSTIN, Miracy B. S. *Das necessidades humanas aos direitos. Ensaio de sociologia e filosofia do direito*. Belo Horizonte: Del Rey, 1999.

HÄBERLE, Peter. *Hermenêutica constitucional. A sociedade aberta dos intérpretes da constituição*. Porto Alegre: Fabris, 1997.

HABERMAS, Jürgen. *O discurso filosófico da humanidade*. Lisboa: Publicações Dom Quixote, 1998.

HART, Herbert L. A. *O conceito de direito*. 2. ed. Lisboa: Fundação Calouste Gulbenkian, 1994.

HEIDEGGER, Martin. *Ser e tempo*. 6. ed. parte I. Petrópolis: Vozes, 1997.

——. *Ser e tempo*. 5. ed. parte II. Petrópolis: Vozes, 1997.

——. *Carta sobre o humanismo*. Lisboa: Guimarães Editores, 1987.

——. *Introdução à metafísica*. Rio de Janeiro: Tempo Brasileiro, 1969.

——. *A origem da obra de arte*. Lisboa: Biblioteca de Filosofia Contemporânea. Edições 70, 1990.

HESSE, Konrad. *Elementos de direito constitucional da República Federal da Alemanha*. Porto Alegre: Fabris, 1998.

IGREJA CATÓLICA. PAPA (1878-1903 : LEÃO XIII). *RERUM NOVARUM*.

KELSEN, Hans. *Teoria pura do direito*. 2. ed. São Paulo: Martins Fontes, 1997.

LASSALLE, Ferdinand. *A essência da Constituição*. 4. ed. Rio de Janeiro: Lumen Juris, 1998.

LEAL JÚNIOR, Cândido Alfredo da Silva. *Vara previdenciária*. Repro 75. São Paulo: RT, 1994.

LEITE, Celso Barroso. *A proteção social no Brasil*. São Paulo: LTr, 1972.

——. *O século da aposentadoria*. São Paulo: LTR, 1993.

LEITE, João Antônio G. Pereira. *Curso elementar de direito previdenciário*. São Paulo: LTr, 1977.

LIMA, Loraci Flores. Ação declaratória de tempo de serviço. *AJUFE*, n. 53, p. 45-50, jan-fev, 1997.

LIMA, Rui Cirne. *Sistema de direito administrativo brasileiro*. Porto Alegre: Santa Maria, 1953.

——. *Princípios de direito administrativo brasileiro*. 3. ed. Porto Alegre: Sulina, 1954.

LOBATO, Anderson Cavalcante. Para uma nova compreensão do sistema misto de controle de constitucionalidade: a aceitação do método preventivo. *Revista de Informação Legislativa*. Brasília, n. 124, 1994.

LUHMANN, Niklas. *Legitimação pelo procedimento*. Brasília: Universidade de Brasília, 1980.

MARTINEZ, Wladimir Novaes. *Comentários à lei básica da Previdência Social*. 4. ed. São Paulo, LTR, 1997, tomo II.

——. *Princípios de Direito Previdenciário*. São Paulo: LTR, 1995.

——. *A seguridade social na constituição federal*. 2. ed. São Paulo: LTr, 1992.

MARTINS, Sérgio Pinto. *Direito da seguridade social*. 2. ed. São Paulo: Atlas, 1993.

MAXIMILIANO, Carlos. *Hermenêutica e aplicação do direito*. Rio de Janeiro: Forense, 1997.

MELLO, Celso Antônio Bandeira de. *Conteúdo jurídico do princípio da igualdade*. 3. ed. atual. 7. tir. São Paulo: Malheiros, 1999.

——. *Discricionariedade e controle jurisdicional.* 2. ed. 3. tir. São Paulo: Malheiros, 1998.

MORAIS, José Luis Bolzan de. *Do interesse social aos interesses transindividuais: o Estado e o direito na ordem contemporânea.* Porto Alegre: Livraria do Advogado, 1996.

——. *A idéia de direito social: o pluralismo jurídico de Georges Gurvitch.* Porto Alegre: Livraria do Advogado, 1997.

MUSETTI, Rodrigo Andreotti. A hermenêutica jurídica de Hans-Georg Gadamer e o pensamento de São Tomás de Aquino. *Revista CEJ*, n. 7. Brasília, p. 151-155, jan./abr. 1999

NERY JUNIOR, *Princípios do processo civil na constituição federal.* 5. ed. rev. e ampl. São Paulo: Revista dos Tribunais, 1999 (Coleção Estudos de Direito do Processo Enrico Tullio Liebman, v. 21),

OLIVEIRA, José de. *A reforma previdenciária.* São Paulo: Saraiva, 1999.

PAIXÃO, Floriceno. *A previdência social em perguntas e respostas.* 29. ed. Porto Alegre: Síntese, 1994.

PEREIRA JÚNIOR, Jessé Torres. Judiciário e direitos humanos no século XXI. *Revista da Associação dos Magistrados Brasileiros. Cidadania e Justiça*, Rio de Janeiro, ano 2, n. 5, p. 24-35, 2. sem. 1998.

PERELMAN, Chaim. *Ética e direito.* São Paulo: Martins Fontes, 1999.

PIOVESAN, Flávia. *Temas de direitos humanos.* São Paulo: Max Limonad, 1998.

RAWLS, John. *Uma teoria da justiça.* São Paulo: Martins Fontes, 1997.

REALE, Miguel. *Fontes e modelos do direito para um novo paradigma hermenêutico.* São Paulo: Saraiva, 1994.

ROCHA, Cármen Lúcia Antunes. A reforma do poder judiciário. *Revista da Associação dos Magistrados Brasileiros. Cidadania e Justiça*, Rio de Janeiro, ano 2, n. 4, p. 47-70, 1. sem. 1998.

ROCHA, Leonel Severo. A globalização e seus efeitos excludentes: serão respeitados os direitos humanos nos próximos 50 anos? *Dialogando sobre direitos humanos. Cadernos de Direito e Cidadania*, São Paulo: Artchip Editora, nov. 1999.

ROMITA, Arion. *Problemas de trabalho e previdência social.* Rio de Janeiro: Rio, 1972.

RORTY, Richard. *El giro lingüístico.* Barcelona: Paidós, 1990.

ROSA, Fábio Bittencourt da. Prova de tempo de serviço. *AJURIS*, n. 61, pp. 338-341, jul. 1994.

ROUSSEAU, Jean-Jacques. *O contrato social.* São Paulo: Hemus, [19--].

RUSSOMANO, Mozart Victor. *Curso de previdência social*, Rio de Janeiro: Forense, 1979.

SACHS, Ignacy. Desenvolvimento, direitos humanos e cidadania. *Revista da Associação dos Magistrados Brasileiros. Cidadania e Justiça*, Rio de Janeiro, ano 2, n. 5, p. 51-58, 2. sem. 1998.

SCHILLING, Voltaire. *As grandes correntes do pensamento. Da grécia antiga ao neoliberalismo.* Porto Alegre: AGE, 1998.

SERRES, Michel. *O contrato natural.* Rio de Janeiro: Nova Fronteira, 1991.

SILVA, José Afonso da. *Curso de direito constitucional positivo.* 16. ed. rev. e ampl. São Paulo: Malheiros, 1999.

SILVA, Octacílio Paula. *Ética do magistrado à luz do direito comparado.* São Paulo: Revista dos Tribunais, 1994.

STRECK, Lenio Luiz. *Hermenêutica Jurídica e(m) crise*. Porto Alegre: Livraria do Advogado, 1999.

——; MORAIS, José Luis Bolzan de. *Ciência política e teoria geral do estado*. Porto Alegre: Livraria do Advogado, 2000.

TEIXEIRA, Sálvio de Figueiredo. A formação do juiz contemporâneo. *Revista da Associação dos Magistrados Brasileiros. Cidadania e Justiça*, Rio de Janeiro, ano 2, n. 4, p. 80-88, 1. sem. 1998.

TRIBUNAL REGIONAL FEDERAL DA 3ª REGIÃO. Escola de Magistrados Ministro Cid Flaquer Scartezzini. *A ação civil pública e a defesa dos direitos constitucionais*. Celso Antônio Pacheco Fiorillo. São Paulo, 1998.

VAZ, Paulo Afonso Brum. O abuso do exercício do direito de ação em matéria previdenciária na Justiça Federal. *Revista de Previdência Social, PS*, n. 189, p. 683-684, ago. 1996.

VELLOSO, Carlos Mário da Silva. Poder Judiciário: como torná-lo mais ágil e dinâmico. *Revista da Associação dos Magistrados Brasileiros. Cidadania e Justiça*, Rio de Janeiro, ano 2, n. 4, p. 94-111, 1. sem. 1998.

VIANNA, Luiz Wernneck *et al. Corpo e alma da magistratura brasileira*. 3. ed.Rio de Janeiro: Revan, 1997.

VIEHWEG, Theodor. *Tópica y Jurisprudência*. Madrid: Taurus, 1996.

WEISCHEDEL, Wilhelm. *A escada dos fundos da filosofia.: a vida cotidiana e o pensamento de 34 grandes filósofos*. São Paulo: Angra, 1999, p. 307.